Karl-Heinz Risto
Konflikte lösen mit System
Mediation mit Methoden der Transaktionsanalyse
Ein Arbeitsbuch

Ausführliche Informationen zu weiteren Büchern aus den Bereichen Therapie und Kommunikation sowie zu jedem unserer lieferbaren und geplanten Bücher finden Sie im Internet unter www.junfermann.de – mit ausführlichem Infotainment-Angebot zum **JUNFERMANN**-Programm ... mit Newsletter und Original-Seiten-Blick ...

Besuchen Sie auch unsere e-Publishing-Plattform www.active-books.de – mittlerweile über 300 Titel im Angebot, mit zahlreichen kostenlosen e-Books zum Kennenlernen dieser innovativen Publikationsmöglichkeit.

Übrigens: Unsere e-Books können Sie leicht auf Ihre Festplatte herunterladen!

Eine Auswahl von e-Books bei www.active-books.de:

Besser-Siegmund, Cora: „Coach Yourself" (kostenlos)
Schlegel, Leonhard: „Was ist Transaktionsanalyse?" (kostenlos)
Boerner, Moritz: „Schnelle Hilfe im Gespräch mit der genialen Methode ‚The Work'" (kostenlos)
Blümmert, Gisela: „Konfliktmanagement mit NLP" (€ 10,00)
Birkenbihl, Vera F.: „Der 3-Phasen-Trainer-Plan" (€ 8,50)
Eggers, Michaela: „KonfliktBox" (€ 7,00)
Betz, Roland: „Konfliktsouveränität – der Konflikt als Chance" (€ 5,50)
Birkenbihl, Vera F.: „MATADOR – Professionelles Streß-Management für Krisenzeiten" (€ 5,00)
Kreyenberg, Jutta: „Konflikte erfolgreich bewältigen" (€ 3,00)
Müller, Ulrike: „Die Einflüsse des kulturellen Skripts auf die individuelle Biographie" (€ 3,00)

Karl-Heinz Risto

Konflikte lösen mit Systen

Mediation mit Methoden
der Transaktionsanalyse

Ein Arbeitsbuch

Junfermann Verlag • Paderborn
2005

Copyright © Junfermannsche Verlagsbuchhandlung, Paderborn 2003
2. Auflage 2005

Alle Rechte vorbehalten.
Das Werk einschließlich aller seiner Teile ist urheberrechtlich geschützt. Jede Verwendung außerhalb der engen Grenzen des Urheberrechtsgesetzes ist ohne Zustimmung des Verlages unzulässig und strafbar. Dies gilt insbesondere für Vervielfältigungen, Übersetzungen, Mikroverfilmungen und die Einspeicherung und Verarbeitung in elektronischen Systemen.

Satz: La Corde Noire – Peter Marwitz, Kiel

Bibliographische Information der Deutschen Bibliothek
Die Deutsche Bibliothek verzeichnet diese Publikation in der Deutschen Nationalbibliographie; detaillierte bibliographische Daten sind im Internet über http://dnb.ddb.de abrufbar.

ISBN 3-87387-500-4
Ab 1.1.2007: 978-3-87387-545-6

Inhalt

Vorwort 9

I WAS IST MEDIATION? 11

1 Mediation – schöner streiten? 12

2 Mediation – Konfliktlösung durch Dritte 14
2.1 Die Idee der Mediation 16
2.2 Nutzen der Mediation 17
2.3 Zur Geschichte der Mediation 18

3 Mediation und Transaktionsanalyse 19
3.1 Was ist Transaktionsanalyse? 19
3.2 Transaktionsanalyse als ideales Methodenreservoir 20
3.3 Konstruktives Menschenbild 21

4 Ein Konflikt ist (k)ein Problem 22
4.1 Was ist ein Konflikt? 22
4.1.1 Der Eisberg und die Titanic 23
4.2 Konfliktverschärfende Kommunikation 25
4.2.1 Strategien der Mehr- und Minderposition 26

5 Die Beziehungsebene – transaktionsanalytisch gesehen 29
5.1 Muster für destruktive und konstruktive Kommunikation 29
5.1.1 Konfliktdiagnose als Ich-Zustands-Diagnose 29
5.1.2 Konfliktprofile – Egogramme 34
5.1.3 Soziale Diagnose 37
5.1.4 Trübungen 38
5.2 Systemische Anwendung des Ich-Zustands-Konzepts 41

5.3 Gestaltung der Beziehung – Analyse der Transaktionen 43
5.3.1 Körpersprache ist auch eine Sprache 51

6 Eskalation in Konflikten 53
6.1 Gewinner-Gewinner, Gewinner-Verlierer, Verlierer-Verlierer 53
6.1.1 Von der Verstimmung zur verbrannten Erde – Phasen der Konflikteskalation ... 53

7 Das Mediationsverfahren – wie geht das? 59
7.1 Wann hilft Mediation? 60
7.1.1 Freiwilligkeit, Ergebnisoffenheit, Selbstverantwortung 60
7.1.2 Allparteilichkeit versus Neutralität 60
7.1.3 Prozess- und Expertenberatung 61
7.1.4 Gesprächs- und Feldkompetenz 62
7.2 Der Mediationskontrakt 63
7.2.1 Mehr-Parteien-Situation, aber kein Dramadreieck 65

II MEDIATION IN DER PRAXIS 69

8 Der Weg zum Konsens – Mediation als Ritual 70

9 Mediator Dieter K. erhält einen Anruf 73
9.1 Und täglich grüßt Sisyphos 75

10 Fünf Schritte zum Ziel 77
10.1 Vorphase 78
10.1.1 Kontaktgespräche 78
10.1.2 Shuttlemediation – Für und Wider 79
10.1.3 Organigramme 80
10.1.4 Die beste Alternative (BATNA) 81
10.2 Erste Phase: Schaffung förderlicher Bedingungen 83
10.2.1 Regeln bieten Schutz 83
10.2.2 Unterstützung der Konfliktparteien – Strokes und Empowerment 84
10.2.3 Verträge – „Kläranlage" der Mediation 88
10.2.3.1 Dreiecksverträge 89
10.3 Zweite Phase: Erhebung der Issues 92
10.3.1 Konfliktanalyse 92
10.3.2 Erst hören... 95
10.3.3 ... dann reden 97
10.3.4 Nicht Abwertung, sondern Anerkennung 98
10.3.5 Zwei nützliche Techniken 102
10.3.5.1 Moderation für Mediatorinnen 102

10.3.5.2 Ein Bild sagt mehr als tausend Worte ... 108
10.4 Dritte Phase: Erhellung der Konflikthintergründe ... 113
10.4.1 Vom Nutzen der Gefühle in der Mediation ... 113
10.4.1.1 Die problemlösende Funktion von Gefühlen ... 114
10.4.1.2 Ersatzgefühle, Rackets, Rabattmarken ... 117
10.4.1.3 Nicht verletzende Ärgermitteilung ... 120
10.4.1.4 Ich- und Du-Botschaften ... 121
10.5 Was bringt Mediationen zum Scheitern? ... 123
10.5.1 Tumult ... 123
10.5.2 Es wäre schon gut, wenn wir uns einigen, aber ... – Psychologische Spiele ... 124
10.5.3 Spielesammlung ... 129
10.5.4 Kalte Konflikte ... 131
10.6 Vierte Phase: Lösungen sammeln und bewerten ... 133
10.6.1 Was bedeutet eigentlich „Lösungsorientierung"? ... 133
10.6.2 Der O.k.-Verhandlungsquadrant ... 137
10.6.3 Der Win-Win-Lösung auf der Spur: nützliche Techniken ... 141
10.7 Fünfte Phase: Die Übereinkunft – Kompromiss oder Konsens ... 143
10.8 Qualitätssicherung: Überprüfung des Mediationsergebnisses in der Praxis ... 145
10.9 Methodenintegration ... 146
10.9.1 Konfliktraster ... 146
10.9.2 Methodensynopse ... 148
10.9.3 Formen der Beziehungsgestaltung ... 148
10.9.4 Lösungsraute ... 150
10.9.5 Dann geh doch zum Sozialamt! – Trainingsbeispiel ... 151

III Perspektiven der Mediation ... 153

11 Herausforderungen für Mediatoren ... 154
11.1 Die Schuldfrage in der Mediation ... 155
11.2 Mediatoren und Macht ... 158
11.3 Supervision – Qualitätssicherung in der Mediation ... 161
11.3.1 Professionelle Selbstreflexion ... 161
11.3.2 Mediationsanaloge Supervision ... 165
11.3.3 Das Skript des Mediators ... 166
11.3.4 Ich bin nur o.k., wenn ... Antreiber ... 168
11.3.5 Selbsterfahrungsübungen zum Umgang mit Konflikten ... 173

12 Mediationsphilosophie ... 176
12.1 Mediation als Paradigmenwechsel im Umgang mit Konflikten ... 176
12.2 Konkurrenz und Kooperation ... 177

12.3 Ist Mediation weiblich? 181
12.4 „Der Mensch wird am Du zum Ich" 183

13 Anwendungsfelder für Mediation 186
13.1 Trennungs-, Paar- und Familienmediation 187
13.2 Betriebliches Konfliktmanagement am Beispiel „Mobbing" 191
13.3 Täter-Opfer-Ausgleich (TOA) 196
13.4 Mediation in Schule, Umwelt und bei Nachbarschaftsstreitigkeiten 198
13.5 Die verschiedenen Arten der Mediation 199
13.6 Coaching – Mediation mit dem inneren Team 200

14 Marketing für Mediatoren oder: Wie kommt eine gute Idee zu den Kunden/Interessenten? (von Barbara Heller) 203

15 Die Geschichte von der Apfelsine 208

16 Verbände 209

Literatur 210

Vorwort

Was will Mediation? Mediation ist ein emanzipatorisches Verfahren, das Menschen befähigt, Konflikte selbständig zu lösen. Mediation fördert so die Eigenständigkeit von Individuen, den demokratischen Charakter von Gruppen und Mediation nimmt die Relationalität, d.h. die Bezogenheit des Menschen auf andere ernst.

Zugleich ist Mediation modernes Konfliktmanagement, indem sie Sackgassen der Konfliktlösung überwindet. Mediation teilt die Konfliktparteien nicht in Täter und Opfer ein. Vielmehr rechnet sie mit der Zirkularität von Konflikten und ist nicht an der Schuldfrage interessiert, sondern an Lösungen. Und Mediation betreibt keine Konfliktarchäologie. Mediation ist nicht an den Fehlern der Vergangenheit interessiert, sondern an der Gestaltung einer neuen Zukunft.

Wozu dieses Buch? In der Mediationsliteratur herrscht ein Defizit an methodischer Reflexion. Wie sind die hohen Ansprüche und die diffizilen Kommunikationsaufgaben dieses Verfahrens zu bewältigen? Nach meiner Erfahrung brauchen viele Anwender verstärkt ein Handwerkszeug, das die Lücke zwischen den Höhen des Mediationsgedankens und den Mühen der Praxis schließt.

Zur methodischen Fundierung der Mediation scheint mir die Transaktionsanalyse (TA) besonders geeignet. Die Transaktionsanalyse teilt mit dem Mediationsansatz wichtige Aspekte des Bezugsrahmens, sie fühlt sich der Autonomie des Individuums, der sozialen Interdependenz und einem demokratischen Ethos verpflichtet. Dabei hat die TA eine Vielzahl von griffigen, gut lehr- und lernbaren Konzepten entwickelt. So bereichert das methodische Handwerkszeug der TA die Mediation, und zugleich kann die TA durch die Verbindung mit Mediation erneut ihre Aktualität demonstrieren.

Dieses Buch ist ein Arbeitsbuch. Es will keine bloße Einführung in die Mediation bzw. in die TA sein, sondern ein Werk- und Arbeitsbuch für Mediatoren und ein Einstieg für alle, zu deren Aufgaben es gehört, Konflikte zu schlichten, und die die Kombination zweier wirkungsvoller Verfahren kennen lernen wollen.

Dieses Ziel beeinflusst die Auswahl und Darstellung der Konzepte, es geht um eine methodische Grundlegung von Mediation durch TA. Und es schlägt sich in Einzelübungen für Leser und Übungen für Lern- und Arbeitsgruppen, in Fallbeispielen und den kommentierten Literaturangaben nieder.

Das Buch gliedert sich in **drei Hauptteile**:
I   Was ist Mediation?
II Mediation mit Methoden der Transaktionsanalyse in fünf Schritten
III Perspektiven der Mediation: Herausforderungen, Philosophie, Anwendungsfelder

Danken möchte ich meinen Ausbildungsgruppen für die interessante Diskussion der Konzepte und meiner Ehefrau Barbara Heller für das Marketingkapitel und die anregende und kritische Durchsicht des Gesamttextes.

I
Was ist Mediation?

1 Mediation – schöner streiten?

Von Mediation hörte ich erstmals vor einigen Jahren, und was ich hörte, faszinierte mich: die Idee, Menschen beizubringen, ihre Konflikte selber zu lösen – denn gerade das tun sie häufig nicht. Ich arbeitete zu der Zeit noch als Gemeindepfarrer, und in meinem Büro landeten immer wieder Konflikte, die sich in der Gemeinde abspielten: im Kindergartenteam, im kommunalen Friedhofsausschuss, zwischen Gruppen und Einzelnen und und und ... Oftmals kam es mir vor wie eine unausgesprochene Arbeitsteilung: „Wir streiten uns, kriegen uns in die Haare und Sie sind zuständig für die Lösung!" – Eine Konstellation, die Leiterinnen, Vorgesetzten und Führungskräften nicht unvertraut sein dürfte. Und bei meinen Schlichtungsbemühungen stieß ich dann häufig noch auf Widerstand. Entweder schienen meine Lösungsvorschläge nicht recht zu passen oder aber die Streithähne verrannten sich in unvereinbare Gegensätze. Verständlich, dass ich es faszinierend fand, dass Menschen durch Mediation lernen könnten, ihre Konflikte selber und anders zu lösen: „Mediation löst scheinbar unlösbare Konflikte, fördert die soziale und kommunikative Kompetenz, stellt das vertrauensvolle Miteinander-Reden wieder her und führt innerhalb kurzer Zeit zu einer Konfliktlösung, bei der es nur Gewinner und keine ohnmächtigen Opfer gibt." Schöner streiten!

Allerdings: Sind Konflikte denn immer „die große Chance, zu lernen, zu wachsen und neue Kräfte zu entfalten"[1]? Sind Konflikte manchmal nicht eher wie eine Sackgasse? Eine Sackgasse im zwischenmenschlichen Bereich, eine Sackgasse der Kommunikation, eine Sackgasse der Beziehung. Die Beteiligten wollen vorwärts kommen, wollen etwas klären und ändern, aber sie erleben, dass sie trotzdem in diese Sackgasse hineingeraten und nicht vorankommen. Dann wenden sie sich an einen Dritten – einen Freund, eine Beraterin, einen Vorgesetzten oder eben einen Mediator – in der Hoffnung, dieser möge ihnen helfen, ihren Konflikt in einer guten Weise zu lösen. Und dennoch kann es passieren, dass sich in diesem Gespräch eine ähnliche Sackgasse auftut und die Konfliktparteien samt Mediator sich festfahren.

1: Aus dem Werbeflyer eines Mediationsinstituts.

Dann ist es wichtig, dass der Mediator erkennt, wie sie dort gelandet sind, und dass er Alternativen aufzeigen kann, wie aus dieser Sackgasse wieder herauszukommen ist. In der Mediation redet man hier von der Verantwortung des Mediators bzw. der Mediatorin für den Gesprächsprozess.

Die Mediationsidee sprach mich also an, aber an methodischen Hilfestellungen vermisste ich einiges. Das lösungsorientierte Arsenal schien mir noch erweiterungsbedürftig.

Um meine Gesprächsverantwortung als Mediator wahrnehmen zu können, brauche ich ein gutes Handwerkszeug. Ich brauche Analyseinstrumente, die mir zeigen, wo und wie der Gesprächsprozess in die Sackgasse geraten ist, und ich brauche Optionen, die den Beteiligen auf den Lösungsweg zurückhelfen.

Hier kann die Transaktionsanalyse (TA) Mediatorinnen und Mediatoren wirksam unterstützen. Die Transaktionsanalyse verfügt über ein reiches Instrumentarium an Konzepten zur Analyse von Konflikten und sie kann zugleich Alternativen für die Kommunikation und die Konfliktbearbeitung aufzeigen. Dabei ist es ein Vorteil der Transaktionsanalyse, dass ihre Modelle klar und relativ schnell zu vermitteln sind. D.h., mit Hilfe der Transaktionsanalyse kann die Mediatorin nicht nur ihr eigenes Denken und Verhalten strukturieren, sie kann auch die Konfliktparteien in den Reflexionsprozess einbeziehen und mit ihnen alternative Verhaltensweisen erörtern und erproben.

Und schließlich sind die Bezugsrahmen von Mediation und Transaktionsanalyse in hohem Maße kompatibel. Der Transaktionsanalyse geht es darum, dass Menschen lernen, sich autonom zu verhalten. Autonomes Verhalten heißt im Konfliktfall: in einem guten Kontakt mit sich selber und mit dem anderen offen, ehrlich und flexibel die Probleme anzugehen. Dann können Konflikte in der Tat zur Chance werden.

2 Mediation – Konfliktlösung durch Dritte

Mediation kann als das „Prinzip der dritten Person" bezeichnet werden. Die einfachste Lösung für einen Konflikt wäre sicherlich, wenn die Konfliktparteien sich zusammensetzten und im Gespräch eine für alle Seiten befriedigende Lösung fänden. Das ist in den meisten Fällen aber gar nicht so leicht. Oftmals sind die Kontrahenten dazu nicht in der Lage, sei es, dass sie zu sehr in ihrer eigenen Sichtweise gefangen sind, oder sei es, dass sich zu viel zwischen ihnen aufgetürmt hat an Missverständnissen, an Verletzungen oder an Misstrauen. Leichter wird es, wenn dann eine dritte Person ins Spiel kommt, die von allen Beteiligten akzeptiert wird und die ihnen hilft, eine Lösung zu finden.

Diese allgemeine Lebenserfahrung ist in vielen, insbesondere alten Kulturen auch institutionell verankert. Aktuell denke ich an den sog. Schiedsmann, an die Schiedsperson, die es in vielen Orten der Bundesrepublik gibt und die für die vorgerichtliche Regelung niederschwelliger Auseinandersetzungen zuständig ist. In den USA wurde aus diesem Prinzip der dritten Person in den siebziger Jahren das Verfahren der Mediation entwickelt. In der Mediation geht es darum, dass unbeteiligte Dritte den Konfliktparteien helfen, eine einvernehmliche Lösung für ihre Probleme zu finden. Die Mediatorin oder der Mediator ist dabei weder Schiedsrichter noch Entscheider, sondern Helfer im Prozess der Lösungsfindung durch die Beteiligten.

Mediation bedeutet also „Vermittlung", Vermittlung im Konfliktfall durch eine dritte Person. Es liegt nahe, dass nicht jeder Konflikt in gleicher Weise für eine Vermittlung geeignet ist. Gelingen kann eine Mediation insbesondere dann, wenn bei den Beteiligten ansatzweise ein Interesse an zukünftigen Beziehungen vorhanden ist, wenn sie also weiterhin miteinander zu tun haben wollen. Günstig ist auch, wenn die Betroffenen freiwillig am Mediationsverfahren teilnehmen.

Die Aufgabe der Mediatorin ist es dann, die Moderation für den Prozess der Lösungsfindung zu übernehmen. Dies geschieht zunächst formal durch die Vereinbarung von Grundregeln, die den Umgang miteinander und die Kommunikation in konstruktive Bahnen lenken oder zumindest eine weitere Eskalation verhindern. Vielfach ist ja der Konflikt gar nicht das eigentliche Problem, sondern die Art und Weise, wie wir damit umgehen. Gewalt und Leid sind fast immer das Ergebnis von unbearbeiteten Konflikten und ein Zeichen, dass die Beteiligten keinen anderen Weg wissen. Formen konstruktiver Konfliktbearbeitung zu vermitteln, ist daher ein wesentliches Erfordernis für das Gelingen einer Mediation.

Inhaltlich verhalten sich die Mediatoren allparteilich und werden dadurch zu Geburtshelfern der Verständigung. Allparteilichkeit bedeutet nicht Neutralität. Während Neutralität gekennzeichnet ist durch ein Sich-Heraushalten, bedeutet Allparteilichkeit ein wechselseitiges Sich-Einlassen und Sich-Einfühlen in die unterschiedlichen Bedürfnisse und Interessen der Konfliktparteien. Mediatoren hören zunächst einmal die Position der Beteiligten an, helfen ihnen, ihre dahinter liegenden Gefühle auszudrücken und durch gezieltes Nachfragen ihre eigentlichen Interessen herauszuarbeiten. Nach und nach versuchen sie dann, das direkte Gespräch zwischen den Beteiligten (wieder) in Gang zu bringen. Der für einen Streit typische Wechsel von Rede und Gegenrede, von Vorwurf und Rechtfertigung wird so unterbrochen. Der Mediator spricht zunächst einzeln und nacheinander mit allen, die am Tisch sitzen. Dadurch dass das Gespräch – bildlich ausgedrückt – wie beim Billard über eine Bande verläuft, haben die Konfliktbeteiligten die Möglichkeit, ihre eigenen Interessen zu verdeutlichen und ungestört ihre Motive und Gefühle zur Sprache zu bringen. Auf diese Weise kann zwischen den Gegnern indirekt ein wechselseitiges Verstehen wachsen. Wenn dies erreicht ist, dann besteht die Chance, gemeinsam verschiedene Lösungsmöglichkeiten zu diskutieren.

Ist dann eine für beide Seiten akzeptierte Lösung gefunden, so wird diese in einer Vereinbarung festgehalten und von den Konfliktparteien unterzeichnet. Nach einiger Zeit wird gemeinsam geprüft, ob sich die Vereinbarung bewährt hat oder verändert werden muss.

Weiterführende Literatur: Kurt Faller, *Mediation in der pädagogischen Arbeit*, Mülheim o.J. Ein einleitender Essay referiert die Grundkonzeption von Mediation im sog. Nonprofit-Bereich.

2.1 Die Idee der Mediation

Konflikte werden meist als störend, bedrohlich, destruktiv oder schmerzvoll erlebt. Dementsprechend versuchen viele Menschen, Konflikten auszuweichen. Wenn das nicht möglich ist, eskalieren Konflikte oft in persönliche Auseinandersetzungen oder aufreibende Machtkämpfe. Mediation sieht Konflikte als etwas Normales im Zusammenleben von Menschen an. Sie sind sogar ein wichtiges Signal, dass etwas nicht stimmt, und sie bieten eine Chance zur Entwicklung und Verbesserung der gegenseitigen Beziehungen.

Die entscheidende Frage ist jedoch, wie Konflikte zur Kenntnis genommen und bearbeitet werden.

Die direkte Lösung von Konflikten ist das Nahziel von Mediation. Mediation verfolgt aber noch ein Fernziel, nämlich die Transformation, d.h. die Verhaltensänderung der Konfliktparteien. Gemeint ist, dass Menschen bei der Bearbeitung von Konflikten in ihrer sozialen Kompetenz wachsen, so dass nicht ständig neue destruktive Konfliktsituationen entstehen. Dieses Fernziel ist für das Mediationsverfahren ebenso wichtig wie die konkrete Konfliktlösung.

Im konstruktiven Umgang mit Konfliktsituationen liegt ein enormes Lern- und Wachstumspotenzial, das es zu nutzen gilt: Zum einen sollen Menschen ihre Konflikte (wieder) in Besitz nehmen. Häufig werden wir geradezu eingeladen, die Verantwortung für unsere Konflikte abzugeben an übergeordnete Instanzen wie Gerichte oder Vorgesetzte oder an helfende Berufe wie Berater, Therapeuten oder Rechtsanwälte. Natürlich gehört es zu den historischen Errungenschaften, dass wir bei Streitigkeiten nicht mehr zu den Waffen greifen, sondern die Auseinandersetzungen z.B. vor den Schranken eines Gerichts in einem geordneten Verfahren austragen. Mit diesem Vorteil ist aber häufig auch ein Nachteil verbunden. Die Konfliktparteien fühlen sich nicht mehr selbst für den Austrag und die Lösung des Konflikts verantwortlich.

Zum anderen geht es in der Mediation darum, durch die vermittelnde unparteiische dritte Partei den Streitenden einen Weg zu zeigen, wie sie zu konstruktiven Lösungen kommen. Gerichtliche Streitigkeiten können nämlich auch zur Konflikteskalation beitragen. Weil sie nicht der Einigung, sondern der Parteilichkeit verpflichtet sind, versuchen Rechtsanwälte, möglichst viel für ihren Mandanten herauszuholen, und so schaukelt sich der Konflikt auf. Am Ende bleibt dann in der Regel mindestens eine Seite zurück, die den Eindruck hat, verloren zu haben, und schon ist der nächste Konflikt vorprogrammiert. In der Mediation lernen die Streitenden, dass Konfliktlösung nicht ein Kampf um Positionen und das Denken in Sieg- und Niederlage-Kategorien ist, sondern dass es eine gemeinsame Problemlösung zu einem gegenseitigen Nutzen sein kann.

2.2 Nutzen der Mediation

Mediation nimmt die Beteiligten in der Verantwortung für ihre Konflikte ernst und unterstellt zugleich, dass sie in der Lage sind, Lösungen zu finden. Indem die Konfliktparteien auf diese Weise wieder ihren Konflikt in Besitz nehmen und sich für die Lösung verantwortlich fühlen, kommt es zu nachhaltigeren Konfliktlösungen. Die Konfliktlösungen, die die Parteien selber finden, sind wesentlich effektiver und befriedigender für sie und auch haltbarer als Lösungen, die durch eine entscheidende oder gerichtliche Instanz angeordnet werden.

Mediation arbeitet darüber hinaus an Lösungen, die ein weiteres Miteinander der Streitparteien erlauben. Ungezügeltes Konfliktverhalten führt hin zur Abmahnung und Kündigung bei Konflikten am Arbeitsplatz, zum Umzug oder zum Hausverkauf bei Nachbarschafts- oder Mietstreitigkeiten, zur körperlichen Gewalt bei Konflikten zwischen Kindern und Jugendlichen und zum gerichtlichen Scheidungskrieg mit allen Mitteln. Eine neue Möglichkeit der Zusammenarbeit an einem gemeinsamen Arbeitsplatz, ein Zusammenleben in der Nachbarschaft, ein Zusammenleben und Arbeiten in der Schulklasse oder auch die gemeinsame Sorge für Kinder nach der Scheidung – das und mehr bezeichnet Vorteile von Mediation.

Vorausgesetzt wird bei den Konfliktparteien allerdings die Bereitschaft zur Kooperation. Kooperation bedeutet kein Verhalten nach dem Motto „Der Klügere gibt nach", sondern Mediation ist so etwas wie ein kooperatives Management von Konkurrenz oder anders ausgedrückt ein Ineinander und Miteinander von Konkurrenz und Kooperation. Die Konfliktbeteiligten versuchen, ihre Ziele zu erreichen, aber sie versuchen dies nicht gegeneinander, sondern im Miteinander. In der Hoffnung und Erwartung, dass sich am Ende der Kuchen vergrößern lässt für alle Seiten.

> **Weiterführende Literatur**: Katharina Sander/Christoph Hatlapa, *Die Stärken und Chancen in der klientenzentrierten Mediation*, Infoblatt Mediation des BM, 8. Ausgabe 1999, S. 2.
> Gibt Einblick in das alternative Selbstverständnis vieler Mediatoren.

2.3 Zur Geschichte der Mediation

In Europa oder zumindest in Deutschland ist Mediation ein Verfahren, das noch im Wachstum begriffen und längst nicht ausreichend bekannt ist. In den USA hingegen ist Mediation wesentlich mehr etabliert und blickt auf eine gewisse Tradition zurück. Wurzeln der Mediation sind zum einen die gewaltfreie Tradition christlicher Gruppen wie der Quäker oder der Mennoniten, zum anderen liegen sie in der schwarzen Bürgerrechtsbewegung.

Zum Bekanntwerden des Mediationsverfahrens in Deutschland wäre es z.B. wichtig, in Schulen verstärkt Streitschlichtergruppen einzurichten oder Mediation als Methode der Mobbingprävention in Betrieben zu nutzen. Wichtig ist weiterhin eine Öffentlichkeitsarbeit mit dem Hinweis auf Familienmediation oder Mediation in Nachbarschaftsstreitigkeiten oder auch kommunalen Angelegenheiten.

Verfahren des gewaltlosen Konfliktaustrags sind in Amerika auch schon seit längerer Zeit erforscht. Ich erwähne hier das Harvard-Negotiation-Project aus den achtziger Jahren. Es befasst sich mit den Prinzipien eines sachgerechten Verhandelns und nimmt einen wichtigen Platz in der mediatorischen Ahnengalerie ein. „Das Harvard-Konzept", ein mittlerweile auf Deutsch in der 20. Auflage erschienener Bestseller, formuliert wesentliche Grundsätze zum Konfliktmanagement:

1. *Es ist sinnvoll, zwischen Mensch und Problem zu unterscheiden.* D.h., eine konstruktive Konfliktbearbeitung bedeutet, eine Lösung für das Problem zu suchen, ohne die Person anzugreifen
2. *Es ist sinnvoll, zwischen Positionen, Interessen und Bedürfnissen zu unterscheiden.* D.h., wichtig sind die Beweggründe in einem Konflikt, Wünsche, Ängste, Sorgen, Interessen, und diese lassen sich oft auf mehrere Möglichkeiten befriedigen.
3. *Es ist sinnvoll, zwischen verschiedenen Ebenen eines Konfliktes zu unterscheiden.* Oft ist der Streitgegenstand nur vordergründig und es geht um etwas anderes, z.B. einen länger zurückliegenden unbearbeiteten Konflikt oder um unterschiedliche Wertvorstellungen.
4. *Es ist sinnvoll, die Kommunikation im Konflikt aufrechtzuerhalten.* Je weiter ein Konflikt eskaliert, desto gereizter wird in der Regel die Kommunikation zwischen den Beteiligten. Dennoch sind die Kosten bei einem frühzeitigen Abbruch der Beziehungen meist höher als die Mühe, eine Kommunikationsebene bestehen zu lassen.
5. *Es sinnvoll, nach Gewinner-Gewinner-Lösungen zu suchen.* Für viele Konflikte gibt es nicht nur den Sieg der einen oder der anderen Partei, sondern wichtig ist es, nach Lösungen zu suchen, bei denen beide Seiten gewinnen. Oft ist schon viel erreicht, wenn sich die Konfliktbeteiligten darauf einlassen, gemeinsam nach neuen Wegen zu suchen, anstatt all ihre Kraft darauf zu verwenden, ihre ursprünglich eingenommene Position durchzusetzen.

Weiterführende Literatur: Roger Fisher/William Ury/Bruce Patton, *Das Harvard-Konzept*, Frankfurt 20. Aufl. 2001.
Grundlagenwerk zur Konfliktlösung durch Verhandeln, obwohl es nicht um Mediation im Sinne einer Konfliktvermittlung durch Dritte geht.

3 Mediation und Transaktionsanalyse

3.1 Was ist Transaktionsanalyse[2]?

Die Transaktionsanalyse (TA) entstand als psychotherapeutisches Verfahren Mitte der fünfziger Jahre in den USA. Begründer war **Eric Berne** (1910–1970), ein Psychiater mit psychoanalytischer Ausbildung. Bernes Unzufriedenheit mit der Psychotherapie seiner Zeit bewegte ihn zu einer Reihe von Neuerungen:

▶ Er entwickelte ein Verfahren, das schnell, punktuell und pragmatisch nach Problemlösungen sucht.
▶ Dafür wurde die Zielorientierung wesentlich: In einen Beratungsvertrag legen Berater und Klient bestimmte Ziele fest. Beide sind für die Zielerreichung in spezifischer Weise verantwortlich und arbeiten dabei so gleichberechtigt wie möglich zusammen.
▶ Der Berater besitzt kein Geheimwissen, das der Klient nicht versteht. Die Fachsprache muss für Laien verständlich sein.

Die Konzepte der Transaktionsanalyse interessierten bald auch Fachleute aus anderen Bereichen. So wird die Transaktionsanalyse ebenso in der Beratung, Seelsorge, Pädagogik, Erwachsenenbildung oder der Organisationsentwicklung angewandt[3].

2: Ich folge hier Gudrun Hennig/Georg Pelz, *Transaktionsanalyse. Lehrbuch für Therapie und Beratung.* Neben den im Literaturverzeichnis erwähnten Darstellungen der Transaktionsanalyse ist als Gesamtdarstellung von großem Wert: Leonhard Schlegel, *Die Transaktionale Analyse.*
3: Eine weitere gut lesbare Einführung bietet Ian Stewart/Vann Joines, *Die Transaktionsanalyse.*

3.2 Transaktionsanalyse als ideales Methodenreservoir

Die Transaktionsanalyse eignet sich in hervorragender Weise auch als Handwerkszeug für Mediatoren. Sie stellt zahlreiche konfliktdiagnostische Konzepte und kooperationsfördernde Modelle bereit. Wie ihr Name bereits sagt, interessiert sich die Transaktionsanalyse besonders für das „Zwischenmenschliche": für die Kommunikation, die Beziehung, eben die „Transaktionen" zwischen Menschen. Konflikte sind transaktionale Geschehnisse, die auf ganz unterschiedlichen Ebenen ablaufen und unterschiedlich interpretiert und gestaltet werden können.

Neben der interpsychischen ist ebenso die intrapsychische Dimension von Bedeutung: Wie erleben Menschen einen Konflikt unterschiedlich? Welche lebensgeschichtlichen Erfahrungen ruft ein aktueller Konflikt wach? Wo schränken solche Erfahrungen womöglich das aktuelle Handlungspotenzial ein? Schließlich hat die Transaktionsanalyse in den letzten Jahren die systemische Perspektive für sich entdeckt. Bezogen auf Konflikte geht es dabei nicht um eine sog. Wesensschau nach dem Motto „X ist immer so aggressiv", „Mit Y kann man einfach nicht reden", „Z traut sich nie, den Mund aufzumachen" etc. Vielmehr wird danach gefragt, in welchen Situationen und unter welchen Bedingungen Menschen sich in einer bestimmten Weise z.B. störrisch oder unkooperativ verhalten und wie die äußeren Bedingungen geändert werden können, sodass die Personen andere Seiten von sich zeigen.

3.3 Konstruktives Menschenbild

Daneben verfügt die Transaktionsanalyse mit ihrem Menschenbild über einen philosophischen Rahmen, der zu einem konstruktiven Umgang mit den Konfliktpartnern einlädt. Die Transaktionsanalyse vertritt die Überzeugung, dass jeder Mensch denken kann. Daraus leiten sich die Lern- und Veränderungsfähigkeit und die Entscheidungsfähigkeit ab: Menschen können Entscheidungen treffen und damit über ihr eigenes Schicksal im Rahmen der Möglichkeiten bestimmen. Sie haben selbst die Verantwortung für ihr eigenes Leben.

Menschliche Autonomie ist das Ziel transaktionsanalytischer Arbeit. Dies bedeutet keinen rücksichtslosen Egoismus. Aus dem Autonomiegedanken erwächst vielmehr eine Haltung, die sich insbesondere bei der Lösung von Konflikten bewährt:
➤ Spontaneität und Flexibilität in Bezug auf Lösungen statt einem starren Festhalten an einer einmal gefundenen Position;
➤ Bewusstheit für die eigenen Anteile am Konflikt und Aufmerksamkeit für die Bedürfnisse der anderen Seite;
➤ Intimität im Sinne von Aufrichtigkeit anstelle von Manipulationsversuchen.

Wichtig ist die ethische Dimension. Unabhängig von der Selbstverantwortung der Klienten ist der Berater in besonderer Weise für deren Schutz verantwortlich. Auf Mediation angewandt, betrifft das den Bereich der Regeln, für deren Einhaltung die Mediatorin zu sorgen hat, z.B.
➤ den vertraulichen Umgang mit Informationen,
➤ den Verzicht der Medianten auf gegenseitige Kränkungen oder Beleidigungen,
➤ klare Verantwortlichkeiten für die unterschiedlichen Aufgabenbereiche in der Mediation.

Die Grundüberzeugung transaktionsanalytischen Handelns heißt: „Ich bin o.k. – du bist o.k." O.k.-Sein bedeutet keineswegs, alles gut und richtig zu finden, was jemand sagt oder tut, vielmehr gestehe ich mir und dem anderen durchaus Fehler zu, achte meine Interessen und Bedürfnisse und die des anderen. Diese Haltung fördert eine gute Kommunikation und eine effektive Konfliktlösung.

Weiterführende Literatur: Gudrun Hennig/Georg Pelz, *Transaktionsanalyse. Lehrbuch für Therapie und Beratung*, Paderborn 2002.
Transaktionsanalytisches Standardwerk mit Schwerpunkt Psychotherapie

4 Ein Konflikt ist (k)ein Problem

4.1 Was ist ein Konflikt?

> **Übung: Konfliktassoziationen**[4]
> Die Teilnehmerinnen bilden Dreiergruppen.
> Jede Person bekommt ein Blatt mit den Buchstaben des Alphabets: A–I; J–R; S–Z.
> Zu jedem Buchstaben sollen sie eine Stichwortassoziation aufschreiben nach dem Motto: Konflikt ist ...
> Austausch im Plenum

> **Übung: Mein Konfliktmittel**
> Die Teilnehmer bekommen eine Sammlung von verschiedenen Alltagsgegenständen: Löffel, Glühbirne, Hammer, Zange, Stift, Bürste ... „Wir haben alle Erfahrungen und irgendwelche Werkzeuge in Konflikten."
> Die Teilnehmer wählen zwei Gegenstände, die ihre „Konfliktmittel" symbolisieren:
> ➤ „Was nutze ich bislang?"
> ➤ „Was würde ich gerne weiter entwickeln?"
>
> Austausch zu zweit

Konflikt, das Wort geht auf den lateinischen Terminus *conflictus* zurück und lässt sich am besten ins Deutsche übertragen mit den Begriffen Zusammenstoß, Widerstreit, Zwiespalt. Eine bekannte Konfliktdefinition stammt von **Friedrich Glasl**, dem Autor des Buches „Konfliktmanagement": Bei einem sozialen Konflikt – also nicht einem innerlichen Konflikt in einer Person, sondern einem Konflikt zwischen Personen – handelt es sich um eine Interaktion zwischen verschiedenen Individuen, Gruppen und Organisationen, wobei

---

4: Modifiziert übernommen aus Kurt Faller/Wilfried Kerntke/Maria Wackmann, *Konflikte selber lösen*.

wenigstens **eine** Partei Unvereinbarkeiten im Denken oder Fühlen oder Wollen so erlebt, dass sie sich bei der Verwirklichung der eigenen Position beeinträchtigt fühlt[5].

Bemerkenswert an dieser Konfliktdefinition ist, dass es schon ausreicht, dass **eine** Seite diese Beeinträchtigung erlebt. Manchmal wird in Konflikten ja gesagt: Das ist dein Problem, das geht mich also nichts an. Glasls Definition weist darauf hin, dass schon dann, wenn sich nur eine Seite beeinträchtigt fühlt, für **beide** Seiten eine Aufgabe besteht, um die sie sich kümmern müssen.

Schließlich macht Glasl noch auf einige quasi pathologische Aspekte der Konfliktdynamik aufmerksam. Konflikte sind gekennzeichnet durch eine zunehmende Verzerrung der Realitätswahrnehmung und sie haben eine fortschreitende Gesetzmäßigkeit, eine Eskalationsspirale, die auf eine Gewinner- und Verlierer-Lösung abzielt.

4.1.1 Der Eisberg und die Titanic

Nun ist aber nicht jedes Problem ein Konflikt. Angenommen in einer Familie gibt es einen Streit um den nächsten Urlaub. Er möchte gerne nach Skandinavien, sie möchte lieber ans Mittelmeer. Beides zugleich geht verständlicherweise nicht. Daraus muss aber kein Konflikt entstehen mit einem eskalierenden Muster und einer Gewinner-Verlierer-Lösung. Es ist ja durchaus möglich, dass er mit dem Sohn nach Norwegen fährt und sie mit der Tochter nach Italien. Beide sind damit zufrieden, und das Problem wäre gelöst.

Was ist der Unterschied zwischen einem Problem und einem Konflikt? Zur Illustration eignet sich das Modell des Eisbergs. Bei einem **Eisberg** unterscheidet man die Teile oberhalb und unterhalb der Wasseroberfläche. Das Verhältnis zwischen beiden ist ungefähr 1:7, und die 6/7 unterhalb der Wasseroberfläche stellen die wirkliche Gefahr dar, denn sie sind für Schiffe unsichtbar. Das führte 1912 für die Titanic zum Verhängnis und das gilt analog für das Konfliktpotenzial. Übertragen auf einen Konflikt bedeutet der sichtbare Anteil des Eisbergs die sachliche Seite, die Problemseite. Verborgen unterhalb der Wasseroberfläche liegt aber die Beziehungsseite: unterschiedliche Bedürfnisse, verletzte Gefühle, Missverständnisse, Abwertungen etc.

Als Definition könnte man sagen, ein sachliches Problem und ein Beziehungsproblem zusammen ergeben erst einen Konflikt:

Sachproblem + Beziehungsauseinandersetzung = Konflikt

Und die eigentliche Dynamik geht von der verborgenen, der Beziehungsebene aus.

5: Friedrich Glasl, *Konfliktmanagement*, S. 14f.

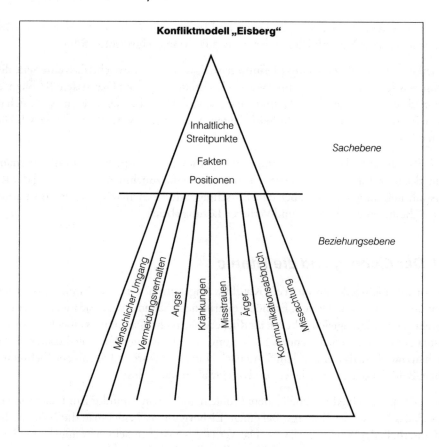

Abb.: **Konfliktmodell „Eisberg"**

Die Transaktionsanalyse unterscheidet hier entsprechend die offene und die gedeckte Ebene einer Beziehung und sie nimmt an, dass die unterschwellige, die gedeckte Ebene die ausschlaggebende ist.

4.2 Konfliktverschärfende Kommunikation

Wie diese gedeckte Beziehungsebene konfliktverschärfend wirkt, lässt sich gut mit einem Konzept der belgischen Mediatorin **Pat Patfoort** illustrieren. Pat Patfoort bezeichnet als Grundelement eines destruktiven Konfliktaustrags das Streben nach einer Überlegenheitsposition. Sie nennt diese Überlegenheitsposition die **Mehr-Position**. Durch das Streben nach einer Mehr-Position gerät die andere Seite zwangsläufig in eine **Minder-Position,** und dieses Ungleichgewicht macht die Dynamik des Konflikts aus. Wie dies funktioniert, kann an dem erwähnten Urlaubsbeispiel demonstriert werden, das Christoph Besemer in seinem Buch über Patfoorts Ansatz phantasievoll ausgestaltet[6]: Andreas möchte nach Skandinavien, Birgit möchte ans Mittelmeer. Beide sitzen beim Abendessen, als das Thema des Urlaubsortes wieder zur Sprache kommt.

> *Andreas:* „Ich habe ein günstiges Angebot für eine Ferienwohnung direkt am Fjord in Norwegen gesehen. Wir sind schon spät dran und sollten deshalb sofort buchen."
> *Birgit:* „Nein, das möchte ich nicht. Ich habe dir schon gesagt, dass ich nicht in den Norden in Urlaub fahren will."
> *Andreas:* „Aber jetzt schau doch mal. Wir haben da auch das Meer direkt vor der Haustüre, und letzten Sommer war in Skandinavien sogar besseres Wetter als in Südeuropa. Außerdem zeigen wissenschaftliche Untersuchungen, dass der Erholungswert in Skandinavien um einiges besser ist als in Italien oder Spanien."
> *Birgit:* „Deine wissenschaftlichen Untersuchungen kannst du dir schenken. Ich erhole mich besser im Süden, und deine Prognosen kennen wir ja. Vorletztes Jahr der Urlaub in diesem Regenloch, das war doch der größte Flop aller Zeiten. Da hatte ich dich auch gewarnt, aber du wolltest ja nicht auf mich hören."
> *Andreas:* „Da war das Wetter überall schlecht. Wären wir zwei Wochen später gefahren, hätten wir das beste Wetter gehabt. Aber du wolltest ja gleich zu Ferienbeginn fahren, und überhaupt durch das Ozonloch ist die Sonneneinstrahlung in Südeuropa gefährlicher denn je. Die Kinder sind dort einem erhöhten Krebsrisiko ausgesetzt und das Wasser ist ja mittlerweile die reinste Dreckbrühe."
> *Birgit:* „Du willst immer nur deinen Kopf durchsetzen. Meine Argumente zählen gar nichts."
> *Andreas*: „Welche Argumente? Ich höre nur Vorwürfe und unqualifizierte Meinungen. Sei doch mal vernünftig und nicht so halsstarrig."
> *Birgit:* „Also, das ist doch das Letzte. Jetzt soll ich also unvernünftig und halsstarrig sein, bloß weil ich dir nicht Recht gebe, dann sage ich halt gar nichts mehr."
> *Andreas:* „Mit dir kann man ja nicht reden. Und wenn du mit deinen Argumenten nicht weiterkommst, ziehst du dich in dein Schneckenhaus zurück. Ich habe das Ganze satt. Wer schafft denn hier die Kohle ran und muss sich immer um den Urlaub kümmern. Jetzt ist Schluss. Ich buche die Ferienwohnung in Norwegen. Basta."
> *Birgit verlässt den Raum und knallt die Tür zu.*
> *Andreas geht ihr nach:* „Sei nicht so hysterisch und benimm dich anständig. Die Kinder schlafen schon."
> *Birgit:* „Lass mich in Ruhe, du eingebildeter Egoist. Die Kinder sind dir doch im Grunde egal. Dir geht es doch nur immer um dich selbst."
> *Andreas gibt Birgit eine Ohrfeige.*
> „Das machst du nicht noch einmal", *Birgit packt ein paar Sachen und verlässt die Wohnung.*

6: Christoph Besemer, *Konflikte verstehen und lösen lernen*, S. 19ff.

Was hier stattfindet, lässt sich beschreiben als ein ständiger Wechsel zwischen Mehr- und Minder-Position. Andreas und Birgit versuchen immer wieder, sich selbst in die Mehr-Position und den anderen in eine Minder-Position zu bringen, und dadurch steigert sich das Problem zum Konflikt. Patfoort gibt hierfür eine treffende Veranschaulichung: Wenn man versucht, einen Ball unter Wasser zu drücken, so wird das kaum gelingen. Je stärker man den Ball unter Wasser drückt, desto mehr erfolgt der Auftrieb. D.h., je mehr ich versuche, in eine Mehr-Position hineinzukommen und den anderen in die Minder-Position zu bringen, desto mehr versucht derjenige da herauszukommen, und der Konflikt eskaliert.

4.2.1 Strategien der Mehr- und Minderposition

Wie funktioniert dieses fatale Streben nach Überlegenheit? Patfoort unterscheidet drei Vorgehensweisen. Zunächst die **sanfte Methode**. Dabei wird die eigene Position besonders herausgehoben, indem man die positiven Aspekte des eigenen Standpunktes herausarbeitet. Dies geschieht durch Argumentieren, Verweise auf Autoritäten, Wissenschaft, Logik usw. Im Beispiel lobt Andreas die Vorteile des Nordens und weist auf wissenschaftliche Untersuchungen hin, die seine Position stützen.

Dann die **starke Methode**. Hier wird die Position des anderen angegriffen und auf negative Aspekte und Schwachstellen seines Standpunktes hingewiesen durch Kritisieren, Widerlegen und das Aufzeigen von Widersprüchen. Im Beispiel verweist Birgit auf die frühere falsche Prognose von Andreas, und Andreas zählt die Nachteile und Gefahren vom Urlaub im Süden auf.

Und schließlich die **superstarke Methode**. Jetzt wird nicht nur die Position des anderen angegriffen, sondern die Person selbst. Dies geschieht durch Vorwürfe, Angriffe, Beleidigungen, also typische **Du-Botschaften**: Birgit wirft Andreas vor, dass er nur seinen Kopf durchsetzen will oder Andreas bezeichnet Birgit als halsstarrig. Später steigern sich die beiden in gegenseitigen persönlichen Vorwürfen und Angriffen.

Interessant ist, dass in der alltäglichen Konfliktkommunikation häufig die destruktive Wirkung dieser Methoden, insbesondere der sanften und der starken, übersehen wird. Das Herausstellen der Vorteile der eigenen Ansichten und das Angreifen der Position des anderen gehört zum normalen Konfliktaustrag. Man macht sich wenig klar, dass diese Form des Diskutierens und Argumentierens bereits eine Stufe der Konflikteskalation darstellt, indem der andere klein gemacht wird. Von dort aus ist der Weg zu persönlichen Angriffen nicht weit.

Ein klassisches Beispiel für eine solche indirekte Eskalation stellt der anwaltliche Schriftverkehr dar. Rechtsanwälte sind geradezu darauf trainiert, für ihre Mandanten die Mehr-Position in allen Belangen zu reklamieren. Der Gegenseite bleibt dann nur die Minder-Position – es sei denn sie versichert sich ebenfalls der Dienste eines Anwalts. So landet dann ein nachbarschaftlicher Streit um einen Kastanienbaum nicht nur schnell vor Gericht, sondern führt zu einem Zerwürfnis mit tief sitzenden persönlichen Kränkungen. Der diesbezügliche Anwaltsbrief kann dann so lauten:

Sehr geehrte Frau X,
Sie haben in einem Abstand von ca. 70 cm zur Grundstücksgrenze unseres Mandanten Y einen Kastanienbaum gepflanzt. Sie hätten jedoch einen Grenzabstand von mindestens 4 m einhalten müssen. Aufgrund vorhandener Bepflanzung wird der Lichteinfall auf dem Grundstück unseres Mandanten schon erheblich beeinträchtigt. Es soll daher verhindert werden, dass sich dieser Zustand noch verschlechtert. Namens unseres Mandanten möchten wir Sie daher auffordern, den Kastanienbaum unter Einhaltung des gesetzlich vorgeschriebenen Mindestgrenzabstandes zu versetzen, und erlauben uns, hierfür eine Frist bis zum ... zu notieren.
Mit freundlichen Grüßen
Dr. Z
Rechtsanwalt.

Dies sind verbale Methoden, es gibt aber auch nonverbale Varianten der superstarken Methode, z.B. indem der eine versucht, dem anderen ein schlechtes Gewissen zu machen, und ihn spüren lässt, wie sehr er unter dem Verhalten des anderen leidet. Dies kann geschehen durch Weinen oder Krankwerden. Das wäre die Anwendung der superstarken Methode auf der moralischen Ebene. Unter der Überschrift „Psychologische Spiele" hat die Transaktionsanalyse noch weitere Möglichkeiten zusammengetragen.

Für Patfoort ist das Gegensatzpaar Mehr-Position und Minder-Position die Wurzel eines destruktiven Konfliktaustrags, der bis hin zu gewalttätigen Handlungen führen kann. Menschen finden die Minder-Position nicht erträglich und wollen sie deshalb auf jeden Fall vermeiden. So kommt es zur Konflikteskalation. Hat Person A eine Mehr-Position erobert, um ihre Interessen durchzusetzen, so befindet sich Person B in der Minder-Position. B versucht nun ihrerseits in eine Mehr-Position zu kommen, indem sie zu einem neuen Durchsetzungsmittel greift, das A übertrumpft usw. So werden immer stärkere Geschütze aufgefahren, und es kommt zu immer heftigeren Angriffen. Und das Konfliktthema verlagert sich von der ursprünglichen Sachfrage auf die Beurteilung der Person des anderen.

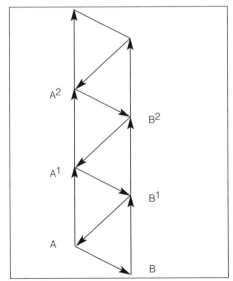

Abb.: **Vertikale Eskalation**

Weiterführende Literatur: Christoph Besemer, *Konflikte verstehen und lösen lernen*, Baden 1999.
Darstellung des originellen Ansatzes von Pat Patfoort, der ansonsten nur in Englisch vorliegt.

5 Die Beziehungsebene – transaktionsanalytisch gesehen

5.1 Muster für destruktive und konstruktive Kommunikation

Patfoorts Modell ist nicht zuletzt deshalb erwähnenswert, weil es einer der wenigen genuin mediatorischen Beiträge zum Verständnis von Konflikten ist. Gut anschlussfähig, aber wesentlich differenzierter sind die folgenden transaktionsanalytischen Konzepte. Sie vermögen die Dynamik in Konflikten noch genauer zu veranschaulichen.

5.1.1 Konfliktdiagnose als Ich-Zustands-Diagnose

Die mediatorische Aufmerksamkeit ist beim Umgang mit Konflikten nicht nur auf das „Was" gerichtet, z.B. auf die inhaltlichen Standpunkte – hierfür hat sich der englische Terminus Issues eingebürgert –, sondern vielmehr auf das „Wie":
➤ Wie, d.h., auf welche Weise spricht eine Partei über ihren Gegner?
➤ Wie zeigen Konfliktbeteiligte heftige Emotionen, Angst, Hass oder Hoffnungslosigkeit?
➤ Wie reden sie über ihre Standpunkte?

Die verbalen und nonverbalen Ausdrucksformen der Konfliktparteien offenbaren der Mediatorin noch anderes als die inhaltlichen Anliegen. Die Transaktionsanalyse nutzt zu diesem Zweck die Diagnose der Ich-Zustände.

Das Ich-Zustands-Modell ist das Hauptkonzept der Transaktionsanalyse. Ein **Ich-Zustand** wird als ein zusammenhängender Komplex aus Denken und Fühlen verstanden, der sich in einem beobachtbaren Verhalten zeigt. Die TA geht davon aus, dass wir verschiedene solcher Instanzen in uns haben. Grob unterscheidet sie drei Instanzen:

➤ Das Eltern-Ich als Reservoir von Haltungen und Verhaltensweisen, die von „elterlichen" Bezugspersonen übernommen wurden. Dieser Persönlichkeitsanteil vertritt die Normen, sagt, was richtig oder falsch ist, kann uns innerlich neben Kritik auch Mut und Trost zusprechen.

➤ Das Erwachsenen-Ich ist hier- und jetzt-bezogen. Mit seiner Hilfe verarbeiten wir die Anforderungen des täglichen Lebens und können Probleme wirksam lösen.
➤ Das Kind-Ich ist Sitz von Gefühlen und Verhaltensweisen, die aus der Kindheit der betreffenden Person stammen. Auch Enttäuschungen und Hoffnungen sind hier gespeichert.

Abb.: Strukturmodell der Ich-Zustände

Grundgedanke der Transaktionsanalyse ist, dass das Erleben und das Verhalten eines Menschen zu jedem Zeitpunkt aus einem dieser Ich-Zustände gespeist werden. Im Konfliktfall ist es daher wichtig, den Ich-Zustand des Gegenübers zu erkennen, denn aus den einzelnen Ich-Zuständen bringen die Konfliktparteien unterschiedlich hilfreiches oder störendes Potenzial ein, und die Fähigkeit, Probleme zu lösen, ist in den verschiedenen Ich-Zuständen unterschiedlich entwickelt.

Zur Klärung der Ich-Zustände bedient sich die TA z.B. der **Verhaltensdiagnose**. Für diese Diagnoseform[7] ist das äußerlich beobachtbare Verhalten einer Person ausschlaggebend: Mimik, Gestik, Körperhaltung und Körperbewegung oder Sprechart. Zentrale Fragen der Verhaltensdiagnose sind: Was tut jemand und wie tut er es?

7: Als Funktionsdiagnose kann sie auch auf innere Prozesse einer Person angewandt werden.

Im Bereich des Eltern-Ichs unterscheidet die TA
➤ eine kritisch maßgebende Haltung, die auf die Durchsetzung von Normen und Werten abzielt (**kritische Eltern-Haltung, k EL**) und
➤ eine fürsorgliche Eltern-Haltung, die bestrebt ist, andere zu unterstützen und zu belohnen (**fürsorgliche Eltern-Haltung, f EL**).

Beide Funktionsweisen können im Konflikt ebenso konstruktiv wie destruktiv eingesetzt werden. Aus dem kritischen Eltern-Ich heraus kann jemand einer anderen Person Grenzen setzen, um sie vor Gefahren zu schützen. Ebenso kann er jemand anderes beschimpfen und niedermachen. Aus der fürsorglichen Eltern-Haltung heraus kann ich jemand anderen beschützen. Ich kann ihn aber auch überfürsorglich bevormunden und so entmündigen.

➤ *Verhaltensbezogene*, z.B. sprachliche Indizien[8] für das kritische Eltern-Ich sind Aussagen wie „Du sollst ...", „Wie oft habe ich dir schon gesagt ...", „Ich kann beim besten Willen nicht verstehen, dass du schon wieder ...". Der Klang der Stimme ist dabei herablassend, vorwurfsvoll, drohend.
➤ *Sprachliche Indizien* des fürsorglichen Eltern-Ichs sind Sätze wie: „Wie kann ich dir helfen?", „Ich bin doch für dich da", „Alles wird gut". Der Klang der Stimme ist dabei besorgt, gütig, tröstend oder beschwichtigend.

Wichtig ist, dass die Transaktionsanalyse diese einzelnen Verhaltensweisen nicht im Sinne von gut und böse bewertet, sondern sie zum Potenzial menschlicher Möglichkeiten zählt, welche mehr oder weniger sinnvoll in Beziehungen und zu Konflikten eingesetzt werden können.

Im Bereich des Kind-Ichs unterscheidet die Transaktionsanalyse
➤ die Haltung des **freien Kind-Ichs (f K)** von
➤ der Haltung des **angepassten Kind-Ichs (a K)** bzw.
➤ des **rebellischen Kind-Ichs (r K)**.

Das *freie Kind-Ich* hat seinen Namen deshalb, weil sich eine Person hier spontan und relativ unabhängig von äußeren Normen und authentisch gibt. Das freie Kind-Ich kann sich im unzensierten Ausdruck von Wünschen oder Bedürfnissen zeigen oder von Gefühlen wie Freude, aber auch Trauer, Angst oder Schmerz.
➤ *Sprachliche Indizien* für das freie Kind-Ich sind Sätze wie „Ich will ...", „Ich will nicht ...", „Ich wünsche mir ..." etc. Der Klang der Stimme ist dabei kräftig.

Wird der Ausdruck von Bedürfnissen und Gefühlen vermieden nach dem Motto „Zähne zusammenbeißen", so befindet sich der Betreffende eher in der Haltung des angepassten Kind-Ichs. Im angepassten Kind-Ich ist jemand in Kontakt mit elterlichen oder elternähnlichen Instanzen, seien es innerliche oder äußerliche, an denen er sich ausrichtet. Z.B. indem er ungeprüft tatsächliche oder vermeintliche Regeln übernimmt, bis dahin, dass er sich in Streitsituationen demütig anpasst.

8: Formulierungen nach Anregungen von Thomas Weil, Seminarskripte.

➤ *Sprachliche Indizien* für eine solche Kind-Ich-Position sind Sätze wie „Ich möchte schon, aber ...", „Ich weiß nicht, darf ich ...". Der Klang der Stimme ist dabei entsprechend leise, demütig oder zitternd.

Die andere Seite der Medaille ist die Haltung des rebellischen Kind-Ich. Sie wird leicht mit der des freien Kind-Ichs verwechselt, doch ist das rebellische Kind-Ich durch sein prinzipielles Anti-Sein unfrei. Aus dem rebellischen Kind-Ich kann jemand Widerspruch anmelden, auch wütend sein oder kritisieren.

➤ *Sprachliche Indizien* sind Sätze wie „Jetzt gerade nicht ...", „Ich will aber nicht ...", „Trotzdem ...". Der Klang der Stimme ist dabei trotzig, schmollend und wütend.

Auch hier möchte ich darauf hinweisen, dass Anpassung klug und angemessen sein kann und Rebellion wichtig und dass beides nicht per se negativ eingeschätzt wird.

Schließlich das Erwachsenen-Ich, diejenige Haltung, die durch rationale Reflexion bestimmt ist, von der eigenen Einsicht ausgeht und auf Autonomie abzielt (**Erwachsenen-Ich-Haltung, ER**).

➤ *Sprachliche Indizien* sind Abwägungen und Informationsfragen. Der Klang der Stimme ist sachlich, ruhig, überlegend.

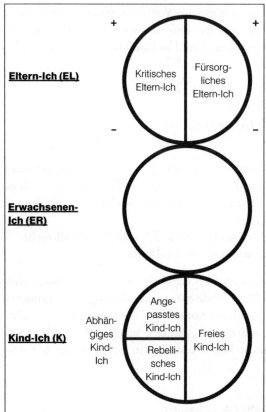

Abb.: Funktionsmodell der Ich-Zustände

Die Beziehungsebene – transaktionsanalytisch gesehen

Für die Mediation können Energien aus allen Ich-Zuständen genutzt werden. Das Erwachsenen-Ich übernimmt dabei die Funktion einer klärenden Instanz!

Einzelübung: Diagnose von Ich-Zuständen[9]

Ordnen Sie jeder Aussage den Ich-Zustand zu, aus dem sie gesprochen wird.
Durch das Fehlen des Stimmklanges ergibt sich manchmal mehr als eine Möglichkeit.

1. „Wann sind Sie denn endlich mit dem Schriftsatz fertig?"
2. „Dafür kann ich doch nichts!"
3. „Sie benehmen sich tollpatschig."
4. „Was mache ich jetzt nur?"
5. „Was könnte der Grund für den fehlenden Zahlungseingang sein?"
6. „Da irren Sie sich aber gewaltig!"
7. „Ich hätte da noch eine Frage ..."
8. „So geht das nicht!"
9. „Sind Sie sicher, dass Sie richtig gerechnet haben?"
10. „Machen Sie Ihren Kram doch selber!"
11. „Er mag ja ein netter Kerl sein, aber man kann ihn nicht unbeaufsichtigt lassen."
12. „Ich glaube nicht, dass ich eine Entscheidung treffen kann, bevor ich mit dem zuständigen Sachbearbeiter gesprochen habe."
13. „Glauben Sie mir, das ist das Beste für Sie!"
14. „Was Sie da in dem Tempo gemacht haben, das hat meinen ganzen Respekt."
15. „Wenn ich nur eine Gehaltserhöhung bekäme, dann wären alle meine Probleme gelöst!"
16. „Wenn Sie das nicht sorgfältig machen können, sollten Sie das lieber gar nicht tun."
17. „Ich weiß wirklich nicht mehr, was ich tun soll."
18. „Kommen Sie, lassen Sie mich das für Sie machen!"
19. „Können Sie mir bitte noch etwas mehr darüber sagen."
20. „Ich halte Ihren Vorschlag in zwei Punkten für ungeeignet: Zum einen haben wir nur vierzehn Tage Zeit, zum anderen fehlen uns dafür im Moment die technischen Voraussetzungen."
21. „Ich bin neugierig, wie Sie die Aufgabe angehen."

Und nun noch drei dialogische Beispiele:
Vorgesetzter: „Wie spät ist es, Frau Müller?"
Mitarbeiterin: „Gleich halb fünf."

Vorgesetzter: „Wie spät ist es, Frau Müller?"
Mitarbeiterin: „Ich beeil' mich ja schon, ich bin sofort fertig."

Vorgesetzter: „Wie spät ist es, Frau Müller?"
Mitarbeiterin: „Sie brauchen heute aber lange."

9: Modifiziert übernommen aus Christian-Rainer Weisbach *„Professionelle Gesprächsführung"*, Seite 102ff.

> **Gruppenübung: Haus einrichten**
>
> Für die Mediation ist es sowohl wichtig, den Ich-Zustand meines Gegenübers erkennen zu können als auch mit dieser Person dann umzugehen.
>
> *Rollenspiel für zwei Personen: A und B[10].*
> Beide haben zusammen ein Haus gekauft und besprechen nun Zimmeraufteilung, Einrichtung und Nutzung des Hauses.
> A darf dabei sich einen Ich-Zustand wählen, aus dem heraus er spielen möchte. Dieser Ich-Zustand wird vorher weder B noch den Zuschauern mitgeteilt (es kann hilfreich sein, wenn der Spielleiter/Trainer A vor der Tür in die Rolle einstimmt).
> B spielt sich selber.
> Die Aufgabe von B ist es nun, den Ich-Zustand von A einzuschätzen und mit ihm umzugehen.

5.1.2 Konfliktprofile – Egogramme

Konflikte führen wie alle Stressphänomene zu Veränderungen bei Menschen. Sie beeinträchtigen unsere Wahrnehmungsfähigkeit und unsere Denkfähigkeit. Sie berühren unser Gefühlsleben und unser Verhalten. Je länger ein Konflikt andauert, desto mehr kommt es zu einer Verzerrung der Wahrnehmung, der Emotionen und der Motive. M.a.W., der Bezugsrahmen eines Menschen ändert sich, sodass er immer mehr in der Konfliktlogik wahrnimmt, denkt, fühlt und sich verhält. Diese Veränderung des Verhaltens wird sich auch in der Energiebesetzung der Ich-Zustände niederschlagen.

Im Streit wird jemand deshalb nicht in gleicher Weise alle vom Funktionsmodell beschriebenen Haltungen einnehmen. Vielmehr dominieren einige Haltungen je nach Situation und Lebenserfahrung. So ist generell damit zu rechnen, dass in einem Konflikt die Beteiligten relativ wenig Energie in ihr Erwachsenen-Ich investieren. Die Transaktionsanalyse hat hierfür das **Egogramm** der Ich-Zustände entwickelt, welches Aufschluss gibt über die individuelle Energieverteilung.

In der Regel wird das Egogramm als ein Balkendiagramm dargestellt, wobei die unterschiedliche energetische Besetzung der einzelnen Ich-Zustände prozentual zueinander in Beziehung gesetzt werden. Das gesamte Verhaltenspotenzial eines Menschen wird dabei mit 100% angesetzt. Die Einschätzung beginnt mit dem am stärksten und dem am schwächsten ausgeprägten Ich-Zustand und sie erfolgt natürlich nicht mathematisch exakt, sondern durch Beobachtung und Intuition.

10: Modifiziert übernommen aus Klaus Vopel, *„Ich und Du"*.

Die Beziehungsebene – transaktionsanalytisch gesehen • 35

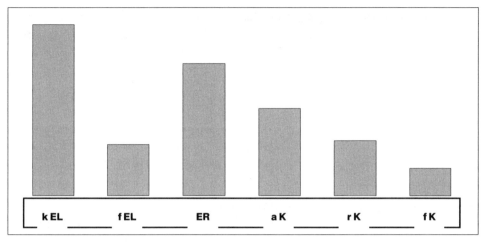

Abb.: Egogramm einer Person vom Konflikttypus „unbestechlicher Ankläger"

Als kreative Kurzform eignet sich das „**Schneemann-Egogramm**":

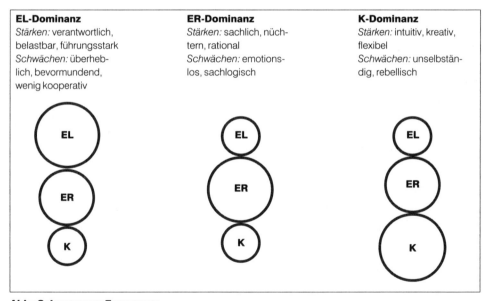

Abb.: Schneemann-Egogramm

Es kann hilfreich sein, wenn der Mediator für sich ein Egogramm aller Konfliktparteien erstellt. Mit Hilfe des Egogramms kann er diagnostizieren, welches Potenzial die Beteiligten in den Konflikt einbringen und wie sich das auswirkt: Was löst das bei anderen aus, wenn sich Menschen in Konflikten rebellisch oder oberlehrerhaft verhalten – oder wie ein Computer? Welche Konfliktdynamik folgt aus den einzelnen Ich-Zuständen?

> **Partnerübung: Erstellen eines individuellen Profils**
> Die Teilnehmer bilden Zweiergruppen. Jeder zeichnet zunächst ein Egogramm von sich selbst (Selbstwahrnehmung) und anschließend das Egogramm des Partners (Fremdwahrnehmung). Wichtig ist der Hinweis, dass der Fokus des Egogramms auf dem äußerlich wahrnehmbaren Verhalten liegt: „Wie zeige ich mich?", „Was können andere wahrnehmen?"
> *Nicht:* „Was ist innerlich in mir los?" Das wäre in der Terminologie der TA ein Psychogramm.
>
> Bei der anschließenden Auswertung geht es um die Übereinstimmung bzw. Nicht-Übereinstimmung zwischen Selbst- und Fremdwahrnehmung. Ein deutliches Auseinanderklaffen zwischen beiden kann in der Praxis zu Spannungen führen bzw. Ursache für Konflikte sein.

> **Einzelübung: Egogramm eines Konfliktpartners**
> Vergegenwärtigen Sie sich das Bild eines Konfliktpartners. Zeichnen Sie anschließend dessen Egogramm.
>
> *Auswertung:* Welche Ähnlichkeiten oder Unähnlichkeiten zeigt das Egogramm des Konfliktpartners mit dem eigenen? Sprechen beide eine unterschiedliche Sprache? Konkurrieren beide um denselben Platz?
>
> Welche Ähnlichkeit hat es mit einer Person aus der eigenen Vergangenheit (Eltern, ältere Geschwister, Lehrer, Pfarrer ...)? Gibt es hier noch eine „offene Rechnung"?

Fanita English hat dies zu systematisieren versucht und unterscheidet hinsichtlich des Stress- und Konfliktverhaltens zwei Persönlichkeitstypen: *Typ 1 „Untersicher"* und *Typ 2 „Übersicher"*. Während sich Menschen in normalen Alltagssituationen i.d.R. flexibel verhalten, tritt unter Stress das Erwachsenen-Ich zurück und der Typus als urtümlich angelernter Krisenmechanismus tritt mit seinen Stärken und Schwächen deutlich hervor.

Personen vom *Typ 1* (Untersicher) verhalten sich meist aus ihrem angepassten oder rebellischen Kind-Ich. Im Modus a erscheint Typ 1 hilflos und als Opfer, im Modus b verhält er sich herausfordernd rebellisch aus der Position des Unterdrückten. – So wie z.B. *Birgit* (im Beispiel von Pat Patfoort – siehe Seite 25), wenn sie türknallend aus dem Zimmer geht.

Personen vom *Typ 2* (Übersicher) verhalten sich meist aus ihrem Eltern-Ich. Sie sind um andere besorgt oder üben an ihnen Kritik, neigen dazu, Verhaltensmaßregeln und Anweisungen zu erteilen. Im Modus a schwingt Typ 2 sich leicht zum großmütigen Retter auf, im Modus b kritisiert er andere als Verfolger. – So wie *Andreas* (siehe Seite 25), wenn er sich alleinzuständig für die Urlaubsplanung sieht und Birgit als halsstarrig bezeichnet.

Personen vom *Typ 1* stellen sich vor, dass andere mehr können und wissen, und fühlen sich selber nicht so kompetent. Insbesondere vermuten sie, in Konflikten nicht so durchsetzungsfähig zu sein. Personen vom *Typ 2* haben den Eindruck, dass andere nicht so kompetent und mit Verantwortung belastbar sind. Die Zugehörigkeit zu einem Typ hat aber nichts mit tatsächlicher Kompetenz und Intelligenz, mit sozialer Herkunft oder Geschlecht zu tun, obwohl der gesellschaftliche Kontext bei Frauen ein *Typ 1*-Verhalten, bei Männern ein *Typ 2*-Verhalten begünstigt.

Von besonderem Interesse ist die *Typenlehre* bei der Arbeit mit Beziehungs- und Konfliktkonstellationen. In privaten oder auch beruflichen Partnerbeziehungen ist es nützlich herauszufinden, ob ein komplementäres oder ein kompetitives, d.h. rivalisierendes Interaktionsmuster vorliegt. Komplementäre Beziehungskonstellationen (Typ 1 mit Typ 2) ergänzen sich in den Teilen, die sie jeweils nicht leben. Sie haben damit aber eine Tendenz zur Symbiose, und in dieser Symbiose wird ihr typgemäß eingeschränktes Verhalten manchmal geradezu zementiert. In typgleichen Beziehungen rivalisieren die Partner um Ähnliches: In Typ 1/Typ 1-Beziehungen kommt es häufig zu einer Rivalität um Freiräume und Zuwendung, in Typ 2/Typ 2-Beziehungen zu einer Rivalität um Macht und Einfluss.

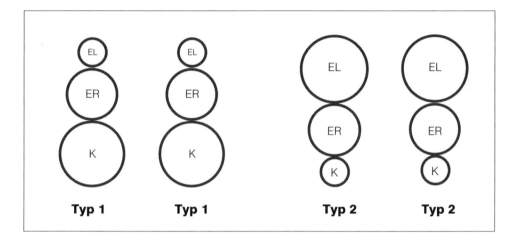

5.1.3 Soziale Diagnose

Mit Hilfe des Schneemann-Egogramms lässt sich gut eine weitere Diagnoseform der Ich-Zustände erläutern: die Soziale Diagnose. Der dahinter stehende Gedanke ist: Wenn eine Person einen Ich-Zustand stark mit Energie besetzt, sendet sie damit eine „Einladung" an andere Personen, ebenfalls – in der Regel komplementär – einen Ich-Zustand mit Energie zu besetzen. Verhält sich jemand aus dem kritischen Eltern-Ich, so lädt er sein Gegenüber ein, das angepasste oder rebellische Kind-Ich mit Energie zu besetzen. Ebenso lädt jemand, der sich unsicher und jammernd zu anderen in Beziehung setzt, andere ein, ihr fürsorgliches Eltern-Ich zu aktivieren.

In Bezug auf diese Diagnose-Form kann die Mediatorin sich selber als diagnostisches Instrument nutzen, indem sie fragt, welche Beziehungseinladungen der Konfliktparteien bei ihr ankommen. Sie kann ihre eigenen Gedanken, Gefühle und Willensregungen beobachten, um die Dynamik des Konfliktes zu verstehen. In welchem Ich-Zustand fühlt sie sich eingeladen? (Natürlich ohne dass sie dieser Einladung folgt und ihr Erwachsenen-Ich verlässt.)

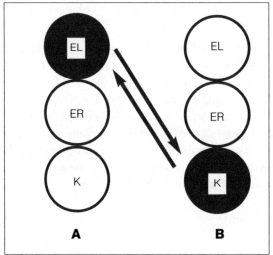

Abb.: **Soziale Diagnose der Ich-Zustände**

5.1.4 Trübungen

Im Erwachsenen-Ich ist die Problemlösungskompetenz einer Person am höchsten. Im Konfliktstress kann es jedoch in seiner Funktion durch das Eltern-Ich oder das Kind-Ich behindert werden. Die Transaktionsanalyse spricht dann von einer Eintrübung des Erwachsenen-Ichs.

Eine Trübung seitens des Eltern-Ichs kann sich bspw. in Vorurteilen äußern, eine Trübung seitens des Kind-Ichs in überbordenden Emotionen oder Wunschdenken.

> *Andreas:* „Welche Argumente? Ich höre nur Vorwürfe und unqualifizierte Meinungen."
> *Birgit:* „Also, das ist doch das letzte. Dann sage ich halt gar nichts mehr."

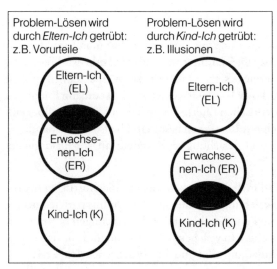

Abb.: **Trübung der Ich-Zustände**

Wenn EL- und K-Trübungen die Konfliktlösung beeinträchtigen, dann ist es Aufgabe der Mediatorin, die Konfliktparteien explizit zum Denken einzuladen. Dies geschieht wirkungsvoll durch Fragen. Generell sind Fragen dazu angetan, das Erwachsenen-Ich zu stimulieren. Respektvoll gestellte Fragen bilden ein wichtiges Hilfsmittel der Mediatorin.

Fragetechniken für Mediation[11] (am Beispiel einer Scheidungsmediation)

Eröffnungsfragen bringen die Gespräche in Gang:
➤ Was werden die Hauptstreitpunkte in der Mediation sein?
➤ Was sind Ihre größten Sorgen in Bezug auf die Mediation/die Verhandlungen?
➤ Was für Erfahrungen haben Sie darin, mit dieser Art von Problem umzugehen?

Informationsfragen dienen dazu, Fakten und/oder Meinungen zu erhalten:
➤ Wer lebt jetzt in dem Haus?
➤ Wie hoch sind die Hypothekenzahlungen?
➤ Wo werden die Kinder in die Schule gehen?
➤ Warum müssen Sie freitags frei haben?

Klarstellende Fragen helfen, abstrakte oder allgemeine Gedanken konkreter zu machen:
➤ Was meinen Sie mit „alles"?
➤ Wann wollen Sie, dass das aufhört?

Fragen nach Begründungen erleichtern es Ihnen, mehr über die Gründe dafür zu erfahren, warum eine Partei eine bestimmte Position einnimmt:
➤ Warum glauben Sie, dass ...?
➤ Wie wird dieser Vorschlag das Problem lösen?
➤ Wie wird das tagtäglich funktionieren?

Hypothetische Fragen bringen neue Gedanken in das Gespräch ein:
➤ Angenommen, Sie würden diese Möglichkeit ausprobieren, was glauben Sie würde passieren?
➤ Wenn Sie den Ablauf bestimmen könnten, was würden Sie tun?

Hinleitende Fragen geben Anregungen, andere Möglichkeiten zu erwägen:
➤ In Anbetracht der Art des Problems wäre es denkbar, dass ...?
➤ Ist das die einzige Wahlmöglichkeit, die überlegenswert ist?
➤ Ich habe mir überlegt, ob dass, was sich ein anderes Ehepaar überlegt hat, für Sie nützlich sein könnte.

Anregende Fragen können neue Gedanken fördern:
➤ Gibt es andere Möglichkeiten, dieses Problem zu lösen?

11: Übernommen aus John M. Haynes, *Scheidung ohne Verlierer*, München 1993, S. 213f.

Miteinbeziehende Fragen ermutigen Klienten, Gedanken/Bedürfnisse zu äußern:
➤ Was sagen Sie dazu?
➤ Was halten Sie von diesem Gedanken?

Fokussierende Fragen können das Gespräch wieder auf die Kernpunkte zurückbringen:
➤ Wie machen wir jetzt weiter?
➤ Was hat das mit der Frage der Kinder zu tun?

Auswahlfragen veranlassen Klienten, zwei oder mehr Alternativen zu vergleichen:
➤ Welche der beiden Möglichkeiten halten Sie für die beste?
➤ Eignen sich beide Möglichkeiten für Sie beide am besten?

Abschlussfragen ermutigen das Paar, zu einer Entscheidung zu kommen:
➤ Haben wir diesen Punkt ausführlich genug besprochen?
➤ Wollen Sie darüber noch etwas nachdenken und erst nächste Woche eine Entscheidung treffen?
➤ Haben Sie sich auf das Folgende geeinigt?

Bewertende Fragen helfen dem Ehepaar, ihre Fortschritte und ihre Zukunft einzuschätzen:
➤ Warum kommen wir Ihrer Meinung nach an diesem Punkt nicht weiter?
➤ Was wird passieren, wenn wir so vorgehen?

5.2 Systemische Anwendung des Ich-Zustands-Konzepts

Das Konzept der Ich-Zustände wurde ursprünglich zur Arbeit mit Einzelpersonen entwickelt. Es dient dazu, das Verhaltensprofil von Individuen zu analysieren und wünschenswerte Veränderungen anzuleiten. Dieses Konzept lässt sich aber ebenso in der Arbeit mit Familien, Gruppen und Teams nutzen. Dabei stellt man sich die Gesamtgruppe als eine Makro-Person vor und fragt, welchen Ich-Zustand die einzelnen Beteiligten primär verkörpern. Oftmals lässt sich gut in einer Familienbeziehung, aber auch in einem Arbeitsteam analysieren, wer in seinem Konfliktverhalten welchen Ich-Zustand hauptsächlich zum Ausdruck bringt.

Die Fragerichtung für Mediation ist dann eine doppelte. Zum einen wird problemorientiert gefragt, wie das Gegeneinander der einzelnen Ich-Zustände im Konflikt dazu dient, den Streit aufrechtzuerhalten? Wie halten sich z.B. Personen aus dem kritischen Eltern-Ich und aus dem rebellischen Kind-Ich gegenseitig in Schach.

Zum anderen aber – und dies ist die mediatorisch hilfreiche, lösungsorientierte Sicht – kann nach den Ressourcen gefragt werden: Wo stellen diese von den Personen jeweils gelebten Ich-Zustände Kompetenzen dar, die konfliktlösend wirken können? Jeder Ich-Zustand bedeutet gleichzeitig auch eine Ressource, und die Frage ist, wie diese Kompetenzen zielgerichtet zusammenwirken können.

Dazu darf allerdings keine Ich-Zustands-Stimme abgewürgt werden. Die Mediatorin sorgt allparteilich dafür, dass jede der Stimmen zu Gehör kommt: Was hat diese Stimme an Wichtigem beizutragen zur Sicht des Konflikts und zur Lösung? So geht sie insbesondere den sog. destruktiven Stimmen nach und versucht deren Aussage und Bedürfnisse ernst zu nehmen. Oftmals ist hier ein sog. **Reframing** hilfreich, d.h., es gilt zu unterscheiden zwischen der negativen Ausdrucksform einer Stimme und der positiven Absicht, die dahinter steht. Diese gilt es herauszuarbeiten und zu würdigen. Werden Personen dabei überhört, so rächt es sich in der Regel dadurch, dass sie sich destruktiv einbringen. Wird ihnen Gehör geschenkt, so kann auch eine scheinbar destruktive Stimme etwas Wichtiges mitzuteilen haben.

Die Mediatorin verkörpert in diesem Konfliktsystem quasi das Erwachsenen-Ich und greift aus dieser Haltung regulierend ein[12]. Sie tut dies aber nur auf Zeit und mit dem Ziel, die Konfliktparteien in ihre Erwachsenen-Ich-Zustände einzuladen, sei es durch die Vereinbarung von Gesprächsregeln, sei es, indem sie ihnen die Möglichkeit gibt, ihre Emotionen erst einmal abzuladen und dann frei zu sein.

> **Gruppenübung: Eine Familie muss sich über ein Urlaubsziel einigen.**
> Die Familie wird für ein Mediationsrollenspiel als Patchwork-Familie kreativ zusammengestellt.
> Der Mediator trainiert insbesondere die Funktion der allparteilichen Chairperson (Erwachsenen-

---

12: Dem funktionstüchtigen Erwachsenen-Ich einer Person kommt innerpsychisch eine mediatorische Funktion zu.

Ich). Er hat die Aufgabe, sowohl den einzelnen Stimmen/Personen/Ich-Zuständen Gehör zu verschaffen als auch den Prozess in einer ressourcen- und lösungsorientierten Richtung anzuleiten. Es soll nicht die altbekannte Kontroverse zwischen Beteiligten wieder aufleben, sondern sie sollen sich in einem neuen konstruktiven Dialog erleben.

5.3 Gestaltung der Beziehung – Analyse der Transaktionen

Eine Vielzahl von Konflikten geht auf Kommunikationsprobleme zurück. Die Konfliktpartner verständigen sich nicht über ihre Erwartungen, Probleme, Interessen, Wünsche etc. Dann prallen zwei autistische Welten aufeinander. Die mangelnde Kommunikation wird als fehlende Wertschätzung erlebt. Dies Gefühl führt zur Verhärtung der Positionen.

In der Mediation geht es darum, starr gewordene Beziehungen wieder flexibel zu gestalten. Um diese aufzuweichen und neue Möglichkeiten ins Spiel zu bringen, forscht die Mediatorin nach Interessen und Hintergründen. Diese Flexibilisierung wird oft primär inhaltlich verstanden: von Positionen zu Interessen. Übersehen wird dabei, dass die inhaltlichen Fronten einen psychodynamischen Hintergrund haben. Mediation mit Methoden der Transaktionsanalyse führt hier zu einer Vertiefung.

Wenn man fragt, aus welchen Ich-Zuständen heraus der Streit geführt wird, so erkennt man, dass die Kommunikationsdynamik selber in Positionen erstarrt ist, die Inhalte können wechseln und sind beinahe austauschbar: Immer wieder kommt es z. B. zu der gleichen Verhärtung zwischen kritischem Eltern-Ich auf der einen und rebellischem Kind-Ich auf der anderen Seite. Oder bei jeder Gelegenheit richten sich die immer gleichen Schuldzuweisungen aus dem kritischen Eltern-Ich des Noch-Ehemannes an das Kind-Ich der Noch-Ehefrau und umgekehrt. Es reicht deshalb nicht, wenn die Mediatorin nach den inhaltlichen Interessen fragt und sich hier um eine Flexibilisierung bemüht. Gleichzeitig muss sie die Parteien einladen, ihren Ich-Zustand zu wechseln.

Die Transaktionsanalyse geht davon aus, dass Konflikte aus Kommunikationsstörungen resultieren, und dass es deshalb wichtig ist, Kommunikationsabläufe zu beobachten, zu beschreiben und zu verstehen, um Konflikte entweder zu vermeiden oder konstruktiv austragen zu können: Wie setze ich mich in Beziehung, welche Anteile bevorzuge ich dabei, welche vernachlässige ich?

Mit diesen Fragen der Beziehungsgestaltung beschäftigt sich die Analyse der einzelnen Transaktionen. Die Analyse der Transaktionen beschreibt, wie Menschen miteinander umgehen, und kann dabei zugleich eine mögliche verborgene Beziehungs- und Konfliktstruktur erhellen. Dieses Wissen hilft zu erkennen, warum etwas in der alltäglichen Kommunikation gut oder schlecht läuft. Und es dient zugleich zur Kommunikationssteuerung im Konflikt.

Die kleinste Kommunikationseinheit wird dabei **Transaktion** genannt, bestehend aus einer verbalen oder nonverbalen Anrede (Stimulus) und einer darauf bezogenen verbalen oder nonverbalen Reaktion (Response). Daraus entwickelt sich dann eine Kette der Kommunikation. Leitgedanke ist, dass jeder Stimulus aus einem bestimmten Ich-Zustand erfolgt und sich an einen bestimmten Ich-Zustand richtet. Je nachdem, ob die Response aus dem erwarteten Ich-Zustand kommt oder nicht, ergeben sich stimmige oder unstimmige Transaktionen. Beispiel:

A: „Wie spät ist es?" – B: „Es ist 9.30 Uhr."

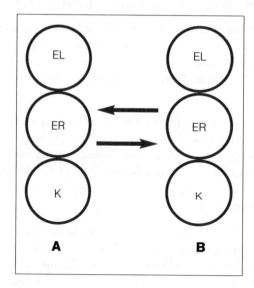

Hier kommt der Stimulus aus dem Erwachsenen-Ich von A und richtet sich an das Erwachsenen-Ich von B. Die Response kommt wie erwartet aus dem Erwachsenen-Ich von B an das Erwachsenen-Ich von A. Die Transaktionsanalyse bezeichnet dies als komplementäre bzw. parallele Transaktion.

Parallele Transaktionen

Der Begriff parallele Transaktionen leitet sich von der Art und Weise ab, wie die Transaktionspfeile gezeichnet werden. Solche komplementären Transaktionen sind zwischen unterschiedlichen Ich-Zuständen denkbar:

Eltern-Ich A: „Ich möchte wissen, was die Geschäftsleitung sich dabei gedacht hat."
Eltern-Ich B: „Sie wechseln Ihre Strategie auch wie die Hemden."

Oder: Kind-Ich A: „Der neue Flachbildschirm sieht todschick aus."
Kind-Ich B: „Mein schnurloses Keyboard ist auch supertoll."

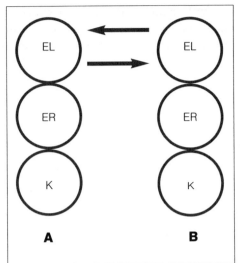 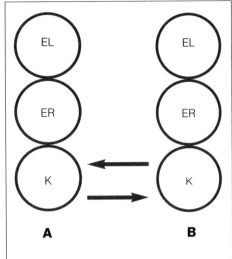

Parallele Transaktionen sind auch zwischen Eltern-Ich und Kind-Ich denkbar.

Angepasstes Kind-Ich: „Ich fühle mich total kaputt."
Fürsorgliches Eltern-Ich: „Du Armer, kann ich etwas für dich tun?"

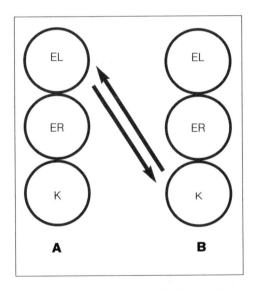

Mit den komplementären Transaktionen verbindet die TA ihre **erste Kommunikationsregel**: Solange die Pfeile parallel verlaufen bzw. die Transaktionen komplementär sind, kann die Kommunikation im Prinzip ungestört/unbegrenzt weitergehen.

Dabei ist allerdings zu beachten, dass ein ungestörter Kommunikationsablauf nicht unbedingt etwas Angenehmes sein muss. Stellen wir uns komplementäre Transaktionen vor aus einem *kritischen Eltern-Ich: „Die Unterlagen sind schon wieder unvollständig!"* und einem *angepassten Kind-Ich-Zustand: „Tut mir Leid, ich weiß auch nicht, wo die fehlenden Daten sind."*

Auch diese Kommunikation kann im Prinzip unbegrenzt weitergehen:

Kritisches Eltern-Ich: „Wie oft habe ich Ihnen schon gesagt, ..."
Angepasstes Kind-Ich: „Es soll nicht wieder vorkommen ..."

Jedenfalls so lange, wie die Person A aus dem kritischen Eltern-Ich ihre Energie darauf richtet, Person B zu maßregeln, und so lange, wie Person B sich diese Maßregelung gefallen lässt.

Wenn Person B nun allerdings sagen würde: *„Moment mal, ich mache Ihnen jetzt einen Vorschlag, wie ich das Problem noch heute lösen kann"*, dann wechselt sie ihren Ich-Zustand aus der Position des angepassten Kindes in das Erwachsenen-Ich. Grafisch ergibt dies ebenfalls eine signifikante Veränderung: Die Kommunikationspfeile laufen nicht mehr parallel, sondern überkreuz.

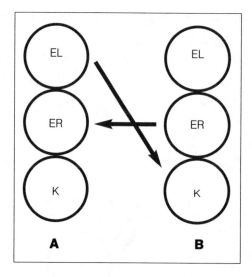

Gekreuzte Transaktionen

Die Transaktionsanalyse spricht jetzt von einer gekreuzten Transaktion und verbindet hiermit ihre **zweite Kommunikationsregel**: Eine gekreuzte Transaktion bedeutet eine Störung innerhalb der Kommunikation. Der bisherige Kommunikationsfluss unterbricht und das Thema wird gewechselt.

Das Beispiel eben macht deutlich, dass eine solche Überkreuz-Transaktion bzw. die Unterbrechung eines Kommunikationsflusses nichts Negatives sein muss. Im Gegenteil dient hier

Die Beziehungsebene – transaktionsanalytisch gesehen • 47

der Wechsel in die Erwachsenen-Ich-Position dem Ende des Streites und dem Beginn der Lösung.

Häufig jedoch empfinden wir Überkreuz-Transaktionen als negativ. Für uns unerwartet reagiert das Gegenüber aus einem anderen Ich-Zustand als dem, der von uns angesprochen wurde. Beispiel:

A: „Wissen Sie, wo die Akte XY ist?"
B: „Immer soll ich alles verbummelt haben."

B reagiert hier nicht wie erwartet (Wir unterstellen dabei, dass A seinen Stimulus in einem sachlichen Ton hervorgebracht hat.) mit einer sachlichen Information aus dem Erwachsenen-Ich, sondern tut so, als hätte er von A einen Vorwurf erhalten, und wehrt sich aus der Haltung des schmollenden, rebellierenden Kind-Ichs. In diesem Falle entsteht eine „Delle" in der Kommunikation. A wird entweder schweigend aus dem Zimmer gehen oder sich rechtfertigen bzw. erklären: *„Ich habe das nicht als Vorwurf gemeint."* Oder tatsächlich zu einem Angriff übergehen: *„Sie sind aber ausgesprochen empfindlich."* Und sich dann in der Tat so verhalten, wie B dies unterstellt hat. Das Thema der Kommunikation, nämlich der Verbleib der Akte XY, ist allerdings erst einmal vom Tisch.

Relativ häufig ist auch eine Kreuzung aus dem Eltern-Ich:

A: „Können Sie mir eine Erläuterung zu der neuen Verfahrensanweisung geben?" (Erwachsenen-Ich)
B: „Wenn Sie das immer noch nicht begriffen haben, sind Sie hier fehl am Platz." (Kritisches Eltern-Ich)

Auch hier ist deutlich, dass der Inhalt der Frage im weiteren Gesprächsverlauf wohl keine Rolle mehr spielt, A zunächst einen Konflikt mit B haben wird.

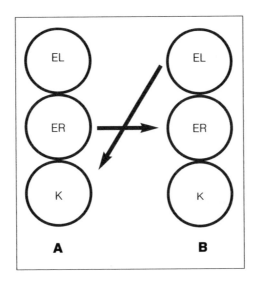

Diese Beispiele machen deutlich, dass Konfliktursachen oft weniger in Sachauseinandersetzungen liegen, konfliktträchtig ist die Art und Weise, wie Sachinhalte kommuniziert werden. Der Ton macht die Musik, und es ist wenig hilfreich, sich in der Mediation ausschließlich auf Sachinhalte und Sachfragen zu konzentrieren, sondern ebenso muss die Beziehungsdynamik thematisiert werden: Wer gestaltet aus welchem Ich-Zustand die Beziehung zum anderen.

Dabei liegt auf der Hand, dass es konfliktlösend wirkt, wenn beide Seiten ihr Erwachsenen-Ich besetzen. Transaktionen aus dem Eltern-Ich bzw. dem Kind-Ich sind eher störungs- und konfliktanfällig. Bei einem heftigen Streit handelt es sich bspw. um gekreuzte Transaktionen zwischen zwei Eltern-Ich-Zuständen:

Kritisches Eltern-Ich an Kind-Ich: „Haben Sie die Aufgabe schon wieder nicht fristgerecht erledigt?"
Wiederum kritisches Eltern-Ich an Kind-Ich: „Lernen Sie erst einmal, Ihre Zielvorgaben deutlich zu formulieren."

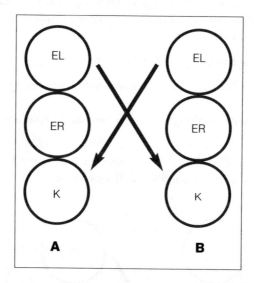

Die Mediatorin unterbricht diese negative Dynamik, indem sie versucht, die Gesprächspartner aus dem unproduktiven Ich-Zustand abzuholen und in das Erwachsenen-Ich einzuladen:

„Ich habe den Eindruck, dass Sie dieses Vorgehen missbilligen..."
(Aufnehmen des Eltern-Ich-Zustandes) oder:
„Ich habe den Eindruck, Sie fühlen sich verärgert..."
(Aufnehmen des Kind-Ich-Zustandes)
„Was, denken Sie, können Sie zur Verdeutlichung Ihrer Anliegen tun?"
(Einladung ins Erwachsenen-Ich)

Dabei praktiziert die Mediatorin ein **konstruktives Kreuzen**. Sie erkennt den angebotenen Ich-Zustand zwar an, aber kreuzt ihrerseits aus dem Erwachsenen-Ich und bietet damit eine neue Kommunikationsmöglichkeit an. Damit gibt sie gleichzeitig ein Modell, wie die Konfliktparteien künftig ihre Auseinandersetzungen konstruktiv führen können.

Verdeckte Transaktionen

Dass der Ton die Musik macht, bringt die TA mit dem dritten Typus, den sog. verdeckten Transaktionen zum Ausdruck. Die Transaktionsanalyse unterscheidet hier eine offene bzw. soziale Ebene und eine gedeckte bzw. psychologische Ebene der Kommunikation.

Abteilungsleiter zu Untergebenen: „Engagierte Mitarbeiter fragen in dieser Firma nicht viel nach Überstunden."

Auf der offenen Erwachsenen-Ich-Ebene gibt der Abteilungsleiter anscheinend eine Information über die Firmenkultur, auf der unterschwelligen Ebene richtet er eine Verhaltensmaßregel an das angepasste Kind-Ichs eines Gegenübers. Die gedeckte Ebene ist die ausschlaggebende.

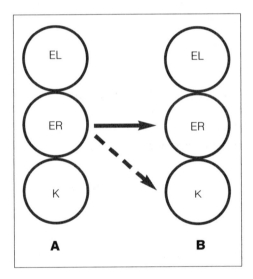

Die Transaktionsanalyse klassifiziert diese Formen als anguläre oder Winkeltransaktionen. In Konfliktsituationen handelt es sich dabei in der Regel um unterschwellige Manipulationsversuche. Denkbar ist es allerdings auch, dass auf beiden Seiten eine offene und eine gedeckte Ebene im Spiel ist.

Beispiel: „Was haben Sie sich bei diesem Bericht gedacht?"
„Ich habe alle Fakten aufgeführt, die mir bekannt waren."

Versieht man diese angebliche ER-ER-Transaktion mit hörbarer Sprache, so wird deutlich, dass der Stimulus stimmlich kritisch, vorwurfsvoll formuliert war und sein Sender die Augenbrauen gehoben hatte, während hingegen der Antwortende die Augen niedergeschlagen und den Kopf ängstlich eingezogen hatte.

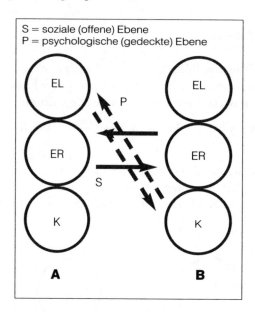

Die **dritte Kommunikationsregel** der Transaktionsanalyse lautet: Liegt eine gedeckte Ebene vor, so ist diese ausschlaggebend für die Kommunikation, d.h.: Man kann eine Sachfrage nach der anderen abhandeln, wird der darunter liegende Beziehungskonflikt nicht aufgelöst, so sucht er fortwährend neue inhaltliche Nahrung.

Für die Konfliktlösung ist es wichtig, auf doppelbödige Transaktionen zu verzichten. Das ist in einer Streitsituation allerdings leichter gesagt als getan. Hier bedarf es der Hilfe des Mediators. Wenn er doppelbödige Transaktionen bzw. verdeckte Botschaften wahrnimmt, muss er nachfragen und zu einer direkten Botschaft auffordern: „Ich nehme in Ihrer Äußerung zwei Informationen wahr ..." Ggf. muss der Mediator die Gesprächspartner auch konfrontieren: „Mir fällt auf, dass Sie eine doppelbödige Aussage gemacht haben. Auf der Sachebene sagen Sie ..., auf der Beziehungsebene kommt bei mir an ..." Auf diese Weise lädt der Mediator die Konfliktparteien zu klarer Kommunikation ein.

Klare Kommunikation bedeutet keinen Verzicht auf Gefühle bzw. auf das Ausdrücken von Beziehungsstörungen, wohl aber, darauf zu verzichten, diese Beziehungsstörungen als vorgebliche Sachaussagen zu verpacken. Angeleitet durch den Mediator lernen die Konfliktparteien sowohl auszudrücken, wo ihnen auf der Beziehungsebene der Schuh drückt: „Ich ärgere mich über Sie, weil ... Ich habe Angst vor ..." als auch ihre sachlichen Anliegen zu formulieren.

> **Einzelübung: Typische Transaktionen**
> Zeichnen Sie die Transaktionen zwischen Ihnen und einem Konfliktpartner.
> Welche Transaktion hätten Sie lieber?
> Durch welche geeigneten Kreuzungen können Sie das einleiten?

> **Übung: Zu spät kommender Mitarbeiter**
> Ein Mitarbeiter kommt zum wiederholten Male zu spät und wird von seinem Vorgesetzten gemaßregelt. Analysieren Sie, was der Vorgesetzte wie aus welchem Ich-Zustand kommunizieren könnte bzw. wie der Mitarbeiter aus welchen Ich-Zuständen reagieren kann[13].

5.3.1 Körpersprache ist auch eine Sprache

„Natürlich bin ich immer offen für Vorschläge", sagt der Abteilungsleiter, verschränkt beide Arme und runzelt die Stirn über der halben Brille.

Körpersprache ist auch eine Sprache – und manchmal spricht sie Bände. Untersuchungen haben ergeben, dass der Anteil der Körpersprache an der gesamten Kommunikation etwa 70–80% beträgt. Und manches Mal – wie in dem Beispiel – wird nicht nur quantitativ, sondern auch inhaltlich die wesentliche Botschaft nonverbal ausgedrückt. In entscheidenden Bereichen menschlichen Lebens ist die nonverbale Kommunikation von größter Bedeutung. Körpersprache dient bspw. dazu, Nähe und Distanz, Zuwendung und Ablehnung, Freundlichkeit und Bedrohung, Angriff und Flucht zu signalisieren. Aufmerksame Mediatoren können in Konfliktgesprächen häufig auch einen Unterschied, ja geradezu einen Widerspruch zwischen der verbalen und der nonverbalen Äußerung feststellen: Ich bin offen, sagen die Worte des Abteilungsleiters; sein Körper signalisiert zumachen. Hier findet das über die dritte Kommunikationsregel Gesagte seine Anwendung: Die gedeckte – hier nonverbale – Ebene der Kommunikation ist ausschlaggebend.

Gegenüber einer Überschätzung der Worte ist es wichtig, die Körpersprache genauso ernst zu nehmen. Menschen drücken sich häufig körperlich aus,
➤ wenn sie Angst haben, sich zu blamieren oder bloßgestellt zu werden,
➤ wenn sie nicht gefragt werden, weil andere für sie sprechen,
➤ wenn sie mundtot gemacht worden sind,
➤ wenn sie abgewertet und missachtet wurden.

Die Körpersprache bedient sich dabei verschiedener Signale:
➤ Augenstellung und Blickkontakt,
➤ Gesichtsausdruck und Mimik,
➤ Stimme und Sprechweise,
➤ Körperhaltung und Gestik,

13: Übernommen aus Rolf Rüttinger/Reinhold Kruppa, *Übungen zur Transaktionsanalyse*, Hamburg 1988, S. 139.

- Gang, Bein- und Armstellung,
- aber auch Nähe und Distanz,
- Aufmachung und Kleidung.

Körpersprache ist freilich ein sensibler Bereich, so dass die Mediatorin zwei Vorsichtsmaßnahmen walten lassen sollte:

1. Körpersprachliche Äußerungen sind einem Menschen häufig nicht bewusst. Jemanden auf seine Körpersprache und womöglich gar auf einen Widerspruch zwischen Körpersprache und Worten hinzuweisen, wird leicht als Übergriff empfunden und dient dann kaum zur Klärung der Kommunikation. Häufig wird der Angesprochene mit Abwehr reagieren. Hier ist eine äußerst behutsame Vorgehensweise der Mediatorin angezeigt: „Wenn ich einerseits höre, wie Sie sagen: ‚Man könnte den Vorschlag ja einmal prüfen', und wenn ich andererseits sehe, wie Sie dabei die Stirn runzeln, dann frage ich mich, welches dieser Signale soll gelten?"

2. Bei körpersprachlichen Äußerungen ist zu unterscheiden zwischen dem, was man beobachtet, wie das Beobachtete wirkt, und dem, was man selbst dazu denkt bzw. wie man die Beobachtung interpretiert. Jemand, der z.B. beide Arme verschränkt, wirkt auf mich verschlossen, und ich interpretiere es als Ablehnung. Dies bedeutet aber nicht, dass die körpersprachliche Äußerung vom Sender so gemeint sein muss. Vielmehr ist es meine Aufgabe zu überprüfen, ob meine Deutungen dem Gemeinten entsprechen: „Ich habe den Eindruck, dass ... Ist das so?"

Körpersprachliche Übungen für Gruppen[14]

1. Teile anderen mit: Nur mit Blicken: *Sympathie*
    Nur mit der Mimik: *Komm her.*
    Nur mit der Gestik: *Bleib weg.*
    Nur durch die Körperhaltung: *Angeberei.*

2. Befehle: *Steh auf! Verlass den Raum! Komm her! Hilf mir!*

3. Was kannst du am besten mitteilen?
    Mit den Augen:
    Mit der Mimik:
    Mit der Gestik:
    Mit der Körperhaltung:

Weiterführende Literatur: Reinhold Miller, „*Halt's Maul, du dumme Sau!*". Von der *Beschimpfung zum fairen Gespräch*, Lichtenau o.J.
Übungsbuch für Schülerinnen und Schüler, aber auch geeignet für Jugend- und Erwachsenengruppen.

14: Aus Reinhold Miller, „*Halt's Maul, du dumme Sau!*", S. 39ff.

6 Eskalation in Konflikten

6.1 Gewinner-Gewinner, Gewinner-Verlierer, Verlierer-Verlierer

Oftmals begegnet man der Einstellung, Konflikte ließen sich aussitzen: Zeit heilt viele Wunden, und manches erledigt sich von selbst. Wenn wir nicht mehr darüber reden, ist auch der Konflikt nicht mehr da. Diese Auffassung ähnelt dem „Konfliktmanagement" von kleinen Kindern, die vor einer unangenehmen Situation beide Augen schließen, weil nach ihrer Logik das Bedrohliche verschwunden ist, wenn sie es nicht mehr sehen. Und gerade diese Haltung macht Konflikte gefährlich, denn Konflikte gleichen einer Infektion. Werden sie nicht durch die körpereigene Abwehr oder durch Medikamente eingedämmt, breiten sich die Erreger aggressiv aus und können am Ende den befallenen Organismus lahm legen, wenn nicht gar zerstören. Eine ähnliche Sicht vertritt der schweizerische Konfliktforscher Friedrich Glasl.

> **Gruppenübung „Marrakesch"**[15]
> Die Teilnehmer sitzen im Kreis. Einer beginnt, eine Geschichte zu erzählen. Sein Nachbar führt die Geschichte fort und baut einen Konflikt ein. Der nächste Erzähler sorgt für eine Lösung des Konflikts. Der nachfolgende entfacht erneut die Spannung ..., bis am Ende das letzte Gruppenmitglied die Geschichte zu einem harmonischen Ende führt.

6.1.1 Von der Verstimmung zur verbrannten Erde – Phasen der Konflikteskalation

Jedem Konflikt wohnt eine Eigendynamik inne, die – lässt man sie gewähren – die Auseinandersetzung immer weiter vorantreibt. Das ist eine Grundeinsicht der Konfliktforschung. In der Regel wird diese Eigendynamik als eine Stufenleiter der Konflikteskalation beschrieben. Auf dieser Stufenleiter kommt es zu immer höheren Gewaltformen.

15: Aus Mohammed el Hachimi/Liane Stephan, *SpielART, Mappe 3, Kreative Kommunikation*, Göttingen o.J.

Das Besondere an Friedrich Glasls Sichtweise ist, dass er diese Dynamik als eine Abwärtsbewegung beschreibt[16]. Etwa so, als würde ein Wanderer in einen abschüssigen, strudelnden Bergbach hineingeraten. Glasls Bild ist also nicht, dass die Konfliktbeteiligten eigens aggressive Energie aufwenden müssen, um den Konflikt eskalieren zu lassen, sondern für Glasl entwickelt der Konflikt quasi ein Eigenleben. Indem die Beteiligten wie in einem strömenden Gewässer „mitgerissen" werden, verlieren sie immer mehr die Kontrolle über sich selbst und müssen, um sich zu retten, große Energie und Steuerungsvermögen aufbringen.

Glasl benennt in seinem Eskalationsmodell neun Stufen, die er in jeweils drei Gruppen unterteilt. In der ersten Gruppe, die die Stufen 1–3 umfasst, ist noch eine Win-win-Lösung möglich. In der zweiten Gruppe der Stufen 4–6 geht es um Gewinnen oder Verlieren: win-lose. Und ist erst einmal die dritte Gruppe erreicht mit den Stufen 7–9, so zerrt die Eigendynamik des Konflikts alle Beteiligten in eine Verlierer-Verlierer-Situation (lose-lose).

Stufe 1: Verhärtung

Diese Stufe unterscheidet sich noch relativ wenig vom normalen Umgang miteinander. Die Flexibilität im Verhalten geht zurück, Meinungen kristallisieren sich als Standpunkte heraus und nehmen starre Formen an. Die Parteien beharren auf ihren Ideen und Vorschlägen und sind für die Argumente der Gegenseite wenig zugänglich. Dabei erkennen sie diese Reibungen durchaus als etwas Bekanntes, und sie gehen davon aus, dass sie mit einiger Anstrengung und in einer geordneten verbalen Auseinandersetzung die auftretenden Spannungen wirkungsvoll bewältigen können.

Stufe 2: Polarisation und Debatte

Die Parteien beginnen, voreinander auf der Hut zu sein, und sie scheuen sich auf dieser Stufe nicht vor einer harten verbalen Konfrontation. Sie glauben überdies, dass es in der Auseinandersetzung auch um die Frage des Status bzw. des Prestiges geht, und sie verhalten sich aus dem Bewusstsein heraus, dass ein Nachgeben in der Sache nachteilige Folgen für ihre soziale Position, Macht und ihr Ansehen haben kann.

Transaktional betrachtet nehmen auf diesen beiden Stufen die gekreuzten Transaktionen zu, und es kommt zu einem Auseinanderklaffen von offener und gedeckter Ebene in der Kommunikation. Man trägt ein anderes Verhalten zur Schau, als es den eigentlichen Absichten entspricht. Das äußerlich demonstrierte Verhalten ist von Rationalität geprägt. Auf der unterschwellig wirksamen Ebene geht es um Rivalität und Macht.

16: Friedrich Glasl, *Konfliktmanagement.*

Stufe 3: Taten statt Worte

Auf den beiden ersten Stufen war die verbale Auseinandersetzung das Mittel der Wahl. Jetzt ändert sich das Erscheinungsbild des Konflikts. Die Parteien sind der Auffassung, dass Gespräche zu nichts mehr führen, deshalb gehen sie zu Taten über. Da sich die Gegenpartei nicht durch Worte überzeugen lassen will, muss dies durch Fakten geschehen. Hierdurch erhält die Konflikteskalation eine starke Beschleunigung.

Durch den Rückgang der verbalen Kommunikation zwischen den Parteien kommt es zu Fehleinschätzungen bzgl. des Verhaltens, die wegen des mangelnden Gesprächs nur schwer korrigiert werden können. Die Konfliktparteien gewinnen ihre Deutungen des Verhaltens der Gegenseite zunehmend aus den eigenen Reihen, und wegen des schwindenden Einfühlungsvermögens rechnen sie mit einer immer aggressiveren Bedeutung des Verhaltens der Gegenseite (autistische Zirkelprozesse). Wenn erst einmal die Taten sprechen, ist der Weg zurück schwieriger geworden. Auf Stufe 3 entsteht ein Bruch zwischen den Parteien, und die gemeinsame Basis der Problemlösung beginnt verloren zu gehen, d.h., die Win-win-Ebene wird verlassen.

Stufe 4: Sorge um Image und Koalition

Ab jetzt geht es den Parteien um Gewinn oder Verlust, um Sieg oder Niederlage (win-lose). Jede Seite strebt danach, ihre Existenz zu sichern und sich vom Gegner nicht unterkriegen zu lassen. Die feindseligen Haltungen werden auf allen Seiten deutlich erkennbar, und das Denken der Konfliktparteien bewegt sich in Dualitäten: entweder – oder, schwarz oder weiß, Wahrheit oder Lüge. Schattierungen oder Mischungen sind nicht mehr erkennbar. Ein eigenes glorifiziertes Selbstbild wird einem negativen Feindbild gegenübergestellt, und jede Partei sieht von der Gegenseite nur noch das, was mit ihren Vorstellungen von der anderen Seite übereinstimmt.

Die Selbstaufwertung der Parteien und die Abwertung des Gegners rechtfertigen gleichzeitig das eigene destruktive Verhalten. Auf der Gegenseite werden keine Individuen mehr gesehen, sondern Gattungswesen, Gruppenangehörige und Träger von Kollektivmerkmalen: Menschen dieser Art sind kaum zu verändern, sie sind nicht lernfähig. Auf dieser Stufe beginnt der Konflikt die rationale Ebene zu verlassen und eine psychotische, wahnhaft realitätsverzerrende Form anzunehmen, genauer: Nicht die Konfliktparteien sind psychotisch, sondern die Konfliktdynamik ist es. Das bedeutet z.B., eine Partei provoziert die andere unbewusst zu einem Verhalten, das das eigene stereotype Bild von der Gegenseite bestätigt. So bilden sich Zirkelprozesse, die als self-fullfilling prophecy nur noch die vorgefassten Meinungen über die andere Seite bestätigen. Dabei sehen sich beide Seiten in der Rolle der Reagierenden und machen die gegnerische Partei für dieses Verhalten verantwortlich.

Auf dieser Stufe wird auch gezielt nach Möglichkeiten gesucht, der anderen Partei Unannehmlichkeiten zuzufügen, ohne scheinbar selber gegen gültige Normen zu verstoßen.

Glasl erwähnt hier das sog. dementierbare Strafverhalten. Mittels ironischer und doppelbödiger Bemerkungen, die sich äußerlich jedoch penetrant genau an Normen und Vorschriften halten, wird ein Spiel mit den Diskrepanzen zwischen Inhalt und Form getrieben. Solches Verhalten ist z.B. bei Mobbing häufig anzutreffen: Das Mobbing-Opfer wird so geschickt ausgegrenzt, geschädigt oder gestraft, dass die Täter jederzeit einen Rückzug oder eine scheinbar sachliche Erklärung haben. Transaktionsanalytisch gesehen entspricht dies der Ebene der psychologischen Spiele.

Stufe 5: Gesichtsverlust

Gesicht ist ein Synonym für den sozialen Wert einer Person oder einer Gruppe. Ein Gesicht zu haben bzw. es zu wahren bedeutet, sozialen und moralischen Respekt zu genießen. Gesicht kann auch als soziales Darlehen bezeichnet werden. Auf Stufe 5 kommt es nun zu sog. Gesichtsangriffen und zum Gesichtsverlust, wobei man sich bemüht, durch die Demaskierung des Gegners dessen wahres Wesen zum Vorschein zu bringen.

Der Gesichtsverlust bezieht sich auf den sozialen und moralischen Respekt des Anderen, und die Welt wird jetzt in Engel und Teufel eingeteilt. Weiterhin hat der Gesichtsverlust einen rückwirkenden Effekt. Nach der Demaskierung erscheint die ganze Person des Gegners in einem neuen Licht, und auch die Vergangenheit. Man beginnt, sich an vergangene Episoden zu erinnern, in denen der Andere sich bereits so gezeigt hat, und im Lichte des neuen Deutungsrahmens wird die Vergangenheit plötzlich verständlich.

Mit dem Gesichtsverlust bilden sich die Parteien voneinander ein neues Deutungskonzept. Glasl spricht jetzt von einer umfassenden Ideologisierung des Konflikts. Auf der Ebene des Umgangs miteinander hat das ein tiefes Gefühl des Ekels und der Abscheu zur Folge. Wenn der Andere als öffentlich unrein und unwert gebrandmarkt wird, so ist keine Interaktion mehr mit ihm möglich. Dem entsprechen öffentliche Degradierungszeremonien oder die rituelle Zerstörung einer Person (Verbrennung von Puppen). Die Transaktionsanalyse spricht jetzt vom dritten Grad eines psychologischen Spiels.

In starker Weise wird auf dieser Eskalationsstufe die soziale Umwelt einbezogen. Der Konflikt wird nicht mehr verborgen, sondern er wird den Umstehenden kundgetan. Sie werden zum Forum für eine quasi richterliche Entscheidung, d.h., die Dritten müssen sich zwischen den Konfliktparteien entscheiden. Wer nicht für mich ist, ist gegen mich, und eine neutrale Position ist nicht mehr möglich.

Stufe 6: Drohstrategien

Auf dieser Stufe nimmt das Gewaltdenken und das Gewalthandeln der Parteien erheblich zu. Sie greifen immer mehr zu extremen Drohstrategien, um Einfluss aufeinander auszuüben. Dies führt wiederum zur Verschärfung der Gewalt. Die drohende Konfliktpartei will die Situation total kontrollieren und meint mit Hilfe der Drohung der anderen Seite die

Bedingung für das Handeln diktieren zu können. Die bedrohte Seite erlebt sich durch ein Ultimatum und angedrohte Sanktionen eingeengt und festgenagelt. Dies bewirkt Gefühle der Ohnmacht, die sich bis hin zu besinnungsloser Wut steigern können. Auf diese Weise führt Drohung immer zur Zunahme von Gewalt.

Noch ein weiterer Mechanismus führt dazu, dass durch Drohung Gewalt eskaliert. Damit eine Drohung glaubwürdig erscheint, ist der Droher gezwungen, seine Entschlossenheit unter Beweis zu stellen, indem er in kleiner Dosierung Gewalthandlungen durchführt. Ein häufiges Manöver sind hierbei so genannte Selbstbindungen („Wenn das Lösegeld nicht binnen 24 Stunden bezahlt wird, wird die erste Geisel erschossen"). Die Droher engen so aber auch ihren eigenen Handlungsspielraum ein. Durch solche Teufelskreise ist das Tor zur Gewalt geöffnet, die beide Seiten zu Verlierern macht.

Stufe 7: Begrenzte Vernichtungsschläge

Auf dieser Stufe wird dem Gegner kein Existenzrecht mehr eingeräumt. Eine Lösung der Gegensätze kann nur durch ein Auslöschen des Feindes erfolgen. Damit verbunden ist eine dehumanisierende Sicht des Gegners, er wird verdinglicht und zu einem leblosen oder gefühllosen Objekt, das ausgetilgt und ausgerottet und unschädlich gemacht werden muss. Es geht zwar noch nicht um einen unbegrenzten Vernichtungsschlag, sondern primär um das Entmachten des Anderen. Die Parteien sind aber zur Gewalt bereit, und sie rechnen nicht mehr damit, dass sie selbst etwas gewinnen können, sondern der Schaden, der dem Gegner zugefügt wird, soll bestenfalls größer sein als der, den man selber erleidet.

Stufe 8: Zersplitterung

Nunmehr geht es darum, den Gegner in seiner Existenz zu zerstören. Die Angriffe richten sich auf die Lebensfähigkeit des Anderen. Es gibt nur noch eine Grenze. Der Schaden soll nicht so groß sein, dass die eigene Existenz in Frage gestellt wird.

Stufe 9: Gemeinsam in den Abgrund

Diese letzte Barriere fällt auf dieser Stufe. Hier wird die totale Vernichtung des Gegners auch um den Preis der Selbstvernichtung in Kauf genommen. Die einzige Genugtuung ist das Wissen darum, dass man den Feind in den gemeinsamen Untergang mit hineingerissen hat.

Von diesem Szenario her wird deutlich, weshalb Glasl die Konflikteskalation mit psychiatrischen Ausdrücken als pathologischen Mechanismus betrachtet. Dies bedeutet nicht, dass die einzelnen Individuen, die sich gegnerisch gegenüberstehen, „verrückt" sind, aber die Interaktion zwischen ihnen hat diesen Charakter angenommen. Damit stellt sich die grundsätzliche Frage, wie zwangsläufig ein solcher pathologischer Mechanismus der Eskalation wirkt. Glasl ist der Meinung, dass diese Konfliktdynamik eine große Herausforderung an das Ich, an die Kraft der Persönlichkeit und die moralische und ethische Qualität von Individuen und Gruppen stellt. Um noch einmal auf das Bild vom Anfang zurückzukommen, das Bild des reißenden Baches, der zum Strom geworden ist: Individuen und Gruppen müssen mit großer Energie gegen den Strom anschwimmen, um sich dem Eskalationsprozess entgegenzustellen. Durch Bewusstseins- und Willensakte kann die Eskalation umgekehrt werden. Wo dies nicht geschieht, wirkt sich die Eskalationsdynamik so aus, dass der Konflikt außer Kontrolle gerät und die Beteiligten mitreißt.

Glasls Sicht von der Eigendynamik eines Konflikts redet also nicht einem passiven Fatalismus das Wort, im Gegenteil. Die Transaktionsanalyse meint etwas Ähnliches, wenn sie die Entscheidung und Entscheidungsfähigkeit des Einzelnen besonders betont. Die TA geht nicht von einem Determinismus aus, wonach Menschen aufgrund bestimmter biografischer Erlebnisse oder aufgrund von Konstellationen in ihrer aktuellen Umgebung zu bestimmten Verhaltensweisen, Gefühlen und Reaktionen gezwungen wären, sondern sie sieht darin starke Herausforderungen an das Individuum. Der Einzelne kann und muss sich im Konfliktfall entscheiden, wie er mit diesen Herausforderungen umgeht und Alternativen suchen und finden. Dies ist die konfliktlösende Funktion des Erwachsenen-Ichs.

In seiner Beschreibung hat Glasl nicht nur individuelle Konflikte vor Augen, ebenso denkt er an Auseinandersetzungen zwischen Interessengruppen oder Staaten. Für Mediation sind also seine Beispiele herunterzubrechen: Wenn in den Auseinandersetzungen um Unterhaltsverpflichtungen ein Geschiedener seine Kündigung herbeiführt, um weniger zahlen zu müssen, dann kann das schon als „gemeinsam in den Abgrund" beschrieben werden. Für Mediatoren ist es weiterhin eine Aufforderung zu professioneller Bescheidenheit, dass Glasl nicht auf allen Eskalationsstufen das lösende Gespräch für die Methode der Wahl hält. Bei einer Übersicht von Interventionsmöglichkeiten zeigen die Formen 1 bis 6 mehr oder weniger mediatorischen Charakter: Moderation, Vermittlung, Schiedsverfahren etc., während die siebente der „Machteingriff" ist. Dies ist sehr realistisch. Während auf den Eskalationsstufen 1–6 noch Drittparteien-Rollen denkbar sind, hat Mediation bei einer Lose-lose-Konstellation wenig Zweck.

Weiterführende Literatur: Friedrich Glasl, *Konfliktmanagement*, Bern, 5. Auflage 1997. Viel zitiertes umfangreiches Standardwerk.

7 Das Mediationsverfahren – wie geht das?

Ich möchte jetzt das Mediationsverfahren selber unter die Lupe nehmen. Mediation ist eine wirksame Methode der Konfliktlösung, sie ist aber nicht die einzige. Nicht für alle Konflikte und nicht für alle Streitparteien ist sie die Methode der Wahl. Anhänger des alttestamentlichen Mottos „Auge um Auge, Zahn um Zahn ..." werden für Mediation wenig aufgeschlossen sein.

Prinzipiell kann man von drei möglichen Formen ausgehen, Konflikte zu lösen.
➤ Zum einen über Macht: „Ich bin der Boss, und was ich sage, wird gemacht!"
➤ Zum anderen über Regeln und Rechtssatzungen, d.h., man kann in einer Verfahrens- oder Hausordnung nachschauen oder fragen, was verabredet war.
➤ Und zum Dritten über den Interessenausgleich.

Diese drei Möglichkeiten der Konfliktlösung haben alle ihr Recht, jedoch trägt es zur Stabilität eines sozialen Systems bei, wenn möglichst wenig Konflikte über die Machtschiene gelöst werden und möglichst viel durch Ausgleich.

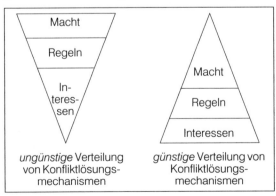

Abb.: Mengenlehre der Konfliktlösung[17]

17: William Ury/Jeanne Brett/Stephan Goldberg, *Konfliktmanagement*, Frankfurt 1991.

7.1 Wann hilft Mediation?

Wie bei jedem Beratungsverfahren hängt auch der Erfolg von Mediation von bestimmten Voraussetzungen ab. Was muss gegeben sein, damit die Wahrscheinlichkeit einer mediatorischen Konfliktlösung steigt? Damit Mediation zum Ziel kommt, sind auf Seiten der Konfliktparteien, des Mediators und der Verfahrensweise bestimmte Grundsätze zu beachten. M.E. bietet es sich an, besser von Leitzielen zu sprechen: In dem Maße, in dem diese Vorbedingungen gegeben sind, steigt die Wahrscheinlichkeit für ein Gelingen der Mediation. Dies lässt einen Spielraum offen und legt es in die professionelle und ethische Verantwortung der Mediatorin, zu prüfen, ob ausreichende Voraussetzungen gegeben sind.

7.1.1 Freiwilligkeit, Ergebnisoffenheit, Selbstverantwortung

Die Beteiligten nehmen freiwillig am Mediationsverfahren teil. Sie können es auch abbrechen, wenn sie den Eindruck haben, dass es nicht (mehr) das Verfahren ihrer Wahl ist.

Mediation ist ein Verhandlungsmodell. Es muss also Gelegenheit zur Verhandlung sein, was bedeutet, dass die Gespräche ergebnisoffen sind und keine Konfliktpartei übermächtig ihre Belange durchsetzen kann.

Die Mediationsparteien sind selbst verantwortlich für ihr Verhalten in der Mediation und damit auch für die Lösung oder Nicht-Lösung des Konflikts.

7.1.2 Allparteilichkeit versus Neutralität

Auch auf Seiten des Mediators bzw. der Mediatorin müssen bestimmte Voraussetzungen erfüllt sein. Die wichtigste ist die Allparteilichkeit. Allparteilichkeit meint nicht Neutralität im Sinne eines Sich-Heraushaltens, sich selber unberührt und unberührbar zu machen. Allparteilichkeit bedeutet, sich berühren zu lassen und mitzuschwingen, sich einzudenken, einzufühlen in die Positionen und Bedürfnisse *aller* Konfliktbeteiligten. Gemeint ist also keine kühle Distanziertheit. Das bedeutet, dass die Mediatorin durchaus eine Meinung haben kann und ihre Meinung durchaus einbringen kann, aber nicht doktrinär.

Es liegt in der Natur der Sache, dass hier das Pendel der Empathie mal zur einen, mal zu anderen Seite stärker ausschlagen kann, dass sich der Mediator in eine Partei mehr, in die andere weniger einfühlen kann. Es kommt allerdings nicht so sehr auf die innere Einstellung an wie auf das Verhalten, ob sich der Mediator allparteilich verhält und insbesondere, ob er so wahrgenommen wird. Deshalb ist es wichtig, im Prozess der Mediation die Konfliktparteien immer wieder um Feedback zu bitten und sie zu ermutigen, die Allparteilichkeit gegebenenfalls einzufordern[18].

18: Weiterführende Hinweise Arist v. Schlippe/Jochen Schweitzer, *Lehrbuch der systemischen Therapie*, Göttingen 1996, S. 119f.

Infrage gestellt ist die Allparteilichkeit der Mediatorin dann, wenn sie bestimmte Deutungen oder die Wirklichkeitssicht einer der Konfliktparteien übernimmt. Z.B. die Deutung, dass der Vorgesetzte selten Verständnis für die Belange der Mitarbeiter hat oder dass der Ehemann nie bereit war, sich um die Erziehung der Kinder zu kümmern.

Infrage gestellt ist die Allparteilichkeit der Mediatorin auch dann, wenn sie offene oder verdeckte Koalitionsangebote von einem der Konfliktbeteiligten nicht konfrontiert. Z.B.: „Ich bin ja so froh, dass sie als Mediatorin hier sind, auch wenn andere hier am Tisch das nicht so sehen." Solche Koalitionsangebote können auch nonverbal ausgedrückt werden durch interessierten Blickkontakt oder körperliche Nähe.

Als technischer Begriff bleibt *Neutralität* deshalb wertvoll.
➤ Neutralität gegenüber den Konfliktbeteiligten hilft zu einer produktiven inneren Distanz und erleichtert es, die Aufmerksamkeit auf die Art und Weise des Miteinanders zu richten.
➤ Neutralität gegenüber Schuld- und Verantwortungszuweisungen ermöglicht neue und alternative Sichtweisen eines Konflikts.
➤ Neutralität gegenüber Lösungsvorschlägen fördert die Kreativität und Autonomie in der Lösungsfindung.

In diesem Zusammenhang eine grundsätzliche Bemerkung: Mediation ist keine „platonische Idee". Nirgends gibt es eine ideale Reinform von Mediation, sondern es gibt Mediation immer nur unter ihren jeweiligen Kontextbedingungen. Aufgabe des Mediators ist es, die Balance zu halten zwischen dem Anliegen und dem Ansatz von Mediation und dem Kontext, in dem sie geschieht. Den Grundsätzen von Freiwilligkeit und Ergebnisoffenheit wird am stärksten in der Arbeit mit Paaren entsprochen. Trennungswillige Paare haben in der Tat die Freiheit, ihre Probleme nicht zu lösen, sondern dies einem Gericht anheim zu geben. Manchmal können diese Grundprinzipien nur annähernd verwirklicht werden. Z.B. kann bei Mobbing von der Unternehmensleitung Mediation angeordnet werden auf Kosten der Freiwilligkeit. Das beeinträchtigt allerdings nicht die Freiheit im Mediationsprozess.

7.1.3 Prozess- und Expertenberatung[19]

Schließlich sind Voraussetzungen an den Charakter des Beratungsprozesse selbst zu stellen. Die Mediatorin stellt klar, dass nicht sie den Konflikt lösen wird, sondern dass dies die Aufgabe der Konfliktbeteiligten ist. Die Mediatorin ist zwar für das Verfahren, aber nicht für den Inhalt zuständig. Die Beratungswissenschaft unterscheidet hier analog zwischen Prozess- und Expertenberatung.

Eine **Expertenberatung** ist dadurch gekennzeichnet, dass das Klientensystem sein Problem an den Berater delegiert und von diesem einen Lösungsvorschlag erwartet. Denkbar ist eine solche Expertenberatung bspw. bei einem EDV-Problem. Wenn ich einen Computer habe,

---

19: Ausführlich hierzu Eckard König/Gerda Volmer, *Systemische Organisationsberatung*, 5. Auflage 1997, S. 46f.

dessen Drucker nicht funktioniert, dann bringe ich ihn zu einem EDV-Experten in der Erwartung, dass er das Problem für mich löst. Lösungsvorschläge für die Probleme – Expertenberatung also – ist das, was viele Klienten auch in der Mediation erwarten. Die Expertenberatung ist jedoch nicht unproblematisch. Sie funktioniert nur, wenn es dem Experten gelingt, das Problem korrekt zu diagnostizieren. Komplexe Probleme im zwischenmenschlichen Bereich lassen sich aber kaum eindeutig beschreiben. Deshalb sind auch keine quasi objektiven Lösungen denkbar, sondern nur ein subjektives Abwägen der Betroffenen zwischen verschiedenen Alternativen.

In der **Prozessberatung** liefert der Berater keinen Lösungsvorschlag, vielmehr werden Vorschläge vom Klientensystem erarbeitet. Ziel ist, dass die Beteiligten selber ihre Lösung finden, und Aufgabe des Beraters ist es, den Prozess zu begleiten und zu strukturieren. So bleiben auch in der Mediation grundsätzlich die Konfliktparteien Besitzer des Konfliktes und verantwortlich für die Lösung.

Freilich wäre es beratungswidrig, dieses Prinzip dogmatisch zu handhaben, so dass sich ein Mediator eher auf die Zunge beißt, als aus seiner Lebenserfahrung oder fachlichen Kenntnissen heraus den Klienten einen Hinweis zu geben. Nichts spricht dagegen, den Klienten inhaltliches Know-how zur Verfügung zu stellen, wenn zugleich deutlich ist, dass es ihre Entscheidung ist, welchen Weg sie gehen werden.

7.1.4 Gesprächs- und Feldkompetenz

Die Mediatorin sollte über beides ausgewogen verfügen. Beim Überwiegen von Gesprächskompetenz besteht die Gefahr einer einseitigen Psychologisierung von Konflikten unter Vernachlässigung von bspw. organisatorischen Aspekten, die die Mediatorin nicht kennt oder versteht. Beim Überwiegen von Feldkompetenz besteht die Gefahr, dass die Mediatorin ihren Expertenstandpunkt zu sehr ins Spiel bringt.

Gesprächs- und Feldkompetenz ist eine wesentliche Voraussetzung einer transaktionsanalytischen Beratungsbeziehung. Sowohl der Berater als auch der Klient müssen kompetent sein, das auszufüllen, auf was sie sich geeinigt haben. Insbesondere der Berater muss über die spezifischen professionellen Fähigkeiten verfügen, die nötig sind, um das angestrebte Beratungsziel zu erreichen.

7.2 Der Mediationskontrakt

Der Begriff „Vertrag" entstammt dem juristischen Feld. Umgangssprachlich spricht man von Abmachung oder Vereinbarung. Im Bereich der Supervision ist der Begriff Kontrakt geläufig. In der Psychotherapie kennt man das Arbeitsbündnis. Wenn die Transaktionsanalyse diesen juristischen Terminus verwendet, ist das von Vorteil, weil hierbei Assoziationen wie: Verbindlichkeit, Klarheit und Aushandelbarkeit mitschwingen[20].

Der Begründer der Transaktionsanalyse Eric Berne definiert Vertrag als „an explicite bilateral commitment to well defined course of action", übersetzt: „eine ausdrücklich von beiden Seiten akzeptierte Übereinkunft (Verpflichtung) im Hinblick auf einen klar definierten Ablauf einer Handlung". Dieses Anliegen entspricht den (Arbeits-)Vereinbarungen in der Mediation. Sie erfordern einen hohen Grad an individuellem Aushandeln, bei dem alle Beteiligten deutlich (er-)klären müssen, was sie voneinander erwarten.

Eric Berne unterscheidet drei Vertragsdimensionen:
1. den Beziehungsvertrag,
2. den professionellen Vertrag,
3. den administrativen bzw. geschäftlichen Vertrag.

Thema des **Beziehungsvertrags** ist das Aushandeln der jeweiligen Rollen von Mediator und Medianten: Wer bringt was in die Beziehung ein? Beiträge des Mediators als professionellem Konfliktmanager sind:
➤ die Strukturierung und Leitung des Prozesses,
➤ seine kommunikative Kompetenz bzw. seine Beziehungskompetenz,
➤ sein Fachwissen über die Struktur und Dynamik von Konflikten.

Beitrag der Mediationsteilnehmer ist die Bereitschaft:
➤ ihre Anliegen offen zu legen,
➤ an Klärung und Lösung mitzuarbeiten,
➤ die Aktivierung ihrer eigenen Kompetenz zur Findung inhaltlicher Lösungen.

Für den Beziehungsvertrag hat sich als Faustformel die sog. „50-Prozent-Regel" eingebürgert, d.h., wenn beide Seiten 50 Prozent tun, dann kommt es zu einem guten Prozess. Hat insbesondere der Mediator den Eindruck, wesentlich mehr als 50 Prozent der Arbeitsenergie aufbringen zu müssen, dann liegt mit großer Wahrscheinlichkeit eine Störung innerhalb des Mediationsprozesses vor (die Medianten sind nicht motiviert, haben kein Vertrauen zum Mediator, sind unsicher bezüglich Regeln und Ablauf etc.). Dies muss dann zunächst thematisiert und bearbeitet werden, bevor eine inhaltliche Weiterarbeit möglich ist.

Der Beziehungsvertrag bedeutet für den Mediator auch die Gelegenheit, seine Empathiefähigkeit zu prüfen. Hat er für alle Parteien eine Grundsympathie, d.h. die Bereitschaft, sich

---

20: Zur transaktionsanalytischen Vertragsphilosophie: Johann Schneider, *Auf dem Weg zum Ziel*.

in jeden hinein zu versetzen und seine Anliegen und Beweggründe zu verstehen? Das ist nicht möglich, wenn bereits im Vorgespräch eine grundsätzliche Störung bzw. Aversion vorhanden ist.

Die nächste Ebene ist die des **professionellen Vertrages**. Hier werden die Inhalte der Mediation skizziert. Vertragsfragen dazu sind:
➤ „Was ist Ihr Anliegen?"
➤ „Was wollen Sie von der Mediation?"
➤ „Was ist Ihr Ziel?"

Anlässlich der Vereinbarung des professionellen Vertrags können bereits mögliche Widerstände angesprochen werden:
➤ Was hat Sie bisher daran gehindert, Ihr Ziel zu erreichen?
➤ Woran werden Sie und andere erkennen, dass Sie Ihren Konflikt gelöst haben?

Checkliste: Vertragsfragen zum professionellen Vertrag

1. *Was ist Ihr Anliegen?* Wo drückt der Schuh? Was ist das Problem?
2. *Was ist Ihr Ziel?* Ziele müssen positiv formuliert werden; negative Formulierungen führen nicht zu konstruktiven Vorstellungen.
3. *Was haben Sie bislang schon zur Erreichung des Zieles unternommen?* Um nicht gescheiterte Lösungswege noch einmal zu gehen.
4. *Woran werden Sie und die Gegenpartei erkennen, dass Sie dieses Ziel erreicht haben?* Möglichst konkrete Schritte („here-now-this-Punkte"). Ist das Ziel in diesem Rahmen erreichbar?
5. *Was sind Sie bereit, zur Erreichung dieses Zieles einzubringen?* Aktiviert die Mitarbeit i. S. der 50%-Regel?
6. *Wie könnten Sie die Erreichung dieses Zieles selber sabotieren?* Rechnet mit beharrenden Tendenzen eines Konfliktes. Ist der Ausstieg aus der Mediation schon vorprogrammiert?

Bei dieser inhaltlichen Vertragsvereinbarung ist es für die Mediatorin hilfreich, einige Orientierungspunkte im Blick zu haben. Diese können auch helfen, zeitliche Phasen der Mediation abzugrenzen: Oft geht es zunächst um die Erkundung des Konfliktes (**Explorationsvereinbarung**). Insbesondere im Bereich von berufsbezogener oder Team-Mediation möchten Medianten erst eine Klärung ihrer Situation. Sie wollen herausfinden, was alles mit ihrem Problem zusammenhängt. Es geht um Sichtung, Beschreibung und Erlebnisse.

Vor einer dezidierten Veränderungsarbeit ist es auch möglich, dass die Medianten eine Stabilisierung der Situation aushandeln („Waffenstillstand"). Für manche Probleme und Konflikte sehen sie noch gar keine Veränderungsmöglichkeiten. Sie wollen aber verhindern, dass weiterer Schaden entsteht. Dies ist eine sinnvolle Dimension der Vereinbarung (**Kontrollvereinbarung**).

Und schließlich der Bereich, in dem die Medianten bewusst ihr Verhalten und die Situation verändern und neu strukturieren wollen (**Veränderungsvereinbarung**).

Forcieren Mediatoren zu sehr den Veränderungsaspekt, dann laufen sie Gefahr, das Gegenteil zu provozieren. Aus Gründen der Absicherung sperren sich die Medianten, wenn ein wechselseitiges Verständnis und Vereinbarungen zur Schadensbegrenzung noch nicht erreicht sind. Nimmt sich die Mediatorin für beides ausreichend Zeit, so fallen Veränderungsvorschläge häufig wie eine reife Frucht vom Baum.

Der **administrative Vertrag** hat *zwei* Ebenen. Zum einen der organisatorische Kontext, in dem der Mediator tätig wird: Handelt es sich um eine Scheidungsmediation mit einem kinderlosen Paar oder um Konfliktmanagement in der Filiale einer großen Firma. Beide Kontexte haben unterschiedliche Auswirkungen auf den Mediationsprozess. Zum anderen der geschäftliche Anteil. Die Transaktionsanalyse hat hier einige Grundforderungen aufgestellt, die sich auf die Mediation übertragen lassen:

➤ Alle Beteiligten müssen der Mediation zustimmen.
➤ Es ist auf eine angemessene Vergütung zu achten.
➤ Der Mediator muss über die erforderliche Kompetenz verfügen.
➤ Das Ziel des Vertrages muss gesetzlich bzw. ethisch zulässig sein.

D.h., eine Abmachung, die von Dritten inhaltlich vorgegeben wird, läuft den Grundannahmen von Mediation zuwider. Eine Konfliktlösung, bei der einer der Beteiligten zum Verlierer gemacht wird, kann nicht mitgetragen werden.

> **Weiterführende Literatur:** Johann Schneider, *Auf dem Weg zum Ziel*, Paderborn 2002. Dieses in diesem Zusammenhang wichtige Buch bietet eine umfassende Darstellung der transaktionsanalytischen Vertragstheorie.

7.2.1 Mehr-Parteien-Situation, aber kein Dramadreieck

Wenden wir uns schließlich noch einmal dem Konzept von Pat Patfoort zu. Eine weitere Möglichkeit, in die Mehr-Position zu gelangen und den anderen in die Minder-Position zu bringen, besteht in der Hinzuziehung einer dritten Person. Im eingangs geschilderten Beispiel des streitenden Paares könnte *Birgit*, nachdem sie das Haus verlassen hat, zu Freunden gehen und bei ihrer Rückkehr am nächsten Morgen *Andreas* mitteilen, dass auch die Freunde der Meinung seien, dass er ein unmöglicher Mensch ist. Indem also die Person B eine Person C als Bündnispartner hinzuzieht, verstärkt sie ihre Position gegenüber A. Und auch *Andreas* wäre jetzt bemüht, darauf hinzuweisen, dass andere Bekannte *Birgit* ebenso unmöglich finden.

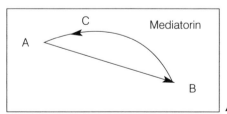

Abb.: **Konflikteskalation durch Hinzuziehung Dritter**

Diese Eskalationsvariante ist für die Mediation besonders zu beachten. Mediation ist das Prinzip der dritten Person, und hier zeigt sich nun eine destruktive Weise, Konflikte durch die Einschaltung von Dritten „zu lösen". Eine Weise, die freilich schon früh geübt wird.

Bei Geschwisterauseinandersetzungen im Kinderzimmer erringt dasjenige Kind einen entscheidenden Vorteil, das es schafft, die beim lautstarken Streit hereinstürmende Mutter auf seine Seite zu ziehen. Dieses Bestreben, den Dritten – also die Mediatorin – herüberzuziehen und zur Verstärkung zu machen, ist eine allgegenwärtige Herausforderung an die Arbeit von Mediatoren. Mediation ist zwar dem Prinzip der Allparteilichkeit verpflichtet, aber dieses in der Praxis durchzuhalten, ist nicht einfach.

Mediatoren arbeiten generell in einer Mehrparteiensituation, genauer in einer Dreieckssituation, und beständig sehen sie sich mit der indirekten Aufforderung konfrontiert, dieses Dreieck in die eine oder andere Richtung aufzulösen. Die Konfliktparteien versuchen für ihre Position besonderes Verständnis, Mitgefühl und Parteinahme der Mediatorin zu gewinnen bzw. argwöhnen, die Mediatorin könne für die Gegenseite parteilich sein. Dies wäre freilich der Tod jeder Mediation. Die besonderen Herausforderungen der Mehr-Parteien-Situation hat die Transaktionsanalyse im Modell des Dramadreiecks konzeptualisiert. Sie unterscheidet hier die Positionen von Retter, Opfer und Verfolger.

Übertragen auf das Verfahren der Mediation ist die Herausforderung für den Mediator, dass ihm unterschwellig Angebote gemacht werden, für die eine Konfliktpartei, die sich als Opfer darstellt, zum Retter zu werden und den anderen Konfliktbeteiligten als Verfolger anzugreifen. Es leuchtet ein, dass auf diese Weise das Mediationsverfahren zum Scheitern verurteilt ist. Das Konzept des Dramadreiecks warnt überdies den Mediator, dass er am Ende selber als Opfer aus dieser Konstellation herausgehen wird, als jemand, der den Konfliktparteien nicht helfen konnte, zu einer einvernehmlichen Lösung zu kommen.

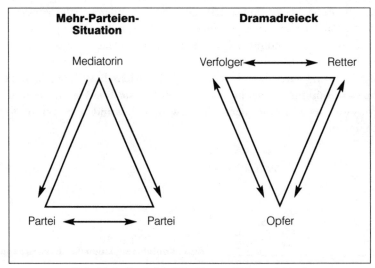

Abb.: **Mehr-Parteien-Situation und Dramadreieck**

Insbesondere am Anfang der Mediation werden die Beteiligten in der Regel bestrebt sein, den Mediator auf ihre Seite zu ziehen und auf diese Weise in eine Mehr-Position hineinzukommen. Wichtig ist, dass der Mediator ihnen deutlich macht, dass eine solche vermeintliche Überlegenheit nicht hilft, zu einer tatsächlichen Konfliktlösung zu kommen, und deshalb kontraproduktiv ist.

Denkbar ist natürlich auch, dass die Mediatorin aufgrund eigener Wertvorstellungen unbewusst Partei ergreift für einen vermeintlich Schwächeren und auf diese Weise jetzt gegen ihre Allparteilichkeit verstößt. Sei es in einer Familienmediation, wo sie sich der einen oder anderen Seite mehr hingezogen fühlt, sei es bei Mobbingverdacht, wo ihre Sympathien dem vermeintlich Unterlegenen gelten, oder in einer interkulturellen Mediation. Solche Herausforderungen zeigen, weshalb Mediatoren oft nicht ohne **Supervision** auskommen und diese vielmehr nutzen, um ihre angefochtene Allparteilichkeit zu stabilisieren. Weiterhin wird ersichtlich, wieso für die mediatorische Ausbildung und Tätigkeit eine ausreichende Selbsterfahrung erforderlich ist. Der Umgang der Mediatorin mit dem professionellen Dreieck spiegelt nicht zuletzt Erfahrungen und Defizite wider, die aus der biografischen Situation der Triangulierung in der eigenen Ursprungsfamilie herrühren. Nicht nur Methodenkompetenz oder Feldkompetenz ist wichtig, sondern ebenso Kompetenz im Umgang mit dem „Werkzeug", das die Mediatorin selbst ist. Manche Crashkurse zur Mediationsausbildung weisen hier erhebliche Lücken auf.

II
Mediation in der Praxis

8 Der Weg zum Konsens – Mediation als Ritual

In der Mediationsliteratur wird häufig und zu Recht auf die tief reichenden und weit verzweigten historischen und kulturellen Wurzeln von Mediation hingewiesen. Varianten und Vorläufer finden sich in unterschiedlichen Zeiten und Kulturen. Es liegt deshalb nahe, den Kern des Mediationsverfahrens, nämlich den Prozess selber, einmal in einem umfassenderen Kontext zu untersuchen. Mediation bietet den Beteiligten ein Verfahren zur Konfliktlösung, das in eine Abfolge unterschiedlicher, sinnvoll ineinander greifender Stufen untergliedert ist. Unter verhaltenswissenschaftlichen Gesichtspunkten handelt es sich beim Mediationsprozess um ein **Ritual**[21].

Im umgangssprachlichen Vokabular wird Ritual häufig mit sinnentleerter Wiederholung gleichgesetzt. Das verstellt den Blick auf seine wirkliche Bedeutung. Rituale finden sich nicht nur im religiösen Bereich, etwa in Gestalt der sog. Übergangsrituale (Trauung oder Begräbnis), sondern sie regulieren ganz allgemein die zwischenmenschliche Kommunikation in bestimmten Bereichen. Ihre Aufgabe reicht von der Beseitigung von Störungen über die Regelung des sozialen Zusammenlebens bis zur Bewältigung veränderter Situationen. So kann Ritual etwa definiert werden als eine gesellschaftliche Einrichtung zur Bewältigung von Außerordentlichem.

Wozu brauchen Menschen Rituale? Der Psychoanalytiker Erik H. Erikson hat deutlich gemacht, dass der Ursprung aller menschlichen Rituale in der frühen Mutter-Kind-Beziehung zu suchen ist[22]. Durch die wiederkehrende Interaktion zwischen Mutter und Kind entwickelt sich ein regelmäßiges Verhaltensmuster, das dem Kind Sicherheit und Bestätigung gibt. Hierdurch wird die Grundlage für alle späteren Ritualphänomene im öffentlichen und privaten Bereich gelegt. Seine Ursprungssituation macht bereits deutlich, dass der Ablauf des Rituals Sicherheit bieten soll und dass dazu eine Struktur notwendig ist. Zum Ritual

---

21: Karl-Heinz Risto, „Der Weg zum Konsens – Mediation als Ritual", in: *Kon:sens* 3/1999.
22: Erik H. Erikson, „Die Ontogenese der Ritualisierung", in: *Psyche* 22, 1968.

gehört eine Abfolge von Phasen und Stufen, und der Mediationsprozess ist insofern als Ritual zu beschreiben, weil er zu den Formen des formalisierten Konfliktaustrags gehört.

Weiterhin können Rituale unter lerntheoretischen Gesichtspunkten beschrieben werden, da die frühe Mutter-Kind-Beziehung das Kind ja zum Erlernen und Erproben elementarer Vorgänge der Welt- und Lebensbewältigung anleitet. Man geht sicher nicht fehl in der Einschätzung, dass das Mediationsritual nach dem Schema eines Lernprozesses strukturiert ist. Es geht dabei ja auch um das Besichtigen von Problemen und das Gewinnen und Umsetzen neuer Einsichten.

Christoph Besemer legt ein 5-Stufen-Modell des Mediationsprozesses vor[23], an dem ich mich im Weiteren orientieren werde. Besemer unterscheidet folgende Phasen:

Die **Vorphase** dient der Kontaktaufnahme und Motivation der Konfliktparteien; der Mediator sammelt Informationen.

1. Einleitung

Mediatorin und Teilnehmer stellen sich vor; der bisherige Stand der Dinge wird rekapituliert, Erwartungen und Widerstände werden erhoben, der Mediationsprozess erklärt, Themen gesammelt, Organisatorisches geregelt.

2. Erhebung der Sichtweise der einzelnen Konfliktparteien

Erhebung und Austausch über die Issues.

3. Konflikterhellung / Vertiefung

Erhebung der Hintergründe und Tiefungen des Konflikts.

4. Problemlösung / Entwurf von Lösungen

Lösungsmöglichkeiten werden gesammelt und gesichtet.

5. Übereinkunft

Die Einigung wird formuliert und unterzeichnet, evtl. eine versöhnliche Geste ausgetauscht.

23: Chr. Besemer, *Mediation*.

Den Abschluss bildet die **Umsetzungsphase**.

Mit dem Mediationsverfahren wird eine Form bereitgestellt, die kanalisierend wirkt und emotionale Ausbrüche auf ein Minimum reduziert. Dem ungeordneten und zerstörerischen Ansturm negativer Erfahrungen und Gefühle wird der geordnete Ablauf des Rituals entgegengestellt. Darüber hinaus bietet das Mediationsritual neue konfliktlösende Verhaltensmuster der kleinen Schritte an. In der desintegrierenden Situation von Krise und Konflikt gewährt der Mediationsprozess den Betroffenen die Hilfsmöglichkeiten des Rituals:
➤ Kanalisierung der Emotionen
➤ Gewährung von Sicherheit
➤ Regelung die Interaktion
➤ Stiftung von Beziehung

In seiner wirklichen Bedeutung kann man das Konzept des Mediationsprozesses erst würdigen, wenn man es als Ritual versteht. – Rituale schränken die Spontaneität der Beteiligten ein und normieren das Verhalten. Auf der andere Seite geben sie Verhaltenssicherheit. Dies wird in der verunsichernden Situation eines Konfliktes als hilfreich erlebt.

Aufgabe des Mediators ist es, das Ritual der Situation so anzuverwandeln, dass es die Beteiligten als passend erleben. Hilfreich ist es hierzu, das Prozesskonzept als **Agende** (lat. das zu Handelnde) zu verstehen. Eine Agende ist so etwas wie eine Handlungsanweisung. In der Regel enthalten Agenden das sog. *Ordinarium*, das sind unveränderliche Bestandteile, und das Besondere und je nach Situation Wechselnde, das *Proprium*.

Aufgabe des Mediators ist es, in Kenntnis und virtuoser Beherrschung des Rituals, das feldspezifische Proprium zu entwickeln. Familienmediationen, Mobbingfälle oder gar der Aufbau einer schulischen Streitschlichtergruppe fordern bspw. andere Schwerpunktsetzungen, wobei es in jedem Feld wichtig bleibt, die Beteiligten auf das Ritual einzustimmen und auf die jeweils geltenden Regeln zu verpflichten. Gerade die Kenntnis von Ritual und eigener Rolle gibt dem Mediator den Spielraum zu einer freien Entscheidung und Akzentsetzung im Vollzug des Mediationsprozesses. Dieser Gestaltungsspielraum sollte bewusst erkundet und genutzt werden, und zwar zugunsten der Betroffenen, wenn es der eigentliche Sinn von Mediation ist, den Beteiligten eine selbstverantwortliche Verarbeitung ihres Konflikts zu ermöglichen.

Erst als Ritual verstanden, kann man die tiefer gehende Bedeutung von Mediation recht würdigen. Und man wird die stabilisierende Funktion des Mediationsrituals nicht nur auf die einzelnen Teilnehmer und ihre soziale Gruppe beschränken können. Zweifellos handelt Mediation im Interesse der Gesellschaft. Indem sie Emotionen kanalisiert, Angst reduziert, zerstörerische Impulse in konstruktive umwandelt, trägt sie dazu bei, jenes anarchische Potenzial zu bewältigen, das sich gerade in Extremsituationen gefährlich verdichtet[24].

24: Gewalt und Gewaltbereitschaft z.B. an Schulen lässt sich auch als Folge einer Entritualisierung des Konfliktaustrags verstehen.

9 Mediator Dieter K. erhält einen Anruf

Nach dieser theoretischen Grundlegung soll nun die Mediation mit Methoden der Transaktionsanalyse an einem Beispiel erläutert werden.

Dieter K., Sozialpädagoge, Anfang 50, verheiratet, zwei Kinder aus erster Ehe[25]. Nach 15 Jahren in der offenen Jugendarbeit qualifizierte er sich zum Supervisor und arbeitet mittlerweile freiberuflich. Seine Frau ist Lehrerin. Über sie lernte er Mediation (Arbeit mit Schüler-Konfliktlotsen) kennen und schätzen. Seitdem gehören mediatorische Konzepte zu seinem festen Repertoire und haben sich insbesondere in der Teamsupervision bewährt. Sprüche, wie er sie anfangs hörte: „Immer im Schneidersitz, was soll denn das?" sind selten geworden. Mediation wird kaum noch mit „Meditation" verwechselt und auch nicht mehr in die Esoterik-Ecke gestellt.

Nach einer Coaching-Sitzung mit der neu eingestellten Oberärztin eines Krankenhauses bummelt er ein wenig durch den nahe gelegenen Park. Da klingelt sein Handy. Ein Bekannter aus alten Sozialarbeitertagen, mittlerweile Personalentwickler eines überregional tätigen karitativen Trägers: „Du machst doch Mediation, nicht wahr. Ich habe da eine Anfrage."

Dieter K. erhält am Handy folgende Informationen seitens des Personalentwicklers: In einer Abteilung des Unternehmens gibt es einen persönlichen Konflikt unter den Mitarbeitern. Dieser Konflikt führt dazu, dass sie sich auf der Arbeitsebene sabotieren, indem sie z.B. Informationen untereinander nicht weitergeben. Der Personalentwickler sucht einen externen Moderator/Mediator, weil er selbst eine zu große persönliche Nähe zu einigen Mitarbeitern aus der Abteilung hat. „Interessiert?" Als Dieter K. bejaht, bietet der Freund an, einen weiteren Informationskontakt mit dem zuständigen Abteilungsleiter zu vermitteln.

Der Abteilungsleiter zeigt sich erstaunlich gesprächig. Er ist selber einer der Konfliktbeteiligten. Vor einem Jahr hat er einen Referenten eingestellt, der in seiner früheren Stelle Schwierigkeiten

---

25: Alle Fallbeispiele dieses Buches sind so verfremdet, dass ein Rückschluss auf reale Personen nicht möglich ist.

mit dem Vorgesetzten hatte. „Ich habe mich trotzdem für ihn entschieden. Bei uns kann jeder etwas werden. Man braucht nur Engagement." Dieses Engagement zeigt der Mitarbeiter nach Einschätzung des Abteilungsleiters aber nicht: Er leiste nichts, sondern wolle nur Privilegien. Weiterhin spricht der Abteilungsleiter von unaufgeklärten Krankheitsfehlzeiten.

Der sachliche Aspekt der Minderleistung bleibt diffus. Der Abteilungsleiter zeigt sich im weiteren Gespräch hauptsächlich „enttäuscht" über den Mitarbeiter. Weiterhin erwähnt er, dass sich das Klima verschlechtert habe: „Am Anfang hatte ich einen guten Kontakt zu ihm, jetzt unterstellt er mir bei jeder Anforderung einen persönlichen Angriff." Und über die bilaterale Konfliktebene hinaus bilden sich bereits Fraktionen innerhalb der Abteilung: eine lang gediente Führungskraft steht auf seiner Seite, eine jüngere Referentin auf Seiten ihres Kollegen. Der Mitarbeiter fühlt sich seinerseits gemobbt, hat bereits den Betriebsrat eingeschaltet. Der Abteilungsleiter hat die Anweisung von der Geschäftsführung, den Konflikt unverzüglich zu lösen.

Dieter K. merkt, dass sein verständnisvolles Nachfragen dem Gesprächspartner anscheinend gut tut. Zumindest stellt er seine Leidensgeschichte ausführlich dar. „Und nun?", hört Dieter K. ihn endlich sagen. Und nach einiger Zeit des Schweigens: „Was ist das eigentlich – Mediation? Können Sie mir das mal in zwei Sätzen sagen?"

Zwar kann er stundenlang über das Mediationsverfahren schwärmen, aber auf eine solche Kurzdefinition ist Dieter K. nicht recht vorbereitet. „Also Mediation ist ein konstruktives Verfahren der Konfliktlösung, das in den 60er und 70er Jahren in den USA entwickelt wurde und seitdem in vielen Lebensbereichen eingesetzt wird. Mediation bedeutet Vermittlung. Gemeint ist eine Vermittlung in Streitfällen durch unparteiische Dritte, die von allen Seiten akzeptiert werden. Die Methode der Mediation basiert nicht darauf, dass eine Problemlösung vorgegeben wird, sondern die Mediatorinnen unterstützen ihre Klienten, eine eigene und angemessene Lösung ihres Konflikts zu suchen."

Dieter K. ist stolz auf seine Definition, hat er ähnlich auch schon gelesen.

„So", hört er von seinem Gesprächspartner. Und: Man werde gegebenenfalls sich wieder an ihn wenden. Es habe sich auch noch ein anderer Coach angeboten. Ein wenig irritiert über diese Wende legt Dieter K. auf. Wochen vergehen und er hat den Auftrag bereits innerlich abgehakt.

9.1 Und täglich grüßt Sisyphos

Menschen versuchen in der Regel, Fehler zu vermeiden. Fehler führen zu Misserfolgen und sind oft mit einem Gefühl der Blamage verbunden. Dabei wird jedoch übersehen, dass Fehler eine wichtige Quelle für Lernen und Wachstum sein können.

In der amerikanischen Komödie **Und täglich grüßt das Murmeltier** soll ein zynischer TV-Journalist über die Sonnenwendfeiern in einem verschlafenen Wintersportort berichten. Maskottchen ist dort ein Murmeltier, das als „Wetterfrosch" dient: An dessen Verhalten am sog. Murmeltiertag wird die langfristige Wetterprognose abgelesen. Durch ein seltsames Mirakel wird nun der Reporter, der eigentlich nur eine gelangweilte Standardreportage absetzen wollte, zu einem modernen Sisyphos: Wie einst der Held der griechischen Sage dazu verdammt war, immer wieder denselben Stein auf einen Berg zu wälzen, nur um zu erleben, wie er ihm kurz vor dem Ziel entgleitet und wieder in die Tiefe rollt, so durchlebt und durchleidet der Reporter täglich aufs Neue den Murmeltiertag.

Aber anders als Sisyphos beginnt der Reporter nach einiger Zeit der Resignation über sein Schicksal mit seinem eigenen Verhalten und den Reaktionen der anderen zu experimentieren. Er begegnet denselben Situationen in immer neuen Variationen und beginnt zu lernen. Und in diesem Lernprozess verändert er sich selber: Aus dem zynischen Beobachter wird ein empathischer Mitmensch, und so gelingt es ihm schließlich sogar, die Liebe seiner heimlich angebeteten Kollegin zu erringen. Damit löst sich der Bann und der ewige Murmeltiertag endet.

Auch Konfliktlösen gleicht oft einer Sisyphosarbeit. Während der Mediator mühsam versucht, die Steine des Anstoßes wegzuwälzen, tun viele andere das ihre, um genau diese Steine wieder herabstürzen zu lassen. So erlebt auch Dieter K. seine Arbeit als Mediator.

Dieter K. aber erweist sich als ein lernender Sisyphos. Er nutzt die erlebten Probleme und Fehlschläge dazu, sein fachliches Repertoire zu erweitern und letztlich auch seine persönliche Kompetenz zu vergrößern. Begleiten wir also Dieter K. durch das Dickicht der Mediation mit Erfolgen und Rückschlägen. Ob es zum Happyend kommt, wird sich zeigen. Das ist aber vielleicht nicht das Wichtigste, sondern zu sehen, wie er dabei lernt.

Erste Frage: Hat also Dieter K. bereits im Akquisitionsgespräch einen Fehler gemacht? Seine Mediationsdefinition war doch schulbuchmäßig korrekt. Aber vielleicht interessiert das seinen potenziellen Kunden gar nicht, sondern vielmehr die Frage: Was habe ich davon, wenn ich Sie engagiere?

Was hat der Abteilungsleiter von einer Mediation? Was hätte die Geschäftsleitung, was hätten die Mitglieder der Abteilung von der Arbeit des Mediators? Der Nutzen von Mediation wird für den Kunden deutlich, wenn man sie anderen Verfahren, hier sicher der arbeitsrechtlichen Auseinandersetzung gegenüberstellt. Ein Nutzen des außergerichtlichen Einigungsweges ist es für alle Seiten, Einfluss auf den Lösungsprozess nehmen zu können, anders als bei Entscheidungen, die an ein Gericht delegiert werden. Weiterhin die Ersparnis an Anwalts- und Prozesskosten für die Streitparteien, wobei auch der exakte Nachweis von arbeitsrechtlichen Verstößen sicherlich problematisch wäre. Und nicht zuletzt die Möglichkeit, weiterhin und wieder befriedigend miteinander zusammenzuarbeiten. Nach dem Richterspruch ist in der Regel das Tischtuch zerschnitten.

Bietet die Mediation Vorteile gegenüber anderen etablierten Verfahren? Dies zu erläutern ist oft die entscheidende Aufgabe für das Mediations-Marketing.

PS: *Dieter K. bekam den Auftrag dann doch noch.*

10 Fünf Schritte zum Ziel

Wenden wir uns nun den einzelnen Stationen des Mediationsverfahrens zu. Überzeugend ist hier die bereits kurz skizzierte Vorgehensweise in fünf Schritten mit einer Vorphase und einer nachbereitenden Phase.

Zur Erreichung des Ziels einer Konfliktlösung sind also fünf bzw. sieben Schritte notwendig – rascher geht es nicht. Mediation ist auch Konfliktlösung durch **Entschleunigung**. Typisch für Konflikte ist Beschleunigung: Ein Wort gibt das andere, auf A folgt B, Gefühle eskalieren. In der Mediation wird versucht, diesen Prozess zu verlangsamen. Statt einer ungehinderten Eskalation wird jeweils geprüft, inwieweit die einzelne Handlung dazu geeignet ist, den Konflikt zu lösen oder nicht. Die siebenstufige Mediationsagende bildet dabei den Wegweiser – nicht als dogmatischer Rahmen, sondern als stützendes Geländer.

10.1. Vorphase

10.1.1 Kontaktgespräche

In der Vorphase erfolgt die Kontaktaufnahme zwischen den Konfliktbeteiligten und dem Mediator.

Im Falle von Dieter K. sind Auftraggeber und Konfliktparteien verschieden. Dieter K. führt am Anfang also ein Rahmengespräch mit der Geschäftsleitung, indem er seine Vorgehensweise erläutert: „Zu meiner spezifischen mediatorischen Konfliktanalyse gehört es, dass ich keine Verantwortlichen oder Schuldigen für den Konflikt dingfest mache, sondern dass ich versuche, die Struktur und die Dimension des Konfliktes neutral zu beschreiben und mit den Kontrahenten ein lösungsorientiertes Vorgehen zu entwickeln. Wichtiger als das Herausfinden von so genannten Schuldigen ist es, die Parteien dahin zu bringen, ihre Energie lösungsorientiert einzusetzen."

Nachdem er mit der Übernahme der Mediation beauftragt ist, wird noch vereinbart, dass die Geschäftsleitung am Ende wieder eingeschaltet und von den Konfliktparteien über die Ergebnisse der Mediation (Mediationsvereinbarung) informiert wird.

Bei Familien- oder Nachbarschaftsmediationen sind Auftraggeber und Konfliktparteien identisch. Häufig ist es aber so, dass nur eine Seite den Mediator aufsucht, die andere zunächst einmal zurückhaltend bleibt. Dann stellt sich die Frage, ob und wie es gelingt, die andere Konfliktpartei an den Tisch zu bekommen. Ist es sinnvoll, dass der Mediator selber aktiv wird, oder berät er besser die anwesende Partei dahingehend, wie sie die andere zur Teilnahme motivieren kann? Beide Möglichkeiten kommen in Theorie und Praxis vor und haben ihre Vor- und Nachteile. Vorzuziehen ist m.E. die zweite Möglichkeit, da sie von Anfang an die Problemlösefähigkeit der Konfliktparteien stimuliert.

Mediation ist ein Verfahren, das die aktive Beteiligung aller Parteien fordert. In der Regel funktioniert eine Mediation auch nur dann, wenn die Parteien freiwillig teilnehmen. Das heißt allerdings nicht, dass man eine Mediation nicht durchführen sollte, wenn Parteien zunächst eine eher skeptische Haltung einnehmen. Aber die Skepsis sollte ernst genommen und darauf eingegangen werden.

In der Vorphase sollte der Mediator neben den Informationen über den Streitgegenstand noch folgende Aspekte im Auge behalten:

Welche Konfliktdynamik zeigen die Beteiligten?

➤ Wer fühlt sich ungerecht behandelt?
➤ Wird immer nur einer Person die Schuld zugeschoben?
➤ Wie reagieren die Anwesenden auf Anregungen und Kritik etc.?

Welche Parteien entscheiden den Konflikt und wer gehört zu diesen Parteien?

➤ Gibt es neben den bekannten Personen oder Parteien noch weitere, die den Konflikt beeinflussen?
➤ Wer hat außer den direkt am Konflikt beteiligten Parteien ein Interesse, dass der Konflikt gelöst wird oder aber dass er weiter aufrechterhalten wird?

Was wurde bisher unternommen, um das Problem zu lösen?

➤ Welche Lösungsmöglichkeiten hat man ins Auge gefasst?

10.1.2 Shuttlemediation – Für und Wider

Hilfreich kann am Beginn eine sog. **Shuttlephase** sein, in der der Mediator abwechselnd Vorgespräche mit beiden Seiten führt, um über das Verfahren zu informieren und um seinerseits Informationen über den Konflikt zu gewinnen. Shuttle ist ursprünglich die englische Bezeichnung für das Weberschiffchen, dass im Webstuhl von einer zur anderen Seite hin- und herflitzt. In diesem Bild sind bereits die Vor- und Nachteile einer **Shuttlemediation** angedeutet.

Pro Shuttlemediation

Dieter K. entschließt sich, in der Anfangsphase der Mediation mit den Konfliktparteien zunächst getrennte Einzelgespräche zu führen. So kann er sich in Ruhe ein Bild von den Interessen und Bedürfnissen, von Verletzungen und Lösungsmöglichkeiten der Einzelnen machen, und auch die Konfliktparteien haben die Gelegenheit, relativ ungestört durch die Gegenseite ihre Beziehung zum künftigen Mediator zu erproben.

Natürlich stellt sich für den empathisch zuhörenden Mediator verstärkt die Aufgabe, seine Allparteilichkeit zu verdeutlichen. Auch merkt Dieter K. bald, dass eine solche Shuttlephase nicht zu lange dauern kann. Es handelt sich schließlich nicht um Einzelcoaching, sondern die Konfliktparteien sollen miteinander wieder ins Gespräch kommen.

Kontra Shuttlemediation

Genau dies findet nicht statt, wenn – wie offenbar von manchen Anwaltsmediatoren bevorzugt[26] – die Parteienkontakte nur noch über den Mediator laufen, der ausschließlich in getrennten Einzelgesprächen zwischen den Beteiligten vermittelt. Dann ist das Ziel von

---

26: Christain Duve/Andreas Zürn, „Gemeinsame Gespräche oder Einzelgespräche?", *Zeitschrift für Konfliktmanagement*, 4 (2001), S. 108ff.

Mediation, die Konfliktparteien zu einem konstruktiven und eigenverantwortlichen Konfliktaustrag zu befähigen, aus den Augen verloren und auch für deren Autonomie nichts gewonnen.

Darüber hinaus haben zu ausgedehnte Shuttlephasen einen psychodynamischen Nachteil. Treten die Konfliktparteien nicht so bald wie möglich in einen direkten Gesprächskontakt miteinander, so ergeht es dem Einzelgespräche führenden Mediator wie dem Hasen im Grimmschen Märchen „Der Hase und der Igel". Die Konfliktparteien vergraben sich in ihren unterschiedlichen Positionen und anstatt den Gesprächsprozess zu leiten, hetzt der Mediator sich als Überbringer von Botschaften zu Tode.

10.1.3 Organigramme

Handelt es sich beim Mediationssystem nicht um ein Paar oder eine andere leicht überschaubare Personengruppe, so bieten sich auch grafische Formen der Informationserhebung für die Mediatorin an. Eine Beratung von Institutionen geht oft von einem formalen Organigramm aus. Das Organigramm beschreibt die meist hierarchische Strukturierung der Entscheidungs- und Organisationsabläufe in einer Institution.

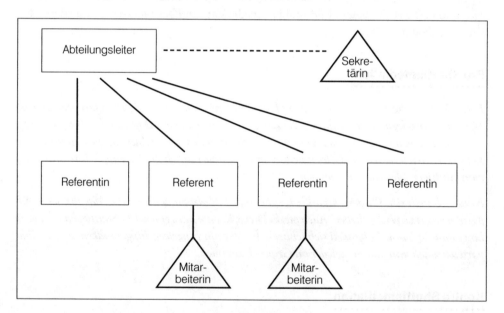

Was Dieter K. mehr interessiert als das offizielle Organigramm ist eines, das ihm hilft, das Kräfteverhältnis in der Abteilung zu verstehen.

Hier bietet sich ein dynamisches Organigramm an, welches aufzeigt, wo es Allianzen gibt und Koalitionen gegen Dritte, offene oder verdeckte Konflikte etc. Dafür haben sich einige Zeichensymbole eingebürgert:

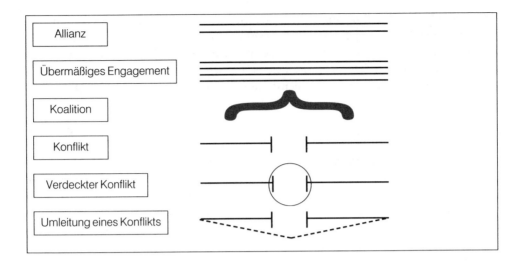

Hieraus ergibt sich nun folgendes Bild des Konfliktsystems:

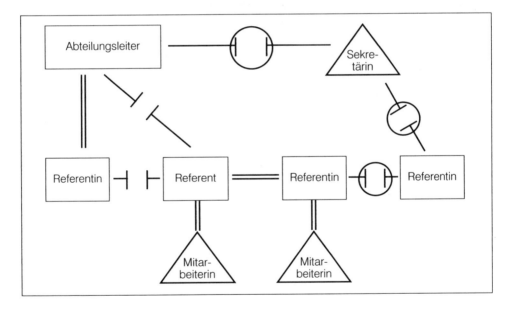

10.1.4 Die beste Alternative (BATNA)

Häufig muss die Mediatorin während der ersten Kontakte die eine oder andere Partei noch für die Mediation gewinnen. Was nutzt aber ein Gespräch über Interessen und Möglichkeiten, wenn eine Seite in der stärkeren Position zu sein scheint?

Mediation kann keine Einigungserfolge garantieren. Oftmals wird eine Mediation auch scheitern. Für die Beteiligten stellen sich dann verschiedene Fragen: Was können sie noch am besten aus dieser schlechten Ausgangslage machen? Aber auch – im Mediationsprozess selber – wie können sie sich vor einer Übereinkunft schützen, die sie besser nicht eingehen sollten. Für solche Überlegungen hat sich der amerikanische Terminus **BATNA** (**B**est **A**lternative to **N**egotiated **A**greement) eingebürgert[27].

Auch für die Mediatorin ist es erleichternd, nicht allzu blauäugig zu sein, sondern den Konfliktparteien offensiv die Frage zu stellen: „Was werden Sie tun, wenn unsere Mediation hier scheitert bzw. was ist Ihre Alternative zu einer Verhandlungslösung?" Indem die Mediatorin von sich aus die Möglichkeit einer Alternative offen legt und thematisiert, kann sie vermeiden, dass sich die Klienten nur scheinbar auf die Mediation einlassen, und leistet damit einen Beitrag zum Gelingen. Die Konfliktbeteiligten werden sich eher auf das Finden einer Lösung konzentrieren, wenn sie wissen, dass sie nicht auf Gedeih und Verderb an das Gelingen des Mediationsprozesses gebunden sind, sondern in jeder Phase prüfen können, ob es für sie noch optimal läuft.

Da sich die Beteiligten ungern in diese Karten hineinschauen lassen, nutzt Dieter K. die Einzelgespräche in der Vorphase, um Fragen zu stellen, wie diese:
➤ *„Was können Sie tun, was werden sie tun, wenn es zu keiner Übereinkunft kommt?"*
➤ *„Wie sehen Ihre möglichen Alternativen aus?"*
➤ *„Wie sehen mögliche Alternativen der Gegenseite Ihres Erachtens aus?"*
➤ *„Welche Grenzen dürfen bei Ihnen und bei dem anderen nicht überschritten werden?"*
Alle Beteiligten sprachen sich dabei gegen arbeitsrechtliche Schritte aus.

27: Roger Fisher/William Ury/Bruce Patton, *Das Harvard-Konzept*, S. 143ff.

10.2 Erste Phase: Schaffung förderlicher Bedingungen

Wenn beide Seiten einer Mediation zustimmen, geht es in der ersten Phase um die *Einleitung* des Mediationsgesprächs. Dabei zeigt sich bereits die Prozessverantwortung des Mediators, indem er für eine gute Arbeitsatmosphäre sorgt. Die Zusammenkunft – wenn die Kontrahenten nicht in die Praxis des Mediators eingeladen werden – sollte nicht an einem Ort stattfinden, der unmittelbar mit dem Konflikt verbunden oder der Raum des einen oder anderen ist.

Es sollte eine relativ entspannte Umgebung sein. Auf die Sitzordnung zu achten ist nicht unwichtig.

Der Mediator stellt sich zunächst einmal vor, sofern er nicht allen Beteiligten bekannt ist, und rekapituliert den Stand der Dinge, d.h. seinen Informationsstand bezogen auf den Konflikt und die Art der Kontaktaufnahme. Er bittet dann die Beteiligten um Bestätigung und Korrektur. Wichtig ist, auch an dieser Stelle noch einmal die Bereitschaft der Beteiligten zu klären, sich auf dieses Verfahren einzulassen und eventuelle Widerstände anzusprechen, offene Fragen, die sie mitgebracht haben. Schließlich geht es um die geschäftliche und organisatorische Seite der Mediation, Zeitplan, Honorierung, Umgang mit Notizen, Mitteilung von Ergebnissen etc.

10.2.1 Regeln bieten Schutz

Genauso wichtig wie die Klärung der Teilnehmererwartungen ist die Erläuterung des Mediationsverfahrens. Es kann nicht vorausgesetzt werden, dass die Konfliktbeteiligten wissen, wie eine Mediation abläuft oder über die Grundregeln informiert sind. Vielmehr gehört es zur Prozessverantwortung der Mediatorin, eventuell auch ein Informationsblatt auszuteilen, das Angaben enthält über die Art des Verfahrens, über die Rolle als Mediator und über die Grundregeln.

Für transaktionsanalytisch geschulte Mediatoren ist dabei das Thema Ethik von besonderer Bedeutung: der Schutz der Medianten. Wie kann der Mediator andere Kommunikationsformen als die bisherigen verletzenden gewährleisten? Dazu bilden die mediatorischen Regeln einen wichtigen Bestandteil, ein **Holding Environment**, in dem es möglich ist, Bedürfnisse zu zeigen und diese auch ohne Furcht zu äußern.

> **Unverzichtbare Grundregeln:**
> Die andere Seite ausreden lassen und währenddessen aufmerksam zuhören!
> Keine beleidigende Sprache oder gar tätliche Übergriffe!
> Weitere Regeln können gemeinsam vereinbart werden, z.B. was die Vertraulichkeit angeht.

Der Mediator achtet auf die Einhaltung der Grundregeln; falls erforderlich, greift er ein und kann dabei durchaus auch unterbrechen! Es bietet sich an, diese Grundregeln im Gespräch mit den Parteien zu entwickeln und schriftlich im Raum sichtbar aufzuhängen. – Aber manchmal nutzt auch das wenig, jedenfalls musste Dieter K. diese Erfahrung machen:

Am Anfang der ersten gemeinsamen Sitzung halten sich die Teilnehmer an die Regeln. Nachdem aber einige „Knackpunkte" zur Sprache gekommen sind, wird es turbulent.

Dieter K. bemüht sich, die Auseinandersetzung zu bremsen, aber die Dynamik ist stärker. Sie beginnen, einander mit ihren Vorwürfen und unterschiedlichen Sichtweisen zu konfrontieren und sind sehr bestrebt, Vergangenes wieder aufzurollen, um die „einzig richtige Sicht der Dinge" zu rekonstruieren.

Dieter K. stoppt die Arbeit: „Meinen Sie, dass der jetzige Stil der Auseinandersetzung für Sie sinnvoll ist und Sie weiterbringt oder wollen Sie nicht doch anderes ausprobieren?"

Seine Intervention findet jedoch keine Zustimmung. Alle Kontrahenten sind mehr oder weniger der Meinung, dass es sich um eine notwendige Härte in der Auseinandersetzung handelt und dass es wichtig ist, jetzt hier einmal „alles auf den Tisch zu bringen". Dieter K. fühlt sich genervt an die Auseinandersetzung in seinen früheren Jugendarbeiterzeiten erinnert und würde sich am liebsten abwenden. Aber das widerspricht seiner Aufgabe. So verabredet er mit der Gruppe, dass die gewünschte Auseinandersetzung eine Viertelstunde lang stattfinden kann.

Die Debatte nimmt an Schärfe zu, sodass sich bereits nach zehn Minuten heftiger Auseinandersetzung ein betretenes Schweigen einstellt. Dieter K. fragt, ob sie jetzt genug Dampf abgelassen hätten und nun erneut über die Funktion von Gesprächsregeln reden wollen. Alle stimmen dem zu.

Am Ende der ersten Sitzung vereinbaren die Teilnehmer, das Flipchartblatt mit den Grundregeln im Sitzungsraum der Abteilung aufzuhängen, um sich auch bei ihren Besprechungen daran zu erinnern.

> Für das Gelingen einer Mediation werden die Weichen häufig gleich zu Anfang gestellt. Es ist deshalb wichtig, dass Mediatoren in ihrer Ausbildung solche Anfänge trainieren.
>
> **Gruppenübung „Eingangsstatement"**[28]
> Die Gruppe wird in Vierergruppen aufgeteilt. In den Kleingruppen arbeiten ein Mediator/Mediatorin, Konfliktpartei A und B und Beobachter. Die Mediatorin spricht jeweils das Eingangsstatement und erhält Rückmeldungen hierfür sowohl von den Konfliktparteien als auch von den Beobachtern, wie das auf sie gewirkt hat. Danach werden die Rollen gewechselt, sodass jeder in der Gruppe einmal drankommt.

10.2.2 Unterstützung der Konfliktparteien – Strokes und Empowerment

Die Ergebnisverantwortung wird in der Mediation den Klienten zugeordnet, den Mediatoren die Prozessverantwortung. Gibt es Werkzeug, das Mediatoren bei der Wahrnehmung der Prozessverantwortung unterstützt?

28: Modifiziert übernommen aus Kurt Faller, *Konflikte selber lösen*, S. 134.

Prozessverantwortung meint die Verantwortung des Mediators für das Klima der Mediationssitzung, für die Art und Weise des Gesprächs. Ein wichtiges Hilfsmittel sind die genannten Regeln. Reicht dies aus? Die Regeln fokussieren das, was nicht sein soll: durcheinander reden, Beleidigungen, Störungen … Prozessverantwortung bedeutet aber noch mehr. Wie ein Coach – im sportlichen Sinne – ist der Mediator dafür verantwortlich, die Streitparteien bei der Klärung optimal zu begleiten, zu motivieren und einzustimmen. Wie ein Coach gibt er ihnen Rückmeldungen, macht sie aufmerksam auf hinderliche Verhaltensweisen, stärkt Förderliches.

Die Mediatorin **Nina Dulabaum** verwendet hierfür den Begriff „Empowerment" und verbindet ihn mit ihrem Konzept der 4 A's. Mit den 4 A's meint sie Allparteilichkeit, Akzeptanz, Anerkennung und Affirmation (auf Deutsch etwa Bestätigung). Diese 4 A's dienen dem Empowerment, d.h. der Befähigung von Menschen, ihre eigenen Konflikte zu bearbeiten, was – wie sie zu Recht sagt – das Hauptziel von Mediation ist[29].

Damit wäre das Ziel beschrieben, jedoch noch nicht die Frage beantwortet: Wie erreicht die Mediatorin eine Atmosphäre der Allparteilichkeit, Akzeptanz, der Anerkennung und der Affirmation? Hier ist es sinnvoll, auf das Konzept der **Strokes** aus der Transaktionsanalyse zurückzugreifen.

Strokes sind im Deutschen sprichwörtlich geworden als die sog. „Streicheleinheiten"; diese Übersetzung wird ihrer Bedeutung aber nicht gerecht. Der Begriff Stroke ist in der TA so etwas wie die „Grundwährung" von Anerkennung und Beachtung. Ursprünglich handelt es sich bei einem Stroke tatsächlich um körperliche Zuwendung. Lebensgeschichtlich braucht jedes Kind dieses „Streicheln", um gedeihen zu können: Berührung, in den Arm genommen werden, gehalten werden etc. Später treten an die Stelle solcher basalen nonverbalen Strokes bevorzugt andere – meist verbale Formen: Lob und Anerkennung, aber auch Tadel und Kritik. Strokes vermitteln Selbstwertgefühl und Strokes unterstützen, korrigieren oder bestätigen das gezeigte Verhalten. Die TA unterscheidet dabei positive und negative, bedingte und unbedingte Strokes – und diese Kategorien sind für Mediatoren besonders interessant.

Mit den Worten von Dieter K. hört sich das etwa so an:
➤ *„Ich freue mich, dass Sie hier sind." (unbedingt positiver Stroke)*
➤ *„Sie machen gute Lösungsvorschläge." (bedingt positiver Stroke)*
➤ *„Ihre versteckten Spitzen, die Sie austeilen, sind sicherlich nicht hilfreich." (bedingt negativer Stroke)*

Worauf er allerdings verzichtet, sind unbedingt negative Strokes: „Mit Ihnen hat das keinen Zweck."

Bedingte Strokes beziehen sich auf das Verhalten, unbedingte Strokes auf das Sein und den Wert einer Person. Unbedingt negative Strokes wirken deshalb höchst verletzend und sind für jede Form der Kommunikation schädlich. Unbedingt positive Strokes werden, wenn sie

---

29: Nina Dulabaum, *Mediation – Das ABC.*

im Übermaß gegeben werden, leicht als unecht empfunden. Dennoch sind am Anfang einer Mediation unbedingt positive Strokes sicherlich wichtig: „Schön, dass Sie hier sind." Sie sind Ausdruck für die wohlwollende, annehmende Haltung des Mediators und tragen so zu einer positiven Atmosphäre bei. Allerdings enthalten sie für die Medianten keine Hinweise, was sie dazu tun könnten, diese positive Atmosphäre weiterhin zu entfalten. Diese wichtigen Hinweise geben vielmehr die bedingten Strokes, positive wie negative.

Bedingungslos negative Strokes sind „Totschlagargumente" in jedem Streit. Konflikthafte Kommunikation ist gekennzeichnet durch einen Austausch dieser Strokes: „Er ist unmöglich." „Mit ihr kann man nicht reden." „Solche Menschen machen einem das Leben zur Hölle." „Sie sind Luft für mich!" Die Mediatorin wird solche Äußerungen vermeiden. Dennoch enthalten sie einen wichtigen Hinweis. Wenn ich als Mediator spüre, dass ich am liebsten bedingungslos negative Strokes austeilen würde, z.B.: „Bei Ihnen sind Hopfen und Malz verloren", dann ist das ein nicht zu übersehender Hinweis, dass ich mich in den Konflikt habe verwickeln lassen. Jetzt brauche ich Unterstützung in Form von Supervision. Die Supervision kann mir helfen, eigene missliche Gefühle und Abwertungen aufzulösen und wieder arbeitsfähig zu werden.

Möglicherweise handelt es sich aber auch um ein Anzeichen, dass die Mediation gescheitert ist. Als Mediator sollte ich dann meine Frustration nicht durch solche Strokes ausagieren, sondern einen guten Weg suchen, diesen Eindruck zu kommunizieren und meinen Auftrag zurückzugeben.

Bleiben noch die bedingten Strokes: bedingt positiv bzw. bedingt negativ. Und diese sind in der Tat ein wesentliches Werkzeug zur Prozesssteuerung des Mediators. In Form von bedingt positiven Strokes erkennt der Mediator an, was die Konfliktparteien unternehmen, um sich einer Lösung anzunähern, und durch diese Anerkennung werden sie bestärkt, mehr davon zu tun. „Ich danke Ihnen, dass Sie so lange aufmerksam zugehört haben." „Sie bemühen sich, die Kritikpunkte Ihrer Kollegin zu verstehen."

Bedingt negative Strokes zeigen, welche Verhaltensweisen die Mediatorin nicht für zielführend hält. Es wird dabei deutlich, dass sich die Korrektur stets auf das Verhalten, nicht aber auf den Wert einer Person richtet: „Die Bezeichnung »unverschämt« ist eine Kränkung. Können Sie das auch als Ich-Botschaft sagen?"

Indem ich als Mediator den Medianten Strokes gebe, strukturiere und lenke ich den Prozess. Ich zeige, was ich für sinnvoll und nicht sinnvoll ansehe, um das Ziel zu erreichen.

An dieser Stelle wird häufig der Einwand laut: Sind Strokes nicht ein Mittel der Manipulation? Sie sind es in der Tat. Jede Form von Kommunikation stellt eine Form von Manipulation dar in dem Sinne, dass sie Einfluss nehmen möchte auf den anderen. Man muss hier unterscheiden zwischen versteckter und offener Einflussnahme.

Im Vertrag zu Beginn der Mediation bekunden die Konfliktparteien, dass sie ihren Konflikt lösen wollen, und beauftragen den Mediator, sie dabei zu begleiten. Strokes sind Rückmeldungen, die diesem Ziel dienen und die Konfliktlösung im Sinne der Beteiligten fördern. Es handelt sich also nicht um eine versteckte und damit ethisch bedenkliche Einflussnahme. Auch wird die Manipulationsgefahr häufig überschätzt. Manipulatoren rechnen damit, dass ihre Gegenüber willenlos und dumm sind, und damit täuschen sie sich in der Regel.

Umgekehrt provoziert ein Mangel an Strokes häufig sogar konflikthaftes Verhalten: Ich gebe als Lehrer meinen Schülern zu wenig Rückmeldungen, Aufmerksamkeit oder Feedback. Plötzlich entstehen Unruhe und Streit in der Klasse, und ich bin gezwungen, negative Strokes in Form von Ermahnungen auszuteilen. Ähnliches erleben Führungskräfte in Betrieben. Im Stress des Arbeitsalltags wird es vernachlässigt, den Mitarbeitern Strokes zu geben. Als Resultat tauchen Fehler und Probleme auf, die die Führungskraft nötigen, sich dem Betreffenden zuzuwenden. Menschen, die unter Strokemangel leiden, verhalten sich häufig nach dem Glauben, negative Strokes sind besser als gar keine, d.h., auch wenn ich Kritik bekomme, ist es ein Zeichen dafür, dass mein Chef mich wahrnimmt, und das ist besser, als wenn er mich wie Luft behandelt. Indem ich also Strokes gebe, versorge ich ein psychologisches Grundbedürfnis, nämlich den Beziehungshunger von Menschen, und vermindere die Wahrscheinlichkeit, dass sie diesen Hunger über Konfliktverhalten stillen.

Ein verantwortlicher Mediator wird das wichtige Hilfsmittel der Strokes nicht nur ethisch einwandfrei, sondern auch in einer geeigneten „Dosierung" einsetzen und auf diese Weise ein Phänomen vermeiden, was die Transaktionsanalyse mit dem Ausdruck Plastikstrokes bezeichnet. Plastikstrokes sind übertriebene Strokes. Nur wesentliche Lösungsschritte, nicht jede einzelne Äußerung der Medianten muss gestrokt werden.

Ein Mediator achtet auch darauf, ob die Konfliktparteien untereinander sog. unechte Strokes austauschen. Solche Strokes enthalten einen spürbaren Widerhaken: „Ich fühle mich verstanden, soweit jemandem wie Ihnen das möglich ist." „Ich begreife, dass Sie das verletzt, wenn Sie so überempfindlich sind." „Sie sind doch sonst so clever, dann müssten Sie das doch einsehen." Unechte Strokes haben in der konfliktlösenden Kommunikation ähnliche Auswirkungen wie Viren in einem Computer.

Strokes sind ein machtvolles Werkzeug für die Mediation. Im Verlauf einer Sitzung, aber spätestens an ihrem Ende wird deshalb ein Mediator den Konfliktparteien in Form von bedingt positiven und negativen Strokes ein Feedback geben, was er als hilfreich und fördernd bzw. als nicht förderlich wahrgenommen hat. Die Devise »der Mangel an Tadel sei Lob genug« ist fehl am Platz. Konfliktparteien leisten eine schwierige Arbeit und sie verdienen dafür Anerkennung. Zugleich kann ich als Mediator die Konfliktparteien ermutigen, im Laufe des Gesprächsprozesses untereinander Strokes auszutauschen: „Ich fühle mich von Ihrer Rückmeldung gut verstanden." „Ich freue mich über Ihre Bereitschaft, mein Anliegen zu berücksichtigen ..." Auf diese Weise fördern die Medianten wechselseitig ihre Einigungsbereitschaft.

Strokes bekunden den Respekt vor der Person des anderen und zeigen Wege, sich erfolgreich auseinander zu setzen. Mediatoren, die Strokes geben, unterstützen ihre Klienten darin, dass sie in der Lage sind, ihre Konflikte zu lösen, und sie würdigen die einzelnen Schritte, die sie zur Lösung unternehmen. Ein Mediator, der Strokes gibt, zeigt sich als ein Konfliktbegleiter, der sich weder als Richter noch als Fürsorger seiner Medianten, sondern als deren Coach versteht.

> **Einzelübung: Konfliktstroking**
> 1. Welches negative Feedback (bedingt negative Strokes) bekomme ich häufig in Konflikten?
>
>   ....
>   ....
>   ....
>
> 2. Welches positive Feedback (bedingt positive Strokes) ist für mich bei der Konfliktlösung am meisten befriedigend?
>
>   ....
>   ....
>   ....

10.2.3 Verträge – „Kläranlage" der Mediation

Neben den Regeln sind Verträge ein wichtiger Baustein für den schützenden Rahmen der Mediation. Mit einer einmaligen vertraglichen Absprache am Anfang der Mediation ist es allerdings selten getan. In ein hoch komplexes Gebilde wie einen Konfliktlösungsprozess schleicht sich naturgemäß immer wieder Unausgesprochenes ein. Deshalb gehört es zur Aufgabe des Mediators, das Vertragskonzept als eine „Kläranlage"[30] zu nutzen und implizit genauso wie explizit am Anfang und Ende einer jeden Sitzung die Frage aufzuwerfen, ob alle Beteiligten sich über den Ablauf der Mediation im Klaren und mit der bisherigen und künftigen Vorgehensweise einverstanden sind.

Wenden wir uns deshalb Dieter K. zu. Der Vertragsgedanke ist ihm wohl vertraut und er hat in der ersten Sitzung – mit mehreren Anläufen – klare Absprachen zum Umgang in der Abteilung getroffen. Am Anfang der zweiten Sitzung fordert er die Teilnehmer zu einer Eingangsrunde auf. Er fragt, wie es ihnen im Miteinander geht und welches ihre Erwartungen an die gemeinsame Arbeit sind.

Zu seinem Erstaunen äußern alle Beteiligten, dass es ihnen nicht gut geht und dass sie der heutigen Sitzung skeptisch gegenüberstehen. Ihre Erwartungen seien überhaupt nicht positiv, ja sogar ausgesprochen negativ. Sie berichten von einer zwischenzeitlichen Abteilungssitzung, in der es zu heftigen Auseinandersetzungen zwischen ihnen gekommen sei, wobei sie wieder zu altem Streitverhalten und Polemik gegriffen hätten. Alles sei wie immer, sogar noch schlimmer. – Ein eindeutiger Verstoß gegen die Umgangsvereinbarungen, die sie in der ersten Mediationssitzung einvernehmlich verabschiedet hatten. Und Sisyphos merkt, wie sein Stein polternd bergab rollt.

Mit dieser Wende hat Dieter K. nicht gerechnet. Die Kaffeepause nutzt er zu einem kleinen Spaziergang, körperliche Bewegung regt auch den Geist an.

30: Diese eindrückliche Metapher hat Bernhard Schibalski in die transaktionsanalytische Debatte eingeführt.

Ihm fällt ein, dass Konfliktgespräche oftmals weniger einem geordneten Staffellauf als vielmehr einer Springprozession ähneln: drei Schritte vor, zwei Schritte zurück. Gerade bei länger andauernden Konflikten ist manches Mal der Streit so sehr zur vertrauten Umgangsform geworden, dass er auf der psychologischen Ebene mehr Sicherheit bietet als das unbekannte Land der Lösung. Im Streit scheinen die Fronten wenigstens klar und die Positionen abgegrenzt. Wer weiß, was die Lösung für Nachteile bringt. Dieter K. hat dies erlebt, wenn es in Trennungsmediationen heiß herging.

Allerdings, so vertraut ihm das Phänomen des Festhaltens am Konflikt vorkommt, eines ist hier anders. Ob sie versöhnlich Vereinbarungen miteinander treffen oder sich ausweglos zerstreiten, das liegt in der Privatautonomie von Paaren. Diese Freiheit haben – so wird Dieter K. klar – die Mitarbeiter einer Firma nicht. Sie können nicht entscheiden, durch ihren Konflikt die Arbeit ihrer Abteilung lahm zu legen. Vielmehr sind sie vertraglich an ihr Unternehmen gebunden, und das Unternehmen hat ein Recht auf funktionierende Arbeitsleistung. Der Kontext der Auseinandersetzung, das ist der Unterschied!

Dieter K. merkt, dass dies eine gute Gelegenheit ist, den administrativen Aspekt des Mediationsvertrags zu erläutern. Zufrieden tritt er den Rückweg an.

„Ich nehme das Stimmungsbild zum Anlass, Ihnen zu erklären, wie ich die Situation sehe." Dieter K. zeichnet am Flipchart ein Dreieck mit der Geschäftsführung, der Abteilung und mit ihm als Mediator. „Die Geschäftsleitung hat mich beauftragt, in Ihrer Abteilung eine Mediation durchzuführen, weil das Miteinander schlecht sei und die Abteilung nicht mehr richtig arbeitsfähig. Und die Geschäftsleitung hat sich davon überzeugt, dass das Konzept der Mediation das richtige ist."

Er weist sie weiterhin darauf hin, dass die Teilnehmer mit der Firma in einer vertraglichen Beziehung stehen, die sie als Abteilung verpflichtet, im Sinne des Unternehmens zu kooperieren. „Meine Aufgabe ist es, Sie bei der Lösung Ihrer Konflikte zu unterstützen. Die Geschäftsleitung hat keine inhaltlichen Vorgaben gemacht, wie Sie Ihre Konflikte beilegen sollen, wohl aber, dass Sie es tun sollen. Und über das Ergebnis sollen Sie berichten."

Dann wendet er sich vom Flipchart weg an die Teilnehmer: „Ich halte das für eine große Chance, und Sie müssen sich entscheiden, ob Sie diese Chance nutzen. Ich selber kann nur mit Ihnen arbeiten, wenn Sie zu der Mediation bereit sind, ansonsten muss ich meinen Auftrag zurückgeben."

Dieter K. nutzt hier das Konzept des Dreiecksvertrags, das in der Transaktionsanalyse mit dem Namen von Fanita English[31] verbunden ist.

10.2.3.1 Dreiecksverträge

Gerade im betrieblichen Konfliktmanagement haben es Mediatoren häufig mit mehreren Vertragsparteien und mit einer mehrseitigen Auftragslage zu tun. Die einfachste Konstella-

---

31: Fanita English, Der Dreiecksvertrag, in: *Transaktionsanalyse. Gefühle und Ersatzgefühle in Beziehungen.*

tion ist die Dreieckssituation. Dabei ist das Klientensystem, z.B. eine Abteilung in der Mobbing vorkommt, nicht identisch mit dem Auftraggeber, z.B. der Firmenleitung.

Sinnvoll ist es, wenn der Mediator dieses Problem offensiv angeht, indem er die Dreieckssituation offen legt. Im Fall einer organisationsinternen Streitbeilegung erklärt der Mediator gleich zu Beginn seiner Arbeit, dass er eine Vereinbarung mit der Organisation hat, in der die Klienten arbeiten. Er erläutert, welche Maßnahme mit ihm ausgehandelt ist und wozu die Mediation nach Meinung der Auftraggeber dienen soll. Anschließend weist er darauf hin, dass die Klienten mit der Organisation ebenfalls in einem Vertragsverhältnis stehen. Sie haben unter bestimmten Bedingungen und mit bestimmten Zielen ihre Arbeit zu erfüllen, und ein Teil dieses Vertrages ist auch die Mediationsmaßnahme, wenn die Organisation diese von ihnen erwartet, um ihre Arbeitsprobleme zu lösen. Dann erst klärt der Mediator, worin seine Vertragsbeziehung mit dem Klientensystem bestehen muss, damit aus der Mediation ein fruchtbarer Prozess entstehen kann (inhaltliche Vertragsarbeit).

Wichtig ist dabei, dass der Mediator auch seine Grenzen zu den Auftraggebern verdeutlicht. So wird er die Vertraulichkeit wahren und an die Auftraggeber keine Rückmeldungen über einzelne Teilnehmer und Probleme geben. Vielmehr ist es Aufgabe des Klientensystems, dem Auftraggeber Rückmeldungen zu geben, welche Lösungen des Problems erarbeitet wurden.

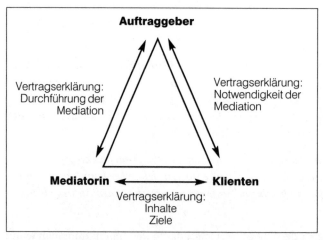

Abb.: Der Dreiecksvertrag

Checkliste: Fragen zu den spezifischen Merkmalen des Kontextes
➤ WER sind die Vertragspartner?
➤ WER bezahlt?
➤ WAS sollen sie miteinander tun?
➤ WIE werden Klienten und Auftraggeber wissen, dass sie ihr Ziel erreicht haben?
➤ WIE ist das Ergebnis überprüfbar?

Insbesondere in institutionellen Mediationen ist es notwendig, die Dreiecksdimension des Vertrages offen zu legen[32]. Der Kontext beeinflusst hier den Verlauf der Mediation. Der Auftraggeber kann die legitime Erwartung an den Medianten richten, dass sie ihren Konflikt konstruktiv und einvernehmlich lösen. Das ist kein wirklicher Widerspruch zum mediatorischen Axiom der Ergebnisoffenheit. Natürlich kann auch die zerstrittene Abteilung in der Arbeit mit Dieter K. zu dem Ergebnis kommen, dass sie keine Lösung findet. Dann allerdings hat sie mit administrativen Eingriffen seitens der Leitungsebene zu rechnen. Das Nicht-Lösen eines Konfliktes stellt dann einen Vertragsbruch gegenüber dem Unternehmen dar. Wichtig ist, dass Mediatoren sich dieser Kontextbedingungen selber bewusst sind und sie dann offen legen. Die mediatorischen Axiome haben also die Funktion von Leitzielen. Das bedeutet freilich auch, dass es zur Verantwortung des Mediators gehört, eine Mediation gegebenenfalls abzubrechen, wenn er den deutlichen Eindruck hat, dass diese Leitziele nicht annähernd zu erreichen sind. Zu denken ist dabei an permanente Blockierungen oder verdeckte Machtausübung.

Zurück zu Dieter K. Nachdem er die Kontextbedingungen der Mediation erläutert hat, bemerkt er, dass so etwas wie ein Ruck durch die Teilnehmergruppe geht. Die Klarlegung der Verhältnisse fördert anscheinend die Arbeitsbereitschaft.

Das ist ein deutliches Indiz, dass er aus seinem Erwachsenen-Ich das Erwachsenen-Ich der Teilnehmer erreicht hat und der Arbeitsvertrag zwischen diesen beiden Ich-Zuständen geschlossen wurde.

Wenig förderlich wäre ein sog. Eltern-Ich-Vertrag, wobei die Teilnehmer sich aus ihrem angepassten Kind-Ich-Zustand heraus den Forderungen eines Kritischen Eltern-Ichs beugen: Z.B.: „Immer sollen wir schuld sein. Wir werden doch nicht gefragt, sondern müssen machen, was die da oben wollen." Das Aufzeigen des Dreiecksvertrages machte zwar die Kontextbedingungen deutlich, die Art aber, wie diese formuliert wurden, zielte auf das Erwachsenen-Ich.

32: Die Dreicks-Situation gilt nicht nur für den Auftragskontext, sondern ist konstitutiv für jede Mediation. Ich werde sie deshalb unten noch einmal beleuchten.

10.3 Zweite Phase: Erhebung der Issues

In der zweiten Phase wird die Sichtweise der einzelnen Konfliktparteien erhoben. Hier hat sich der englische Ausdruck Erhebung der **Issues** eingebürgert. Die Mediatorin wendet sich dabei einer der Konfliktparteien zu, lässt sich die Fakten und Gefühle schildern und gibt verständnisvolle Rückmeldungen. In dieser Phase läuft das Mediationsgespräch zunächst „über die Bande", d.h. Gesprächspartner sind jeweils eine Konfliktpartei und der Mediator, die Mediatorin.

Für die andere Konfliktpartei ist es oft recht anstrengend, zu hören, was die Gegenseite sagt, ohne dazu Stellung nehmen zu können. Hilfreich ist es, wenn der Mediator dafür Verständnis signalisiert, dass dieses Zuhören auch eine anstrengende Arbeit ist, und anregt, sich während des Zuhörens Notizen zu machen und eventuell eigene Vorstellungen oder Argumente aufzuschreiben.

Durchaus kann in der Phase auch eine Rechtfertigungsdynamik entstehen. Die Partei, die sich rechtfertigt, nimmt primär zu den Issues der Gegenseite Stellung, statt ihre Anliegen eigenständig zu formulieren. Aufs Ganze gesehen wirkt es aber entlastend, wenn die Konfliktpunkte einmal aufgezählt werden können, ohne dass sie gleich kontrovers diskutiert werden müssen. Und oftmals ist es in Konflikten so, dass die Konfliktparteien die Issues der Gegenseite gar nicht richtig kennen, d.h. im Streit einander gar nicht zuhören und nicht wissen, was den anderen wirklich bewegt.

> **Gruppenübung: Erhebung der Issues**[33]
> Die Gesamtgruppe wird in Vierergruppen eingeteilt. Zwei Personen spielen die Konfliktparteien A und B. Eine Mediatorin und eine Beobachterin. Ablauf des Rollenspiels: 1. A legt ihre Sichtweise dar, die Mediatorin spiegelt, fragt nach und fasst zusammen.
> 2. B legt ihre Sichtweise dar, die Mediatorin fragt nach, spiegelt und fasst zusammen.
> 3. Die Mediatorin führt eine Reihenfolge über die zu behandelnden Punkte herbei. Die Mediatorin bekommt anschließend Rückmeldungen von A und B und der Beobachterin.
> Dann werden die Rollen gewechselt.

10.3.1 Konfliktanalyse

Bei der Erhebung der Issues stellt Dieter K. fest, das der ihm anfangs genannte Konflikt zwischen dem Abteilungsleiter und einem unterstellten Referenten nur das Symptom für die mangelhafte Gesprächs- und Konfliktstruktur der ganzen Abteilung ist. Zwischen vielen Abteilungsmitgliedern stimmt die Chemie nicht mehr. Einige streiten lautstark, andere meiden beharrlich den Kontakt miteinander, und die meisten sind der Auffassung, dass erst Besserung möglich ist, wenn dieser oder jener versetzt wird. Dieter K. kommt zu dem Ergebnis, dass es hier nicht mit einer bilateralen Aufarbeitung getan ist, das gesamte Miteinander muss sich ändern.

33: Modifiziert übernommen aus Kurt Faller, *Konflikte selber lösen*, S. 136.

Issues und Konflikt verhalten sich zueinander wie die Bäume zum Wald. Für die Mediation ist es deshalb sinnvoll, eine Gesamtsicht der Auseinandersetzungen zu gewinnen. Es gibt unterschiedliche Versuche, Konflikte inhaltlich zu strukturieren: Man unterscheidet dann i.d.R. nach inhaltlichen Gesichtspunkten Sachkonflikte von Beziehungskonflikten, Strukturkonflikte von Interessenskonflikten oder Wertekonflikten. Anders das Diagnosemodell von Friedrich Glasl, welches Konflikte formal kategorisiert, aber den Anspruch erhebt, dass sich ein Mediator mit seiner Hilfe bereits in den allerersten Stadien in einer Konfliktsituation orientieren und zweckmäßige Interventionen auswählen kann.

Glasl benennt drei Kategorien: den Rahmen eines Konflikts, die Reichweite eines Konflikts und die dominante Äußerungsform eines Konflikts.

Bezogen auf den **Konfliktrahmen** unterscheidet er Konflikte auf einer Mikro-, auf einer Meso- und auf einer Makro-Ebene.

Konflikte auf der **Mikroebene** sind durch eine Face-to-face-Interaktion aller Beteiligten gekennzeichnet. Jeder kennt jeden. Die Konfliktgruppe ist überschaubar und die Auseinandersetzung bleibt direkt. Hier kann dann sofort mit der Mediation begonnen werden, wenn alle Konfliktbeteiligten anwesend sind.

Bei Konflikten in einem mesosozialen Rahmen sind die beteiligten Gruppen in der Regel durch Sprecher vertreten und treten nicht mehr direkt miteinander in Interaktion, z.B. bei Auseinandersetzungen in einer Firma, wo nicht Belegschaft und Anteilseigner, sondern Vertreter des Betriebsrates mit Vertretern der Geschäftsführung die Auseinandersetzungen führen. Auf der **Meso-Ebene** ist es deshalb wichtig, zunächst einmal zu klären, welches Verhandlungsmandat die anwesenden Sprecher haben: Wird ihre Gruppe ihnen folgen bei dem Weg, den sie einschlagen? Ansonsten wird eine gefundene Lösung wieder leicht infrage gestellt.

Bei Konflikten auf einer **Makroebene** – hier handelt es sich i.d.R. um gesellschaftliche resp. politische Konflikte – lassen sich die Beteiligten am wenigsten deutlich ausmachen. Hier sind Interventionen nur indirekt möglich.

Bei der Frage nach der **Reichweite eines Konflikts** differenziert Glasl, inwieweit die Parteien die Position der Gegenpartei bzw. den Gesamtrahmen akzeptieren oder ablehnen. Er benennt hier einen sog. **Issue-Konflikt**, in dem die Sachdiskussion hart geführt wird, aber die festgelegten Positionen akzeptiert werden und nicht grundsätzlich infrage stehen. Z.B. protestiert eine Personalvertretung bei der Geschäftsleitung gegen eine vorgesehene Zeiterfassungsmethode und verhandelt in der Sache hart. Beim **Positionskampf** dagegen würde sich der Betriebsrat mit seiner Stellung in der Firma nicht zufrieden geben und eine Änderung der Positionsverhältnisse, der Rechte und Pflichten anstreben. Die Steigerung stellt der **Systemveränderungskonflikt** dar, wo es um eine umfassende Reorganisation bzw. Reform des Systems geht.

Schließlich benennt Glasl Unterschiede, was die **dominante Äußerungsform** eines Konfliktes angeht. Ist der Konflikt formgebunden oder formlos? Bei **formgebundenen**

Konflikten bedienen sich die Konfliktparteien festgelegter Institutionen, Prozeduren und Kampfmittel, d.h., rechtliche Prozeduren werden eingehalten, Gerichte angerufen, Schiedskommissionen beansprucht. Es handelt sich hier um einen sog. institutionalisierten Konflikt. Dieser Konfliktverlauf ist relativ vorhersehbar, gewährt den Parteien einige Sicherheit. Bei **formfreien Konflikten** halten sich die Parteien nicht an vorgegebene Regeln.

Und schließlich unterscheidet Glasl noch **heiße und kalte Konflikte**. Bei **heißen Konflikten** ist der Energielevel der Auseinandersetzung sehr hoch. **Kalte** bzw. erloschene **Konflikte** machen sich nicht selten in einer Lähmung aller äußerlichen Aktivitäten sichtbar. Frustration und tief sitzende Hassgefühle sind ihr Kennzeichen. In Organisationen sind solche kalten Konflikte häufig zu merken an einem Burnout, einem Dienst nach Vorschrift.

Trainingsbeispiel zur Konfliktdiagnose: Nachbarschaftsmediation[34]

Sie sind Mediator in K. Zwei Familien aus einer Kleinstadt, ca. 30 km von K. entfernt, bitten Sie um Ihre Dienste.

Sie sind einem der Ehemänner, einem Studienrat aus einer Fortbildungsveranstaltung, persönlich bekannt. Er hat in diesem Zusammenhang auch von Ihrer Tätigkeit als Mediator gehört.

Es geht um einen Nachbarschaftskonflikt in einer mehrheitlich von Leuten mit einem bürgerlich-akademischen Hintergrund bewohnten Einfamilienhaus-Siedlung am Stadtrand. Vor einem dreiviertel Jahr sind zwei Familien aus den neuen Bundesländern eingezogen. Mehrere Nachbarn haben sich nun bereits wiederholt bei der Gemeindeverwaltung beschwert wegen Lärmbelästigung und weil die Straßen mit den zahlreichen Autos der erwachsenen und jugendlichen Familienmitglieder zugeparkt seien. Es gab auch schon zwei Anzeigen bei der Polizei. Die Nachbarn beklagen sich über laute Heavy-Metal-Musik, über Feste am Wochenende bis hinein in die Nacht und darüber, dass immer wechselnde junge Männer mit kurz geschorenen Haaren zu Besuch kämen und ihre Autos immer mehrere Tage stehen lassen. Man wisse nicht genau, was die dort alles treiben und ob nicht gar Rechtsradikalismus im Spiel sei. Gegen Menschen aus den neuen Bundesländern habe man ansonsten nichts. Die Nachbarn selbst haben großes Interesse daran, solche Konflikte friedlich zu lösen.

Kommentar

Wendet man auf dieses Beispiel Glasls Typologie an, so stellt sich erst einmal die Frage, auf welcher Ebene der Konflikt stattfindet: Mikro- oder Mesoebene? Wer sind die relevanten Beteiligten und wie sind sie an einen Tisch zu bekommen? Es meldet sich zunächst einmal ja nur ein Konfliktbeteiligter. Das ist in der Mediation häufig der Fall. Die Frage ist dann, wie sind die anderen einzuladen?

Dazu ist die Gruppe der Beteiligten recht unübersichtlich. Wird man eine Mediation mit vier Familien durchführen? Oder sollen Sprecher und Sprecherinnen gewählt werden, und wie sind diese autorisiert?

34: Modifiziert nach Workshop-Beispiel Benedicta v. Soden.

Schließlich könnten sich noch bislang unbekannte Nachbarn einschalten und eine gefundene Lösung wieder in Frage stellen. Wie ist also das Mediationssystem auf dieser Meso-Ebene zu bestimmen? Darüber wird die Mediatorin zunächst eine Vereinbarung treffen müssen.

Weiterhin geht es um die Reichweite der Bemühungen. Handelt es sich um einen Issue-Konflikt, d.h., geht es um die Lautstärke von Musik und die Art und Weise, wie Autos geparkt werden, oder handelt es sich um einen Positionskonflikt oder gar einen System-Veränderungs-Konflikt: Wer hat in dieser Straße dieser westdeutschen Kleinstadt mehr zu sagen, die Einheimischen, die dort länger lebten, oder die Neuzugezogenen? Will man sie gar weghaben?

Eine Mediatorin wird deutlich machen müssen, dass es sich in der Mediation nur um eine Issue-Auseinandersetzung handeln kann, nicht aber um ein Gewinner-Verlierer-Spiel.

Und schließlich stellt sich die Frage nach der Form des Konfliktes. Einerseits wird er formfrei ausgetragen mit lauter Musik und mit wildem Parken, zum anderen formgebunden, indem man die Polizei bemüht.

Hier bietet die Mediation eine gute Alternative. Indem sie den Beteiligten dazu hilft, von ihren Interessen her zu einer eigenen Konfliktlösung zu kommen, ist sie relativ formfrei. Es müssen also keinerlei Verfahrenswege eingehalten werden. Indem die Mediation aber eine eigene Form darstellt mit Regeln und mit einer Agenda, ist sie auch relativ formgebunden und kann den Beteiligten so eine gewisse Sicherheit gewährleisten.

Noch befindet sich dieser Konflikt in einer heißen Phase. Wird er aber hier nicht gelöst, wird er in eine kalte Phase eintreten, die sich in der Weise bemerkbar macht, dass es keinerlei Kommunikation geben wird zwischen den Bewohnern der verschiedenen Häuser und dass auch die jeweiligen Familien in einem negativen Gefühl verharren werden und sich dort nicht mehr wohlfühlen.

10.3.2 Erst hören ...

Eines der am heißesten umkämpften Güter in Konflikten ist: Gehör zu finden. Menschen in Streitsituationen reden aufeinander ein, rechtfertigen sich, greifen an, schreien auch oder schweigen verbissen. Was sie am wenigsten tun, ist einander aufmerksam zuzuhören. Während der Kontrahent redet, überlegt man schon die Einwände. Die Äußerungen des anderen dienen bestenfalls als Sprungbrett für die Darlegung der eigenen Position. Die Verweigerung des Zuhörens macht die Streitenden quasi zu Autisten, die nur in ihrem eigenen Bezugsrahmen, denken, fühlen und handeln. Es leuchtet ein, wie entkrampfend es wirkt, wenn in einer Konfliktsituation jemand einem anderen zuhört. Bevor die Konfliktparteien dies allerdings tun können, sind sie auf das Zuhören der Mediatorin angewiesen. Zuhören können ist eine hohe Tugend für Mediation. Und Zuhören geht dem Sprechen voraus. Ich möchte im Folgenden drei Formen des Zuhörens[35] unterscheiden:

35: In Anlehnung an Christian-Rainer Weisbach, *Professionelle Gesprächsführung.*

Aufnehmendes Zuhören

Bei dieser Form des Zuhörens wird die eigene Aufmerksamkeit dem Gegenüber hör- oder sichtbar gezeigt. Im direkten Gespräch geschieht dies am intensivsten durch den Blickkontakt. Fehlt der Blickkontakt, wie z.B. am Telefon, so ist es wichtig, sog. Zuhörworte wie „hm, ach ja, so" etc. zu verwenden. Manchmal werden diese Redewendungen aber lediglich als Aufmerksamkeitsfloskeln auch im direkten Gespräch verwandt. Der Zuhörer nimmt keinen Blickkontakt auf, sondern erledigt bspw. andere Arbeiten und versucht den anderen mit Ausdrücken wie „hm, ach ja" am Reden zu halten. Macht sich die Mediatorin also während des Gesprächs Notizen, so ist es wichtig, anschließend ausgiebig Blickkontakt wiederherzustellen.

Umschreibendes Zuhören

Beim umschreibenden Zuhören wiederholt der Zuhörer das Gesagte, jedoch nicht wortwörtlich, sondern mit seinen eigenen Worten. Umschreibendes Zuhören ist eine sichere Möglichkeit, Missverständnisse bereits von Anfang an zu vermeiden. Wichtig ist beim sog. Spiegeln, nicht zu bewerten, die Sichtweise der anderen Person darzustellen und sich kürzer zu fassen als das Gegenüber. Der Gesprächspartner kann jedoch bei dieser Form des Zuhörens den Eindruck gewinnen, er könne sich nicht klar genug ausdrücken. Deshalb ist es sinnvoll, das umschreibende Zuhören auf Kernaussagen zu beschränken. Eventuell kann das umschreibende Zuhören auch eingeleitet werden mit Überleitungen wie „Verstehe ich dich richtig?" „Das, was du sagst, fasse ich so auf..." „Wenn ich das richtig erfasst habe, dann geht es Ihnen darum..." etc.

Wichtig beim umschreibenden Zuhören ist jedoch, sich mit der eigenen Meinung, mit Fragen oder gar Ratschlägen zurückzuhalten.

Eine wichtige Übung für das umschreibende Zuhören ist der kontrollierte Dialog.

> **Gruppenübung: Kontrollierter Dialog**
> Zwei Gesprächspartner vereinbaren ein Thema, zu dem sie kontroverse Standpunkte haben, und diskutieren miteinander unter Beachtung der folgenden Regel:
> Es darf erst etwas entgegnet werden, nachdem mit eigenen Worten wiedergegeben wurde, was der Partner in seiner letzten Äußerung gesagt hat, und nachdem dieser durch ein klares Ja zu verstehen gegeben hat, dass er richtig wiedergegeben wurde.
> Wenn die Übungsteilnehmer mit dieser Regel noch unvertraut sind, kann eine dritte Person als Schiedsrichter zur Verfügung stehen. Diese kann als neutraler Außenstehender den beiden helfen, tatsächlich den anderen wiederzugeben, ohne die Äußerung mit der eigenen Meinung zu färben.

Aktives Zuhören

Hierbei wird nicht nur darauf geachtet, was der andere sagt, sondern auch wie er es sagt. D.h., beim aktiven Zuhören wird neben der inhaltlichen auch noch die gefühlsmäßige Botschaft wiedergegeben. Die Hilfsfragen des aktiven Zuhörers lauten:
➤ Was empfindet mein Gesprächspartner?
➤ Was ist ihm an dem, was er gerade äußert, wichtig?
➤ Wie ist ihm zumute?
➤ Welche Interessen verfolgt er damit?

Der Mediator wird sich in den Medianten hineindenken und hineinfühlen und er wird nicht die ganze Aussage wiedergeben, sondern das, was zwischen den Worten mitschwingt. Die Vorteile des aktiven Zuhörens sind, dass es in besonderer Weise ein Klima des Vertrauens und der Verbundenheit begünstigt. Gesprächspartner haben den Eindruck, dass sie hier voll und ganz verstanden werden. Dennoch ist es behutsam einzusetzen. Durch die Offenlegung der eigenen Gefühle können sich die Streitparteien auch voreinander bloßgestellt fühlen.

Diese drei Formen des Zuhörens sind Gesprächsförderer, durch die man dem Gesprächspartner zeigen kann, dass man an seinen Gedanken und Empfindungen teilnimmt. Der Gesprächspartner fühlt sich dadurch ermutigt weiterzusprechen. Die Botschaften dieser Gesprächsförderer lauten sinngemäß: „Ich möchte gerne verstehen und noch besser erfassen, was Sie meinen" und: „Ich bin interessiert an dem, was Sie sagen." Transaktionsanalytisch gesehen kann man diese Gesprächsförderer der Erwachsenen-Ich-Ebene zuordnen. Es geht um den Austausch und das Prüfen von Informationen mit dem Ziel, den anderen optimal zu verstehen.

10.3.3 ... dann reden

Weitere Gesprächsförderer für den Mediator sind z.B. das **Nachfragen**[36]. Im Gegensatz zum Ausfragen oder inquisitorischen Fragen drückt das Nachfragen Verständnis und den Wunsch nach mehr Informationen aus. Typische Wendungen sind:
➤ „Können Sie mir gerade ein Beispiel dafür geben?"
➤ „Was bedeutet das für Sie?"
➤ „Ich kann mir das im Moment noch nicht richtig vorstellen."

Hierbei ist es allerdings wichtig, keine Fragen zu stellen, ohne den Hintergrund zu erläutern. Weiterhin das **Zusammenfassen** oder auf den Punkt bringen. Oftmals fällt es Medianten schwer, ihr Anliegen knapp und präzise darzustellen, vielmehr schildern sie ausufernd Situationen und Begebenheiten, wobei sie womöglich den roten Faden verlieren. Hier ist es wichtig, immer wieder zusammenzufassen und wiederzugeben und so die Kernanliegen herauszuarbeiten.

36: Nach Christian-Rainer Weisbach, *Professionelle Gesprächsführung*.

Eine weitere Technik ist das **In-Beziehung-Setzen**. In diesem Gesprächsverhalten kann das Gehörte durch den Mediator nach dem Schema „einerseits-andererseits, teils-teils, sowohl-als auch, weder-noch" geordnet werden. Oftmals führen innere Ambivalenzen zu äußeren Spannungen. Dies ist den Beteiligten oft nicht bewusst. Die Mediatorin kann durch das In-Beziehung-Setzen eine Sortierhilfe leisten und die verschiedenen Aspekte deutlich machen, indem sie sie einzeln benennt. So findet dann das Gegenüber leichter heraus, welcher dieser Aspekte ihm der wichtigere ist und welchen er weiterverfolgen möchte.

Schließlich das **Weiterführen** und Denkanstöße geben.
Typische Impulse für Weiterführen und Denkanstöße geben lauten:
➤ Was wäre wenn?
➤ Welche Konsequenzen hätte das?
➤ Wie würde das aussehen?
➤ Was würde passieren?
➤ Was könnte schlimmstenfalls geschehen?

Oftmals ist es wichtig, insbesondere beim Negativen anzusetzen: Was könnte schlimmstenfalls geschehen? Gesprächspartner schrecken vor bestimmten Verhaltensweisen zurück, weil sie bestimmte Konsequenzen fürchten. Indem man nun das Schlimmste mit ihnen durchspielt, können sie feststellen, dass sie handlungsfähig bleiben, auch wenn das Schlimmste, was sie befürchten, eintritt.

Positiv gilt es, **Wünsche und Interessen** herauszuarbeiten. Ein klar formulierter Wunsch bedeutet noch lange nicht, dass jetzt die Parteien diese Wünsche direkt umsetzen können. Indem sie sich über ihre Wünsche und Interessen klar werden, erweitern sie ihre Handlungsaspekte und können prüfen, was sie davon tatsächlich umsetzen wollen.

Schließlich ist es hilfreich, bei allem auf einschränkende Formulierungen wie „eigentlich", „an sich", „könnte", „müsste" etc. zu achten und auf sog. **Glaubenssätze**, d.h. gewonnene Vorstellungen über sich selbst, andere Personen und die Situationen, die ungeprüft für wahr genommen werden: „Ich muss immer alles perfekt machen." „Ich muss immer wissen, was auf mich zukommt."

10.3.4 Nicht Abwertung, sondern Anerkennung

Abwerten oder auch Missachten (engl. to discount) ist uns aus alltäglichen Gesprächssituationen vertraut: übersehen, vergessen, vermeiden, nicht wichtig nehmen, herunterspielen, bagatellisieren, leugnen usw[37]. Der in Konflikten so häufig spürbare Eindruck, aneinander vorbeizureden, resultiert oft daraus, dass sich die Streitenden in Bezug auf das Thema auf verschiedenen Stufen des Problembewusstseins befinden. Dann macht es natürlich keinen Sinn, Lösungsmöglichkeiten anzusprechen, wenn der Kontrahent das Problem als solches

---

37: Ich folge hier Manfred Gührs/Claus Novak, *Das konstruktive Gespräch*, S. 111ff.

oder seine Bedeutung nicht sieht oder nicht sehen will. Erst wenn beide das Problem wahrnehmen, es als bedeutsam anerkennen und Verhaltensalternativen in Betracht ziehen, hat es Sinn, über eine Lösung bzw. eine Änderung zu sprechen.

Menschen, die nicht einmal Gegebenheiten wahrnehmen, die auf eine Schwierigkeit hinweisen (z.B. aufkeimenden Ärger nicht fühlen oder Gefahrenquellen nicht sehen), sind noch weit entfernt von einem konstruktiven Umgang mit Problemen. Dieses – wie die TA sagt – Missachten kann sich in regelrechten Wahrnehmungsstörungen äußern. Der Druck, Problemen auszuweichen, ist so hoch, dass nur durch das Ausblenden einer offensichtlichen Realität ein inneres Gleichgewicht aufrechterhalten werden kann. Einem konstruktiven Umgang mit Problemen nahe sind Konfliktparteien, wenn sie die relevanten Gegebenheiten wahrnehmen, die Bedeutung von Problemen für sich und andere realistisch einschätzen, unterschiedliche Handlungsweisen in Betracht ziehen und die angemessenste Alternative wählen können.

Zur Illustration ein Beispiel aus der Schulmediation[38]:

Eine Lehrerin bemerkt während der Pausenaufsicht, dass mehrere Jungen auf dem Schulhof einen anderen verprügeln, und schreitet ein.
Lehrerin: „Ich bin empört, dass ihr den Bastian so brutal geschlagen habt. Ich erwarte von euch, dass ihr das wieder in Ordnung bringt."
1. Schüler: „Worüber regen Sie sich eigentlich auf? Da war doch gar nichts los."

Transaktionsanalytisch gesehen handelt es sich bei dieser Antwort um die Strategie des Missachtens oder der Abwertung. Der Schüler leugnet, dass überhaupt etwas vorgefallen ist, d.h., sein Vermeiden, Nicht-wichtig-Nehmen, Herunterspielen, Bagatellisieren in Bezug auf die tatsächlich vorhandene Realität (Prügelei) ist sehr grundsätzlich.

Die Transaktionsanalyse unterscheidet hier verschiedene Stufen der Abwertung. Dieser Schüler bestreitet die **Existenz** eines Problems.

Die Lehrerin lässt nicht locker: „Ich habe die Prügelei genau gesehen. Das war schlimm."
2. Schüler: „Der Bastian soll sich bloß nicht so anstellen. Die paar Knuffe können doch gar nicht weh getan haben."

Nachdem also die Existenz des Problems, sprich der Prügelei, nicht mehr bestritten werden kann, bestreitet der 2. Schüler nun die **Bedeutung:** Handelt es sich um eine brutale Schlägerei oder lediglich um ein paar Knuffe, die nicht weh getan haben?

Nachdem die Lehrerin auch hierauf reagiert und auf die blutende Nase von Bastian verweist, sagt der 3. Schüler: „Na gut, aber dieser blöde Quatschkopf hält doch sowieso nicht die Klappe, wenn er nicht ab und zu etwas draufkriegt."

38: Nach Manfred Gührs/Claus Novak, *Das konstruktive Gespräch*.

Dieser Schüler behauptet nun, das Problem sei gar nicht vermeidbar bzw. nicht anders lösbar. Man kann hier nicht anders vorgehen. Die TA nennt dies die Ebene der **Veränderbarkeit**.

Natürlich lässt die Lehrerin auch jetzt nicht locker, sondern verweist auf die Klassenregeln zum Umgang mit Konflikten, die im Sozialkundeunterricht vereinbart worden sind, wobei ausdrücklich erwähnt wurde, dass Gewalt als Mittel der Konfliktlösung ausgeschlossen ist. Darauf der 4. Schüler: „Na gut, wir haben das im Unterricht besprochen, das stimmt, aber wenn der Bastian sein Maul so aufreißt, dann kann ich nicht anders, dann muss ich ihm einfach eine verpassen."

Dieser Schüler bestreitet seine **persönliche Fähigkeit**, in dieser Situation anders zu reagieren.

Dieses Beispiel, das leider sehr alltäglich ist, illustriert gut die Stufen der Abwertung, die die TA identifiziert hat. Jemand spricht ein Problem an, das wirklich existiert, andere sehen das Problem nicht oder bewerten es anders:
➤ Der 1. Schüler bestreitet überhaupt, dass ein Problem existiert: „Ich weiß nicht, was Sie haben, da war doch gar nichts."
➤ Der 2. Schüler spielt die Bedeutung des Problems herunter: „Das macht doch nichts, das spielt doch keine Rolle."
➤ Der 3. Schüler behauptet, dass mit der Situation nicht anders umzugehen sei, da kann man halt nichts anderes machen.
➤ Und der 4. Schüler sieht keine persönliche Möglichkeit, sich anders zu verhalten: „Ich kann nicht anders."

Blindheit, Vernebelung, Scheuklappen und Dummstellen sind allgegenwärtige Strategien im Umgang mit Konflikten. Abwerten im transaktionsanalytischen Sinne als Nicht-Wahrnehmen oder Verdrängen eines bestehenden Problems oder seiner Lösungsmöglichkeiten ist allerdings keine kalkuliert eingesetzte Strategie. Vielmehr ist derjenige, der auf eine der vier Stufen ein Problem abwertet, in diesem Moment mit seiner eingeschränkten Sicht der Realität identifiziert. Dies wiederum gibt dem Mediator oder der Mediatorin eine Chance, die eingeschränkte Realitätswahrnehmung ebenso geduldig wie konsequent zu konfrontieren, um so aufsteigend von Stufe zu Stufe zu einer Lösung des Problems zu kommen.

Es zeigt sich dann, dass man die Stufenleiter der Abwertung auch in umgekehrter Richtung beschreiben kann und damit ein hervorragendes Instrument zur Lösung von Problemen hat:
1. Stufe: Was ist das Problem? (für mich, für die anderen)
2. Stufe: Was bedeutet das Problem? (was hängt für mich und die anderen davon ab?)
3. Stufe: Was kann oder soll anders werden? (Alternativen und Zieldefinition)
4. Stufe: Was werde ich wann tun, um dieses Ziel zu erreichen?[39]

39: Übernommen von Ute und Heinrich Hagehülsmann, *Der Mensch im Spannungsfeld seiner Organisation*, S. 242.

Abb.: Abwertungsschema

Dieses Schema der Problemlösung ähnelt auf erstaunliche Weise dem Grundgerüst der Mediation. Offenbar hat hier die Transaktionsanalyse eine allgemein sinnvolle Verfahrensweise formuliert, um einerseits Problemebenen zu identifizieren und andererseits ein Problem einer Lösung zuzuführen.

Die Transaktionsanalyse ordnet dem Abwertungskomplex auch bestimmte Transaktionstypen zu: tangentiale und blockierende. Diese bezeichnen unterschiedliche Grade der Intensität, mit denen jemand einem bestimmten Stimulus ausweicht. Bei tangentialen Reaktionen wird der Focus leicht verschoben (die Tangente berührt in der Geometrie den Kreis an seinem Rand), bei blockierenden Transaktionen wird die Gesprächsgrundlage überhaupt zur Disposition gestellt. Beispiel:

Mediator: „Welche Gefühle sind für Sie mit diesem Vorgang verbunden?"
Mediant: „Gefühle sollten im Arbeitsleben überhaupt keine Rolle spielen." (blockierende Transaktion bzw. Reaktion)

Weiteres Beispiel:

Mediator: „Welches Thema wollen Sie in unserer nächsten Sitzung besprechen?"

Mediant: „Sollten wir die nächste Sitzung wieder mit Pause oder besser ohne Pause machen?" (tangentiale Reaktion) Der Focus wird von den inhaltlichen Themen auf die formale Gestaltung (Pause der Sitzung) verschoben.

Abwertungen und entsprechende Transaktionen sind mehr oder weniger bewusste Formen, eine zielgerichtete, verantwortliche und aufrichtige Umgangsweise mit Konflikten zu vermeiden. In der Konsequenz führen sie zum Aufrechterhalten des negativen Status quo. Abwertung ist auch eine der am häufigsten anzutreffenden Vermeidungsweisen in Konflikten. Sprichwörtlich geworden ist die Äußerung „Das ist dein Problem". In Anlehnung an Glasls Konfliktdefinition haben wir oben schon verdeutlicht, dass ein Konflikt auch dann besteht, wenn nur eine Seite ein Problem hat. Dann besteht nämlich für beide Seiten eine Aufgabe. Und die TA gibt eine Anleitung, wie mit dieser Aufgabe umzugehen ist: ihre Existenz wahrnehmen, ihre Bedeutung, Veränderungsmöglichkeiten und persönliche Umsetzungen in den Blick nehmen.

Gruppenübung:
Die Teilnehmer führen in Zweiergruppen Konfliktgespräche und trainieren dabei bewusst den Umgang mit tangentialen und blockierenden Transaktionen oder Stufen der Abwertung.

Vorgegeben ist eines der folgenden Beispiele:
Die Teilnehmer erproben mögliche Antworten, Reaktionen oder Interventionen.

Tangentiale Transaktion
Mediator: „Verstehen Sie, welches Problem X mit Ihrem Verhalten hat?"
Klient: „Ich verstehe, dass X immer Probleme hat."

Mediator: „Sehen Sie noch eine Chance zur Lösung?"
Klient: „Ich sehe, dass bei ihm keine Bereitschaft ist."

Blockierende Transaktion
Mediator: „Können Sie das verstehen?"
Klient: „Ich bin nicht dafür zuständig." Etc.

Abwertungen
Nachdem der Sachbearbeiter eine Aktion von einer Kollegin als übergriffig empfunden hatte, geht er aus dem Kontakt. Er ist weder persönlich ansprechbar noch reagiert er auf Mails. In der Angelegenheit der Projektkoordination geht er nicht auf die Kollegin zu und unternimmt nichts.

10.3.5 Zwei nützliche Techniken

10.3.5.1 Moderation für Mediatorinnen

Sind die Wünsche der Konfliktparteien im kontrollierten Dialog ermittelt, sind die Befürchtungen nicht abgewertet, sondern respektiert worden, so müssen diese Issues für den weiteren Gesprächsgang übersichtlich festgehalten werden. Unter Verwendung der **Kartenabfrage** aus der **Moderationsmethode** notiert der Mediator – besser noch die Kontrahenten selber – die einzelnen Issues auf Kärtchen.

Die Moderationsmethode ist seit einigen Jahren in Gebrauch und entsprechend elaboriert[40]. Die Haltung des Moderators ist derjenigen des Mediators verwandt: Auch der Moderator ist nicht für das Ergebnis einer Besprechung verantwortlich, wohl aber für den Prozess der Ergebnisfindung. Moderatoren haben die Aufgabe, die Arbeitsgruppen so anzuleiten, dass sie optimal arbeitsfähig sind. Die Moderationsmethode verfügt über verschiedene Techniken, von denen ich diejenigen demonstriere, die für den Mediator von Nutzen sind.

Techniken für die Einleitungsphase einer Mediation

Hier kommt es darauf an, die Einstellung der Teilnehmer zum Problem, zueinander und zur Situation zu thematisieren und sie für die Mediation zu erwärmen. Dazu kann die Moderationstechnik des **Blitzlichts** mit der **Ein-Punkt-Frage** kombiniert werden.

Das Blitzlicht gibt den Teilnehmern die Möglichkeit, in einem kurzen Beitrag ihre gegenwärtige Befindlichkeit anzusprechen:
➤ Wie geht es mir?
➤ Was hat mich beim Herkommen bewegt?
➤ Was liegt mir auf der Seele in Bezug auf diese Veranstaltung?

Mit Hilfe der Ein-Punkt-Frage (mit einem Klebepunkt zu beantworten) können diese Einstellungen und Haltungen visualisiert werden:

Techniken zur Erhebung der Sichtweise der einzelnen Konfliktparteien, zur Themensammlung und Strukturierung

In dieser Phase der Sammlung der Issues ist die einfachste Technik die **Zuruffrage**. Sie ist insbesondere für Gruppen geeignet, in denen das Konfliktniveau nicht sehr hoch ist und

---

40: Es gibt zahlreiche Literatur; ich greife zurück auf Karin Klebert/Einhard Schrader/Walter Straub, *Kurz-Moderation*.

entsprechend offen kommuniziert werden kann. Der Mediator bittet die Konfliktbeteiligten, ihm brainstormingartig alles zuzurufen, was ihnen zum Thema einfällt. Er sammelt alle Äußerungen auf einem Plakat. Anschließend werden sie zusammen mit der Gruppe geordnet.

Wenn nicht das Brainstorming im Vordergrund steht, sondern die deutliche Äußerung einer Partei, dann bietet sich die **Kartenabfrage** an. Dabei schreiben die Mediationsteilnehmer ihre Äußerungen auf Karten, die anschließend an der Tafel sortiert („geklumpt" bzw. „geclustert") werden. Je nach Größe der Gruppe kann es hilfreich sein, für einen ersten Durchgang die Anzahl der Karten zu begrenzen und die Teilnehmer aufzufordern, sich zunächst auf ihre wichtigsten Issues zu konzentrieren. Die Sortierarbeit erfolgt im Gespräch mit der Gruppe, wobei der Mediator keine Sortierkriterien vorgibt, sondern die Medianten auffordert, nach Zusammenhängen zwischen den Issues zu suchen und am Ende Überschriften für die Klumpen oder Cluster zu finden.

Kriterien für eine Zuordnung können bestimmte Fragestellungen sein:
➤ Was lässt sich sinnvoll gemeinsam bearbeiten?
➤ Wofür lassen sich ähnliche Lösungen vorstellen?

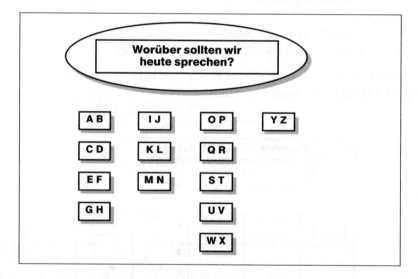

Die einzelnen Cluster/Themenkomplexe werden nummeriert und mit einem Filzstift umrahmt. Die Themenkomplexe können, nachdem sie benannt worden sind, ebenfalls mit Hilfe einer Ein-Punkt-Frage gewichtet werden, sodass nicht eine Werthierarchie, wohl aber eine sinnvolle Reihenfolge für die mediatorische Bearbeitung hergestellt wird. Folgende Fragestellungen bieten sich hier für diesen Strukturierungsgang an:
➤ Wie stark fühle ich mich durch das Problem belastet?
➤ Wie viel Energie bin ich bereit, auf die Lösung des Problems zu investieren?
➤ Wie wichtig ist das Problem für meine tägliche Arbeit?
➤ Wie sehr interessiert mich das Problem?

Die Themen werden nun in der Reihenfolge ihrer Wahl in den Problemspeicher/Themenspeicher eingetragen. Dieser dient der Diskussion als roter Faden.

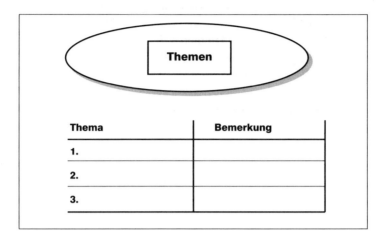

Techniken für die Phase der Konflikterhellung/Vertiefung

Für die Problembearbeitung bietet es sich an, sich jeweils ein Thema vorzunehmen und dies bei entsprechender Größe der Mediatengruppe ggf. auch in Kleingruppen parallel zu diskutieren. Die Kleingruppen bekommen ein Plakat an die Hand, das ihren Diskussionsprozess strukturiert. Hier gibt es verschiedene Möglichkeiten, die der Gruppe helfen, Widersprüche und Gemeinsamkeiten deutlich werden zu lassen. Z.B.

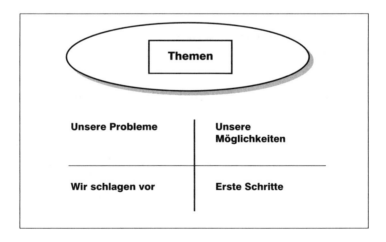

Oder:

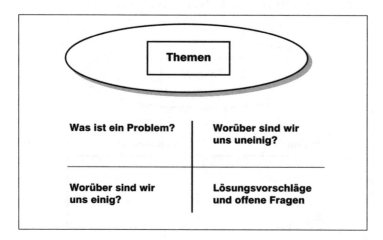

Diese Plakate helfen der Kleingruppe bzw. der Mediationsrunde, nach jeder Diskussion ein Ergebnis zu finden unter folgenden Gesichtspunkten:
1. Worüber haben wir bereits Konsens?
2. Worüber müssen wir uns einigen?
3. Was können, was müssen wir tun?

Wenn sich die Phase der Problembearbeitung über einen längeren Zeitraum erstreckt, was nicht ungewöhnlich ist, so ist es immer wichtig, zwischendurch das Arbeitsklima der Gruppe zu erheben, z.B. mit folgenden Ein-Punkt-Fragen:
➤ Sind wir mit unserer Diskussion noch auf dem richtigen Weg?
➤ Wenn ich an die vor uns liegende Arbeit denke, dann geht es mir ...

Techniken für den Entwurf von Lösungen und das Fixieren der Übereinkunft

Am Ende der Mediation, wenn der gesamte Themenkatalog abgearbeitet ist, steht das Ergebnis. Dies kann ebenfalls anhand eines Plakats visualisiert werden. Bei der Ergebnissicherung ist es hilfreich, mehrere Spalten zu haben. Neben der Nummer des Themas auch Tätigkeiten, die mit dem Ergebnis verbunden sind. Diese sollten so konkret wie möglich sein, und sie sollten ggf. enthalten, wer dafür verantwortlich ist, mit wem und bis wann, und Bemerkungen, die zu der Art der Durchführung gegeben werden können:

Fünf Schritte zum Ziel • 107

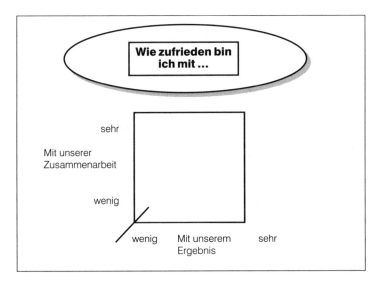

Der Abschluss einer Mediation bezieht sich auf mehrere Ebenen. Neben dem inhaltlichen, sachlichen Ergebnis steht die Reflexion des Prozesses, durch den das Ergebnis zustande gekommen ist. Hierfür eignen sich wiederum Ein-Punkt-Fragen:

Und schließlich ist auch das Ausdrücken der Gefühle wesentlich, die mit dem Prozess und der Einigung verbunden sind:

Solche Ein-Punkt-Fragen werden natürlich nicht erst nur am Ende einer gesamten Mediation gestellt, sondern sie sind ebenfalls sehr hilfreich am Schluss einer einzelnen Mediationssitzung: Wie zufrieden bin ich mit dieser Sitzung?

10.3.5.2 Ein Bild sagt mehr als tausend Worte[41]

Du sollst dir ein Bildnis machen! Jedem Konflikt eignet eine affektive, gefühlshafte und gleichzeitig oft verborgene Ebene. Die Erhebung und Analyse der Issues kann helfen, die kognitive Dimension eines Konfliktes zu erfassen und zu bearbeiten. Wie kann aber die emotionale Dimension erhellt werden?

Hier kann der Einsatz von Metaphern eine wichtige Hilfe sein, Konflikte in ihrer Tiefendimension zu verstehen und zu lösen, denn Metaphern sind sprachliche Gebilde, in denen die abbildende Funktion von Sprache in besonders qualifizierter Weise eingesetzt wird[42]. Manchmal unternimmt ein Mediator viele Anstrengungen, die Kommunikations- oder Beziehungsstörung, die einer Konfliktlösung im Wege steht, zu entschlüsseln: Man sucht, man fragt, man grübelt. Aber wenn man die Sache in eine Metapher übersetzt, dann kann man plötzlich merken: Das „Buch mit den sieben Siegeln" öffnet sich. Problemdeutung und Lösung sind schon da. Zur eigenen Überraschung und zur Überraschung der Klienten.

41: Ausführlich: Karl-Heinz Risto, *„Du sollst dir ein Bildnis machen" – Einsatz und Konstruktion von Metaphern in der Mediation.*

42: Im Unterschied zu Symbolen, bei denen die Bedeutung durch kulturelle Konvention eher vorgegeben ist (Rotes Kreuz ...), lassen Metaphern daneben auch einen Freiraum für individuelle Ableitungen.

Ein Beispiel: Im alten Rom proben die Plebejer, die Angehörigen der Unterschicht, den Aufstand. Sie wollen nicht länger für die – ihrer Meinung nach – faule Adelsschicht schuften und drohen mit Auswanderung. Am Stadttor werden sie nur aufgehalten durch die Rede eines Philosophen. Der erzählt ihnen die Fabel vom Aufstand der Glieder des Körpers gegen den faulen Magen – und wie es diesen Gliedern ziemlich schlecht bekam, als sie den Magen bestreikten.

Eine geniale Metapher! Das Bild von den Gliedern und dem Magen artikuliert das rumorende Gefühl der Plebejer, dass sie viele seien, die hart arbeiten und viel leisten, während eine kleine Schicht sozusagen in der Mitte sitzt, sich versorgen lässt und selbst anscheinend nichts tut. Aber das Bild geht über die Abbildung dieses Gefühls hinaus. Es verweist darauf, dass trotz des ersten Eindrucks möglicherweise noch eine andere, gegenseitige Abhängigkeit zwischen Plebejern und Adel besteht, sodass es ihnen ohne den Adel ähnlich schlecht ergehen könnte, wie den Gliedern ohne den Magen. Ergebnis: Die Plebejer kehren in die Stadt zurück und beginnen, mit dem Adel über eine andere Verteilung der Rechte und Befugnisse zu verhandeln. – Wie immer man zu gewerkschaftlichen Forderungen steht, jener Philosoph verstand etwas von Metaphern.

Der Gebrauch von Bildern, Geschichten und Metaphern hat seit der Antike eine Tradition in Rhetorik und Argumentationstechnik. Für den Mediationsprozess sind die kommunikativen Vorzüge des Gebrauchs von Metaphern jedoch bislang noch nicht ausreichend untersucht worden. Lediglich Nina Dulabaum bringt in ihrem Mediations-ABC einige Ausführungen zum Stichwort.

Vergleichen und Abbilden gehören zu den elementaren Funktionen von Sprache. Ständig greifen wir auf Bekanntes zurück, um Unbekanntes zu veranschaulichen, auf Konkretes, um Abstraktes zu beschreiben. Wenn solches Vergleichen und Abbilden bewusst, individuell und gezielt erfolgt, entstehen Metaphern als eigenständige Instrumente des Konfliktmanagements. Der Einsatz von Metaphern als Form von Konfliktbearbeitung auf der analogen Ebene ist ebenso trainierbar wie die digitale Bearbeitung im Prozess der Klärung der Issues. Ich werde dazu einige Anleitungen geben. Ich tue dies, indem ich drei Fragen beantworte:
1. Was ist eine Metapher?
2. Was bedeutet Metapher in einem Mediationsgespräch?
3. Wie baut man eine wirksame Metapher?

Zugleich zeige ich den Nutzen des Gebrauchs von Metaphern auf.

Was ist eine Metapher?

Eine Metapher ist eine Übertragung eines Sachverhaltes in ein Bild. Dieser Vorgang will zu einem (neuen) Verständnis des Sachverhalts führen, indem er die Partner einlädt, ihr Urteil über die bekannte und verständliche Bildebene auf den weniger deutlichen Sachverhalt zu übertragen. Wenn in einem Konflikt die Parteien feststecken und die Augen vor den negativen Auswirkungen einer andauernden Beziehungsstörung verschließen, könnte man z.B.

von einem „Vogel-Strauß-Verhalten" sprechen. Durch diesen Vergleichs- oder Verfremdungsvorgang werden bislang missachtete Aspekte des Konflikts klarer, hier z.B. bewusst oder unbewusst ignorierte Signale (erkenntnisorientierter Nutzen). Und damit treten auch alternative Möglichkeiten zutage, hier z.B. neue Verhaltens- oder Kooperationsmöglichkeiten (handlungsorientierter Nutzen).

Was bedeutet Metapher in einem Mediationsgespräch?

Verschiedenes:
- ganz allgemein eine bildhafte Sprache;
- eine spontane Assoziation;
- ein für ein Mediationssystem maßgeschneidertes Bild bzw. eine
- maßgeschneiderte Geschichte;
- innere Bilder des Mediators, die er seinem Gegenüber mitteilt.

In den oft anstrengenden und mühsamen Prozess der Mediation bringt der bewusste Einsatz von Metaphern das Moment der Kreativität. Dies entkrampft und setzt – wie gesagt – Lösungsenergie frei. Und schließlich bindet der Deutungsvorgang beide Parteien ein und lässt sie auf ihrem Weg zum Konsens ein Stück vorankommen (prozessorientierter Nutzen).

Die **Transaktionsanalyse** würde Metaphern als einen Einsatz positiver Angulärtransaktionen bezeichnen. Hierbei sind die Rationalität des Erwachsenen-Ichs und die Kreativität des Kind-Ichs der Betroffenen gemeinsam an der Kommunikation beteiligt, d.h., die Konfliktparteien bringen so zwei wichtige Konfliktlösungspotenziale in ein Arbeitsbündnis ein.

Wenn Mediatoren ihrerseits eine Metapher zum Verständnis eines Konflikts anbieten, so wird dies von den Konfliktparteien – unabhängig von der Deutung der Metapher – oft als „Beziehungsgeschenk" empfunden und stabilisiert das Vertrauen zum Mediator (beziehungsorientierter Nutzen). Damit komme ich zu der Frage:

Wie baut man eine wirksame Metapher?

Um Wirklichkeit wirksam abzubilden, ist es notwendig, Informationen zu sammeln. Denn es ist wichtig, dass die Metapher die Struktur der wirklichen Situation enthält. Also: Personen und Ereignisse, die in der Metapher auftauchen, müssen Personen und Ereignissen in der Situation entsprechen.

Wenn ich im Mediationsgespräch einem Klienten eine Geschichte erzähle, so wird er versuchen, sie in Beziehung zu setzen zu dem Problem, das ihn beschäftigt, und die Geschichte aus dieser Sicht verstehen. Diesen Vorgang nennt man Ableitungssuche. Und je nachdem, wie die Metapher in das Weltmodell des Klienten passt, kann er sie als Beschreibung oder Lösung in seine eigene Situation einbauen. Wichtig ist, dass die Beziehungen der Personen und Ereignisse innerhalb der Metapher dieselben sind wie die Beziehungen innerhalb der Situation. Dann ist jede Illustration, jeder Kontext möglich.

Eine Metapher, die sich gut im Bereich Familien- oder Team-Mediation anwenden lässt, ist das „Schiff". Ich lasse die Klienten beschreiben, um was für ein Schiff es sich handelt: ein Handelsschiff, eine Galeere, ein Kriegsschiff, einen wendigen Segler …?
➤ Wer ist der Kapitän?
➤ Wer gehört zur Mannschaft? Was macht die Mannschaft?
➤ Wer bestimmt den Kurs? …
➤ Und was passiert wohl, wenn ein Sturm losbricht …

Praxisbeispiele: Wozu nutzt eine Metapher?

„Eine Metapher drückt die eine Sache in den Begriffen einer anderen aus, wobei diese Verknüpfung ein neues Licht auf die beschriebene Sache wirft" (Sheldon Kopp). Eine Metapher ist also eine neuartige, überraschende und erhellende Darstellung eines angeblich schon bekannten Sachverhalts.

In der *Paarmediation* wird ein Klient z.B. aufgefordert, seine Vorstellung von einer Partnerbeziehung mit einer Pflanze zu vergleichen. Er wählt als Metapher für seine Wünsche eine „duftende Rose". Man kann nun mit ihm in ein Gespräch eintreten, welche Aspekte der Rose er wahrnimmt – Duft, Schönheit usw. – und welche nicht. Und man kann ihn darauf hinweisen, dass auch die schönste Rose naturgemäß Dornen hat, die gar nicht so angenehm sind. So wird er mit Hilfe der Metapher angeleitet, auch problematische Aspekte seiner Ehe/Beziehung als ganz natürlich zu erkennen, sie zu benennen und sich damit auseinander zu setzen.

Schulmediation: Ein Schulleiter fühlt sich angesichts der vielen Konflikte, die er zu bewältigen hat, wie der „Mülleimer des ganzen Ladens". Anstatt ihm nun dieses wenig attraktive Selbstbild ausreden zu wollen, kann man zu ihm sagen: „Um funktionieren zu können, muss jeder ordentliche Mülleimer von Zeit zu Zeit auch ausgeleert werden." Damit wäre ein Bild gefunden, das schon Alternativen enthält oder andeutet, die im anschließenden Beratungsprozess genutzt werden können.

Fazit

Das Wissen über Metaphern ist in der Mediation besonders effektiv einsetzbar, da Mediation auf Veränderung zielt. Der Vorteil der Metapher ist, dass sie nicht digital, sondern analog kommuniziert. Sie transportiert einen Sachverhalt auf eine Bildebene. Dort werden neue Aspekte deutlich, die dann bei der Rückübertragung eine neue Perspektive in der Realität eröffnen.

Arbeit mit Metaphern verändert so den Bezugsrahmen von Einzelnen und von Konfliktsystemen. Es erweitert ihre Wahrnehmungs-, Emotions- und Handlungsmuster. Und – was in festgefahrenen Konfliktsituationen besonders wichtig ist – Arbeiten mit Metaphern unterstützt Visionen für Veränderungsprozesse.

Übungen

Metaphern bieten einen dreifachen Nutzen für die Mediation:
1. Verfremdung lässt neue und unbekannte Aspekte des Konfliktes zum Vorschein kommen = *erkenntnisorientierter Nutzen;*
2. neue Dimensionen in der Lösung treten zutage = *handlungsorientierter Nutzen;*
3. Metapher bindet beide Parteien ein = *prozessorientierter Nutzen.*

Gruppenübung: Selbsterfahrung

Die Teilnehmer finden in Partnergruppen Metaphern füreinander (Pflanze, Tier, Gegenstand) und tauschen sich über deren Dimensionen aus.

Analyse:
➤ „Was habe ich über mich Neues erfahren?"
➤ „Wie kann ich nun mein Verhaltensspektrum erweitern?"
➤ „Wie hat dieses Gespräch unsere Beziehung verändert?"
(3facher Nutzen)

Professionelle Erfahrung

Die Teilnehmerinnen finden für eine berufliche Konfliktsituation selber eine Metapher; Beraterin leitet sie dazu an und erörtert die verschiedenen Dimensionen der Metapher und sucht nach Lösungen auf der metaphorischen Ebene

Analyse: 3facher Nutzen

Mediationsübung

Beratung zu dem Anfangsproblem: Beraterin sucht im Gespräch für das Anfangsproblem der Klientin eine Metapher und führt auf dieser Basis das Gespräch.
Welche Lösungen beinhaltet die Metapher, die ursprünglich nur das Problem beschreiben sollte?

Weiterführende Literatur: David Gordon, *Therapeutische Metaphern*, Paderborn 5. Aufl. 1995; Alexa Mohl, *Das Metaphern-Lernbuch*, Paderborn 2. Aufl. 2001.

10.4 Dritte Phase: Erhellung der Konflikthintergründe

In der dritten Phase geht es um die Konflikterhellung und ein vertieftes Verständnis der Auseinandersetzung. In dieser Phase ist die Mediatorin bestrebt, die Hintergründe herauszuarbeiten, das sind i.d.R. Interessen und Gefühle, die hinter den Issues stehen. Noch werden keine Lösungen angestrebt. Die Ermittlung der Interessen soll helfen, den „Kuchen" der Möglichkeiten zu vergrößern bzw. durch das Herausarbeiten der mit dem Konflikt verbundenen Gefühle blockierte Energien freizusetzen, die dann kreativ in den Dienst der Lösungssuche gestellt werden.

10.4.1 Vom Nutzen der Gefühle in der Mediation

Zunächst stellt sich die Frage nach dem Stellenwert von Gefühlen in der Mediation: Soll man überhaupt auf Gefühle eingehen oder ist dies eher nachteilig? In der innerbetrieblichen Mediation wird die Bedeutsamkeit von Emotionen oft verneint: Es gehe um Sachfragen, wird argumentiert. Gefühle gehörten in ein therapeutisches Setting und stören die sachliche Einigung. In der Scheidungsmediation mag das Aufflackern von heftigen Aggressionen eine Einigung gefährden. Manche Mediatoren missbrauchen dann die sog. Technik des Normalisierens, um nicht auf die Gefühle der Beteiligten einzugehen: „Am Ende einer Ehe ist man nun mal wütend ..."[43] Dagegen steht die Auffassung: Gefühle helfen Probleme zu lösen. Ich teile diese Auffassung. M.E. ist es hilfreich, in der Phase der Konflikterhellung neben der Erhebung der Interessen und Bedürfnisse auch die Gefühle der Konfliktparteien ausdrücken zu lassen. Damit der Gefühlsausdruck aber konfliktbewältigend wirkt, ist es wichtig, dass der Mediator über eine emotionale Kompetenz verfügt und diese den Konfliktparteien weitervermitteln kann.

Gefühle gehören zur menschlichen Grundausstattung und sie geben Aufschluss über Bedürfnisse und Probleme, die eine Person hat[44]. Dabei sind Gefühle ein ganzheitliches Phänomen, ein seelisches genauso wie ein körperliches: Der Organismus stellt Energie bereit für bestimmte Aktionen zum Zwecke des Überlebens und der Problembewältigung. Das Zurückhalten von Gefühlen bedeutet, dass auch die mit ihnen verbundene Energie zurückgehalten wird, und diese Energie fehlt dann zur Problembewältigung. Und nicht nur dies. Eine gewohnheitsmäßige Rücknahme von Gefühlen führt zu einem energetischen Stau, und dieser äußert sich – da zurückgehaltene Energie nicht einfach „verpufft", sondern sich in unkontrollierter Weise ihren Weg bahnt – in Symptomen und Krankheiten beim Individuum und bei sozialen Organisationen und Gruppen in Intrigen und Spannungen[45]. Deshalb ist es wichtig, Gefühle auszudrücken und mitzuteilen.[46]

43: Vgl. Lis Ripke, Trainingsvideo *Familienmediation*.
44: Ich folge hier Rolf Rainer Kiltz, *Umgang mit Gefühlen*.
45: Können Gefühle in einem Konflikt nicht zugelassen bzw. ausgedrückt werden, kommt es häufig zu einer Verschiebung: Gefühle, die ich bei mir nicht wahrnehme oder anerkenne, werden auf andere übertragen („projiziert": „Nicht ich bin ärgerlich auf dich, sondern du verhältst dich aggressiv!").
46: Dies sagt schon das Synonym: Emotion (lat. *ex-movere* = herausbewegen).

Viele Menschen scheuen dies jedoch und fürchten insbesondere im Konfliktfall ein heilloses Durcheinander von Gefühlen. Das ist als mögliche Erfahrung verständlich, und es ist natürlich wichtig, dass der Gefühlsausdruck der Person, ihrer Situation und ihrer Rolle angemessen ist. Kann ein Gefühl in einer bestimmten Konfliktsituation nicht öffentlich ausgedrückt werden, so ist es wenigstens wichtig, dieses Gefühl bei sich selber zuzulassen.

Die Transaktionsanalytikerin **Fanita English**[47] differenziert bezüglich des Umgangs mit Gefühlen mehrere Stufen:
1. Das Gewahrwerden eines Gefühls.
2. Das Benennen des Gefühls mit einfachen Worten.
3. Das Zulassen des Gefühls bei sich selber.
4. Den Entschluss, ob man es zeigen will oder äußert oder ob man es verbirgt.
5. Den Entschluss, wie man aufgrund des Gefühls handelt.

D.h., es ist wichtig, ein Gefühl bei sich selber wahrzunehmen, es zuzulassen, und es ist noch eine andere Entscheidung, dieses Gefühl zu zeigen oder in Handlung umzusetzen. Häufig wird diese Unterscheidung nicht gemacht, und so verhindert die Scheu, ein bestimmtes Gefühl öffentlich zu zeigen, dass dieses Gefühl überhaupt wahrgenommen wird.

Wird ein Gefühl dann gespürt, benannt und nach außen getragen, so zeigt sich, dass Gefühle intentional sind, bezogen auf ein Gegenüber. Gefühle dienen dazu, Kontakt zu anderen herzustellen und auf andere zu reagieren. Wir sind z.B. wütend auf jemanden und brauchen es, dass ein Gegenüber unsere Gefühle anerkennt, d.h. als solche gelten lässt und nicht abwertet.

Oftmals werden in Konflikten Gefühlsäußerungen des Gegners als „falsch, unzutreffend, unangemessen" etikettiert. Wenn dies geschieht, eskaliert in der Regel das Konfliktverhalten, weil sich das Gefühl nachdrücklich Geltung verschaffen will. Wird ein Gefühl hingegen von einem Gegenüber zugelassen und anerkannt, dann führt dies zur Erleichterung und steigert im Konfliktfall die Bereitschaft zur Lösung.

10.4.1.1 Die problemlösende Funktion von Gefühlen[48]

Mit anderen psychologischen Richtungen unterscheidet die Transaktionsanalyse vier ursprüngliche Gefühle: Angst, Ärger, Trauer, Freude. Dazu kommen noch sog. komplexe Gefühle: bspw. Scham oder Stolz. Diese komplexen Gefühle sind aus einem Grundgefühl und einer Überlegung zusammengesetzt. Die TA geht davon aus, dass diese Gefühle mit einem passenden Handlungsimpuls ausgestattet sind und dass sie in einem zeitlichen Bezug stehen.

47: Fanita English, *Es ging doch gut, was ging denn schief?*
48: Hierzu ausführlich Johann Schneider, *Dreistufenmodell transaktionsanalytischer Beratung und Therapie von Bedürfnissen und Gefühlen.*

Auslöser für **Ärger** bspw. ist eine Frustration: Es passiert etwas, was ich nicht will. Die Funktion und der Handlungsimpuls von Ärger ist, etwas zu verändern, etwas anders zu machen. Und die zeitliche Perspektive ist die Gegenwart. Im Hier und Jetzt kann mein Ärger mir helfen, etwas zu verändern. Manchmal beziehen hingegen Menschen ihren Ärger auf die Vergangenheit und ärgern sich über Situationen und Ereignisse, die Jahre zurückliegen. Dieses wäre dann die Verwendung von Ärger als Ersatzgefühl, denn die Vergangenheit lässt sich nicht mehr verändern.

Auslöser für das Originalgefühl der **Trauer** ist ein Verlust und der Handlungsimpuls ist das Loslassen: Loslassen von Menschen, von Orten, von Situationen, vielleicht auch von Wünschen. In der Scheidungsmediation bspw. müssen die Partner lernen, auch einander loszulassen. Oft sind Menschen, die sich trennen wollen, in immer wiederkehrenden Streitereien verclincht. Diese negative Symbiose ist nun an die Stelle der früheren Liebe getreten. Indem die Mediation den Prozess der Trennung reguliert, ermöglicht sie das Loslassen und dabei manchmal auch das Gefühl der Trauer über eine gescheiterte Beziehung. Die Zeitperspektive für das Gefühl der Trauer ist demnach die Vergangenheit. Etwas, was nicht mehr ist, z.B. der Verlust der Liebe, wird betrauert.

Das Gefühl von **Angst** bezieht sich demgegenüber auf die Zukunft, manchmal auf die unmittelbare Zukunft. Etwas Bedrohliches passiert, etwas, das ich nicht will. Angst hat die Funktion des Schutzes: Wenn ich Angst spüre, kann ich Schutzmaßnahmen ergreifen. In beruflichen Zusammenhängen jedoch ist der Ausdruck von Angst eher selten. Viele Menschen meinen, dass er nicht zum Bild einer kompetenten, womöglich leitenden Persönlichkeit passt. Zudem verwechseln viele Angst mit Panik und befürchten, dass sie unter Angst ihre Denk- und Handlungsfähigkeit verlieren. Deshalb lassen sie ihre Angst nicht zu. Wird Angst jedoch nicht zugelassen, so verstärkt sie sich häufig, und es werden realitätsangemessene Handlungsenergien blockiert.[49]

Auslösend für die Mediationsanfrage an Dieter K. war – wie erwähnt – der manifeste Konflikt zwischen dem Abteilungsleiter und einem neu eingestellten Mitarbeiter. Der Mitarbeiter fühlte sich regelmäßig überrumpelt und schilderte später den Konflikt aus seiner Sicht so: Der Abteilungsleiter stürzt unangemeldet ins Zimmer. Er baut sich vor seinem Schreibtisch auf. Er bombardiert ihn mit Fragen oder Anweisungen. Der Mitarbeiter fühlte sich übermäßig bedrängt.

Zunächst versuchte der Abteilungsleiter sich zu rechtfertigen und diese Darstellung als Überempfindlichkeit abzutun.

Dieter K. fordert ihn auf, die Eindrücke des anderen nicht abzuwerten und fragt ihn stattdessen, mit welchen Gefühlen er selbst eigentlich in das Zimmer seines Mitarbeiters tritt.

Überrascht hält der Abteilungsleiter einen Moment inne und erklärt, seit das Verhältnis so angespannt ist, nimmt er ungern Kontakt zu dem Mitarbeiter auf. Jedes Mal fürchtet er, die-

---

49: Ute und Heinrich Hagehülsmann, *Der Mensch im Spannungsfeld seiner Organisation*, S. 124.

ser werde sich angegriffen und verfolgt fühlen. Deshalb muss er sich regelrecht einen „Ruck" geben, um in das Zimmer zu gehen.

Hinter dem forcierten Auftreten stehen also eigene starke Befürchtungen. Diese Erläuterungen lassen den Abteilungsleiter in einem anderen Licht erscheinen. Und die Offenlegung seiner Gefühle führt zu einer deutlichen Entkrampfung des weiteren Gesprächs.

Zu den ursprünglichen Gefühlen gehört sicher auch der **Schmerz** oder auf seelischer Ebene die Kränkung. Auslöser für Schmerz und Kränkung ist eine Verletzung, eine körperliche Verletzung oder eine Verletzung der persönlichen Integrität, und die Funktion des Schmerzes ist es, das Heilsein wieder zu erreichen. Zeitperspektive ist die Gegenwart.

Schmerz bzw. Kränkung machen uns darauf aufmerksam, dass zu einem Konflikt auch eine emotionale Wiedergutmachung gehört. Es kann wichtig sein, jemand anderes um Entschuldigung zu bitten, wobei ich Wert lege auf das Wort *bitten*. Wir können uns nicht selber entschuldigen, das kann nur jemand anderes tun.

Schließlich sei noch das Gefühl der **Freude** erwähnt. Seine Funktion ist es, Gemeinschaft zu stiften. Es spiegelt Stimmigkeit wider. Ein Mensch, der Freude empfindet, ist mit sich selber, mit anderen und mit der Situation versöhnt und im Einklang. Die Zeitperspektive für Freude ist Vergangenheit, Gegenwart und Zukunft.

Diese situationsangemessenen Gefühle können nun in einer Auseinandersetzung auch in kurzer Folge auftreten. Folgende stimmige Abfolge von Gefühlen läßt sich häufig in der Trennungsmediation beobachten: in der Anfangsphase Gefühle von Ärger und Angst; man will etwas verändern, meint aber, sich auch schützen zu müssen – am Ende Gefühle von Freude und Trauer; Freude über eine gelungene Lösung, aber häufig auch Trauer darüber, etwas endgültig loszulassen.

Einzelübung: Liebesbrief
Der Paarberater John Gray[50] hat die „Technik des Liebesbriefes" entwickelt. Dieser Liebesbrief, besser Gefühlsbrief, zeigt, wie man Emotionen konfliktlösend einsetzen kann. Diese Übung fördert die Wahrnehmung der eigenen, möglicherweise auch widerstreitenden Gefühle im Konfliktzusammenhang.

> Adressieren Sie den Brief an Ihren Partner. Schreiben Sie ihn so, als würde er Ihnen voller Liebe und Verständnis zuhören.
>
> Beginnen Sie mit Ihrem Ärger, Ihrer Wut. Schreiben Sie dann über Ihre Trauer, Ihre Angst, Ihre Reue und schließlich über Ihre Liebe. Schreiben Sie in jedem Brief über alle diese Gefühle.
>
> Schreiben Sie ein paar Sätze über jedes Gefühl. Machen Sie die Abschnitte zu jedem Gefühl ungefähr gleich lang. Schreiben Sie in einer einfachen Sprache.

50: John Gray, *Männer sind anders. Frauen auch*, S. 229.

Machen Sie nach jedem Abschnitt eine Pause und konzentrieren Sie sich auf das nächste Gefühl. Schreiben Sie über das, was Sie dabei fühlen.

Schließen Sie Ihren Brief nicht ab, bevor Sie nicht auch über Ihre Liebe geschrieben haben. Seien Sie geduldig und warten Sie, bis sie kommt.

Unterzeichnen Sie den Brief mit Ihrem Namen. Nehmen Sie sich einen Augenblick Zeit, um darüber nachzudenken, was Sie von Ihrem Partner eigentlich wollen oder brauchen. Fassen Sie das in einem Postskriptum zusammen.

Ein Liebesbrief
Liebe(r)   Datum
Ich schreibe Dir diesen Brief, um meine Gefühle mit dir zu teilen.

Ärger: (Ich finde es nicht gut, dass ... Ich bin frustriert, weil ... Ich bin wütend, weil ... Ich bin verärgert, weil ... Ich will ...)

Trauer: (Ich bin enttäuscht, weil... Ich bin traurig, weil ... Ich fühle mich verletzt, weil ... Ich wollte ... Ich will ...)

Angst: (Ich mache mir Sorgen, weil ... Ich habe Angst, dass... Ich fürchte, dass ... Ich will nicht, dass ... Ich brauche ... Ich will ...)

Reue: (Es ist mir peinlich, dass ... Es tut mir Leid, dass ... Ich schäme mich, weil ... Ich wollte nicht ... Ich will ...)

Liebe: (Ich liebe... Ich möchte ... Ich verstehe, dass ... Ich verzeihe ... Ich freue mich, dass ... Vielen Dank ... Ich weiß ...)

Postskriptum: Die Antwort, die ich gerne von dir hören würde:

10.4.1.2 Ersatzgefühle, Rackets, Rabattmarken

Um mit Gefühlen konfliktlösend zu arbeiten, ist jedoch eine Unterscheidung wichtig, nämlich die zwischen ursprünglichen Gefühlen und **Ersatzgefühlen**[51]. Ursprüngliche Gefühle sind wichtig, weil sie Bedürfnisse eines Individuums vermitteln. Weiterhin haben ursprüngliche Gefühle einen sinnvollen Bezug zu der Situation, die sie hervorgerufen hat. Jedoch hatten nicht alle Menschen in gleicher Weise in ihrer Biografie die Möglichkeit und die Erlaubnis, alle Gefühle zu spüren. In der geschlechtsspezifischen Erziehung werden z.B. Jungen immer noch eher aggressive Gefühle zugestanden als Mädchen, wo hingegen Mädchen eher die Möglichkeit haben, Angst auszudrücken. Drückt ein Junge Angst aus, so kann er die

---

51: Ausführlich Rolf Rainer Kiltz, *Umgang mit Gefühlen*.

Erfahrung machen, dass dies von seiner Umgebung – manchmal sehr subtil – missbilligt wird. Ebenso wie Mädchen Missbilligung für Aggression erfahren. Es mag daneben auch äußere Situationen geben, die die Wahrnehmung und den Ausdruck eines bestimmten Gefühls beeinträchtigen.

Kann ein bestimmtes Gefühl, sei es Angst, Ärger, Trauer, Freude, nicht in adäquater Weise ausgedrückt werden, wird sich die emotionale Energie dann einen anderen Weg bahnen und der Betreffende wird ein Gefühl zeigen, das von seiner Umgebung eher toleriert wird. Der Junge, der z.B. in einer neuen Situation, vielleicht bei einem Schulwechsel, nicht mit Unsicherheit und Angst reagieren darf, wird sich womöglich besonders aggressiv verhalten. Oder wer nicht in gesunder Aggression[52] auf etwas Neues zugehen kann, wird sich besonders furchtsam verhalten. Auf diese Weise entwickeln sich sog. Ersatzgefühle. Dabei kann jedes Gefühl zu einem Ersatzgefühl werden.

Weiterhin haben ursprüngliche Gefühle einen selbstverantwortlichen Charakter. Der Mensch, der sie ausdrückt, will damit nicht unbedingt etwas bei anderen erreichen, sondern der Ausdruck des Gefühls selbst ist ihm wichtig. Ersatzgefühle haben dagegen manipulativen Charakter. Das meint die transaktionsanalytische Bezeichnung von Ersatzgefühl mit **Racket**. Racket ist im Amerikanischen ein Slang-Ausdruck für Schutzgeld-Erpressung. Und der manipulative Charakter solcher Ersatzgefühle wird deutlich, wenn man eine Reihe von Rackets Revue passieren lässt: beleidigt sein, missgünstig sein, schmollend oder rachsüchtig sein, ironisch, gehässig oder selbstgerecht sein. Der Ausdruck von Racket-Gefühlen wirkt nicht konfliktlösend!

Mit dem Arbeitsklima in der gesamten Abteilung steht es nicht zum Besten, das war mittlerweile allen klar geworden. Auch Frau C., eine langjährige Mitarbeiterin, macht lautstark ihrem Ärger Luft: „Hier klappt nichts! Hier herrscht Chaos! Keiner übernimmt Verantwortung!"

Ihr Standardbeispiel für schlechten Umgang und mangelnde Kooperation ist der unordentliche Zustand des gemeinsam genutzten Kühlschranks im Pausenraum, den sie stereotyp anklagt. Die anderen rollen mit den Augen.

Auch Dieter K. spürt zunehmend Mühe, Frau C. und ihr „Lieblings-Issue" ernst zu nehmen. Während sie wortreich Klage führt, beginnt er seine Unterlage zu ordnen, was diese natürlich registriert: „Bei allen anderen hören Sie zu, nur bei mir nicht!" Dieter K. windet sich, aber sie hat ja Recht.

Weil ihm allerdings dieser Stellenwert des Ärgers nicht recht nachvollziehbar ist, kommt er zu der Hypothese, ein anderes Gefühl könne womöglich unter dem aufgesetzt wirkenden Ärger liegen, und er fragt: „Wenn das mit dem Durcheinander, für das der Kühlschrank offenbar ein Beispiel ist, so weitergeht, was befürchten Sie dann, Frau C.?"

52: Lat.: *adgredi* = auf etwas hinzugehen.

Nach einem Moment des Schweigens beginnt Frau C. über ihre Angst zu sprechen, die Abteilung könne dann aufgelöst werden und sie würde an einen anderen Arbeitsplatz umgesetzt. Diese Befürchtung können auch etliche der anderen nachvollziehen, und Dieter K. notiert mit zustimmendem Nicken von Frau C. auf eine Karteikarte: „Ich habe Angst, dass unsere Abteilung aufgelöst wird."

Hinweise zum Umgang mit Racket-Gefühlen

Es ist wichtig, Racket-Gefühle in der Mediation nicht zu fördern, sondern zu klarer und konstruktiver Kommunikation im Hier und Jetzt beizutragen, auch und gerade im Umgang mit Gefühlen. Allerdings ist dies eines der sensibelsten Themen in der Konfliktlösung. Viele Menschen reagieren auf Interventionen in diesem Bereich sehr empfindlich. Nichtbeachtung oder Konfrontation von Racket-Gefühlen erleben sie sehr leicht als Missachtung, als Mangel an Empathie oder gar Parteinahme des Mediators für die Gegenseite. Eine wichtige Voraussetzung für den Mediator ist es, sich darüber klar zu sein, ob und wo er selbst Probleme im Umgang mit bestimmten Gefühlen hat.

Mit vollem Respekt für die Persönlichkeit der betreffenden Person sind die folgenden Hinweise zu handhaben:

➤ So wenig Beachtung für Racket-Gefühle geben wie möglich.
➤ Stattdessen positive Reaktionen auf die Person an sich, auf klares und konstruktives Verhalten, auf echte Gefühle zeigen.
➤ Wenn die Beziehung und die Situation es gestatten, Erlaubnis und Ermutigung geben, das unter dem Racket-Gefühl liegende Gefühl zum Ausdruck zu bringen.
➤ Evtl. das vermutete Gefühl ansprechen. (Z.B.: „Ich habe den Eindruck, dass Sie eigentlich ärgerlich sind." Oder: „Wenn ich Ähnliches erlebt hätte, dann wäre ich darüber nicht nur ärgerlich, sondern auch traurig.")
➤ Alles zurückweisen, was jemand aus einem Racket-Gefühl heraus anderen überhängen will und das vermutlich mit eigenen unbewältigten Konflikten zu tun hat.

Erwähnenswert ist noch das Konzept der **Rabattmarken**. Mit Rabattmarken bezeichnet die Transaktionsanalyse negative Gefühle, die gesammelt werden, womöglich über längere Zeit, um sie dann mit dem Eindruck innerer Berechtigung für einen Eklat einzulösen. Derjenige, der ein Ersatzgefühl einlöst, kündigt etwa oder präsentiert eine „Trotz-Krankschreibung", brüllt andere an, trinkt sich einen Rausch an, vernachlässigt seine Aufgaben oder was auch immer. Und er tut dies mit dem Eindruck innerer Berechtigung, den die angesammelten Ersatzgefühle vermitteln, die nun zur Einlösung kommen.

Woran kann man Racket-Gefühle erkennen?
Folgende Fragen können helfen, Racket-Gefühle zu identifizieren:
➤ Entsteht beim Mediator und/oder anderen Beteiligten ein ungutes Gefühl, wie z.B. aufkommender Ärger oder der Eindruck, erpresst zu werden?

> Lässt sich die Gefühlsäußerung einer Position des Dramadreiecks zuordnen?
> Ist für das zum Ausdruck gebrachte Gefühl im Hier und Jetzt ein adäquater Anlass zu erkennen?
> Birgt das gezeigte Gefühl bzw. Verhalten die Voraussetzungen für eine konstruktive Lösung des Problems?

10.4.1.3 Nicht verletzende Ärgermitteilung

Wie aber teilt man Gefühle so mit, dass dies problemlösend wirkt? Oft wirkt die Mitteilung heftiger Gefühle von Wut, Ärger, Verletzung oder Enttäuschung ja gerade konfliktverschärfend. Jedes Gefühl hat eine bestimmte Ursache und ist mit dem Verhalten anderer verknüpft. Unser Tun löst bei anderen Gefühle aus, die sie zu bestimmten Handlungen veranlassen. Und wir werden unsererseits dann wieder mit Gefühlen auf diese Handlungen reagieren. Im Konfliktfall kann ein solcher Kreislauf aus Gefühl und Tat dann destruktiv sein.

Ein Hilfsmittel, um mit dem Zusammenspiel von Handeln und Gefühlen konstruktiv umzugehen, ist die „Handlung/Gefühl-Stellungnahme", die der Transaktionsanalytiker **Claude Steiner** entwickelt hat[53]. Sie zielt darauf ab, über Gefühle zu sprechen, ohne Anschuldigungen oder Verurteilungen ins Spiel zu bringen. Die Standardformel der Handlung/Gefühl-Stellungnahme lautet: „Wenn du so und so handelst, fühle ich so und so ..."

Der Vorteil von Handlung/Gefühl-Stellungnahmen ist, dass sie einen Konflikt Schritt für Schritt aufschlüsseln, indem sie ihn in zwei Komponenten zerlegen:
1. Was ist passiert?
2. Was wurde empfunden?

Eine konstruktive Handlung/Gefühl-Stellungnahme zu geben, ist jedoch nicht ganz leicht. Es gibt zwei typische Fehlerquellen. Eine Fehlerquelle ist die Verwechslung von Handlung und Motiv. Anstatt den Vorgang einfach zu beschreiben, werden dem anderen bestimmte Absichten unterstellt, z.B. zu erniedrigen oder abzuwerten. Diese treffen häufig gar nicht zu und rufen beim Gegenüber unnötig Ärger oder Schuldgefühle hervor. Beispiel: Anstatt zu sagen „Als du mich unterbrochen hast" sagen wir: „Als du mich unterbrochen hast, weil dich meine Meinung sowieso nicht interessiert."[54]

Ein anderer Fehler ist die Verwechslung von Gefühl und Überlegung. Statt ein Gefühl auszudrücken, formulieren wir stattdessen eine Überlegung, z.B.: „Als du unsere Unterhaltung abgebrochen hast, hatte ich das Gefühl, du hast kein Interesse an dem, was ich sage." Was

---

53: Claude Steiner, *Emotionale Kompetenz*, S. 106ff.
54: Eine weitere Fehlerquelle ist die Verwechslung von Gefühl und Überlegung: Fühlt sich jemand erniedrigt, vernachlässigt, beschuldigt, beleidigt etc., so bezeichnet dies noch kein Gefühl, sondern eine Aussage darüber, was der andere vorgeblich getan hat.

hier ausgesprochen wird, sind nicht Gefühle, sondern Überlegungen. Solche Fehler enden immer in einer Beschuldigung des anderen und sind so dem Ziel hinderlich, dass dieser sich für die Mitteilung des Gefühls öffnet.

Eine gelingende Handlung/Gefühl-Stellungnahme gibt den Streitenden die Möglichkeit, ihre Gefühle in einer Art und Weise auszudrücken, die nicht zur Eskalation führt. Solche Stellungnahmen sind dann die Grundlagen für einen produktiven problemlösenden Dialog.

Nicht nur das Aussenden muss geübt werden, auch das Empfangen kann schwierig sein. Wenn uns jemand auf einen Fehler aufmerksam macht oder mitteilt, er hätte sich unseretwegen schlecht gefühlt, so werden wir uns wahrscheinlich selber schuldig fühlen oder uns verteidigen. Unsere erste Reaktion ist es zu leugnen oder Erklärungsversuche zu bemühen. Es geht bei einer Handlung/Gefühl-Stellungnahme jedoch nicht darum festzustellen, wie schlecht oder falsch jemand gehandelt hat. So paradox es klingt: Um die Gefühle des anderen anerkennen zu können, kann es eine Hilfe sein, sie von der unmittelbaren Verantwortlichkeit dafür zu entkoppeln. Es ist wichtig, einfach die Information aufzunehmen, die der andere über seine Reaktion gibt. Danach können wir entscheiden, wie wir uns künftig verhalten wollen.

In der Situation eines Konfliktgespräches muss das Senden und Empfangen von Handlung/Gefühl-Stellungnahmen oftmals erst geübt werden. Insbesondere wenn eine unglückliche Formulierung gewählt wurde, wird der Empfänger einer solchen Stellungnahme sich abwehrend verhalten,: „Wieso bin ich unverschämt? Du warst doch unverschämt." Hier ist es wichtig, dass die Mediatorin als Dolmetscherin tätig wird und zunächst mit dem Sender, dann aber auch mit dem Empfänger an einer hilfreichen Handlung/Gefühl-Stellungnahme arbeitet.

10.4.1.4 Ich- und Du-Botschaften

Eine leichter zu praktizierende Übung ist die Verwendung von Ich-Botschaften an Stelle von Du-Botschaften. Du-Botschaften werden insbesondere in gespannten Situationen als konfliktverschärfend empfunden: Der andere fühlt sich bewertet, womöglich abqualifiziert. Hilfreicher ist, von der eigenen Betroffenheit zu sprechen.

Im Konfliktgespräch schildert eine Mitarbeiterin, dass sie noch immer darunter leidet, wie ihre Kolleginnen in der Vergangenheit mit ihr umgegangen sind, und erklärt, welche anderen Reaktionen sie von ihren Kolleginnen erwartet.

Dieter K. bittet die Anwesenden um eine Rückmeldungsrunde:
1. Was habe ich von dem Problem verstanden?
2. Wie werde ich künftig reagieren?

Alle tun dies, wobei eine der Anwesenden im Nachsatz sagt: „Ich kann gar nicht verstehen, dass du diese Sache so aufbauschst", woraufhin die Falleinbringerin zu weinen anfängt. Dieter K. inter-

veniert hier klärend, indem er die Kollegin auf den bewertenden Charakter ihrer Rückmeldung aufmerksam macht und sie auffordert, die Du-Botschaft als Ich-Botschaft zu formulieren. Nun sagt sie: „Ich habe dich das und das sagen gehört. Ich selber fand die Situation damals gar nicht so aufregend und hatte sie schon vergessen." Damit kann sie in ihrem Erleben und Verhalten authentisch bleiben, ohne gleichzeitig das Erleben der Kollegin abzuwerten.

Übung: Destruktiv – konstruktiv[55]

Aufgabe: Formen Sie folgenden Aussagen in Ich-Botschaften um:

Aussage	Ich-Botschaft
Du übergehst mich einfach immer!	
Du spielst immer den großen Macker	
Du hörst mir ja nie zu!	
Du bist einfach redefaul!	
Du redest immer zu schnell!	
Du hast ja immer Recht!	
Du redest zu laut!	
Immer muss ich alles machen!	
Immer kommst du zu spät!	
Was du sagst, ist unlogisch!	
Das stimmt hinten und vorne nicht.	
Du regst dich ganz unnötig auf.	
Immer kritisierst du an mir herum.	

55: Nach Reinhold Miller, *„Halt's Maul, du dumme Sau!"*

10.5 Was bringt Mediationen zum Scheitern?

Die gradlinige Darstellung des Mediationsverfahrens kann zu Fehlschlüssen verleiten: Mediation ist kein langer ruhiger Fluss. Zur Orientierung des Mediators ist es eine Hilfe, einen linearen Ablaufplan mit einzelnen Stationen im Kopf zu haben. Die Praxis aber bildet ein zirkuläres Bild eher ab. Manche Stationen müssen auf dem Weg der Konfliktlösung immer wieder angesteuert werden. Und nicht selten wird dabei auch hin und her gesprungen.

Interessenausgleich ist eine unter mehreren Konfliktlösungen, und Mediation versteht sich als ergebnisoffen, d.h., auch ein wohlerwogener Abbruch ist ein Ergebnis. Aber Ergebnisoffenheit und Freiwilligkeit haben eine Kehrseite. In jeder Phase ist die Mediation vom Scheitern bedroht.

10.5.1 Tumult

„Reden hat doch keinen Zweck mehr." So lautet eine Antwort auf die Frage von Dieter K. im Laufe der ersten Sitzung nach möglichen Widerständen gegen die Mediation. „Natürlich nicht, wenn Sie auch immer gleich an die Decke gehen." Die Reaktion aus der anderen Ecke kommt prompt. „Wie laufen denn Ihre Besprechungen ab?", fragt Dieter K. nach.

Er erfährt, dass in den Abteilungssitzungen das Gespräch an bestimmten Punkten immer schnell eskaliert: „Ich lass mir das nicht gefallen!" „Sie wollen immer mit dem Kopf durch die Wand!" „Sie sehen doch nur Ihre Interessen!" Der Ton wird scharf; einige werden laut; der Abteilungsleiter schlägt mit der Hand auf den Tisch; nicht selten läuft eine Mitarbeiterin weinend raus. Dann bleibt die Diskussion auf der Strecke. Der Abteilungsleiter zieht sich in sein Zimmer zurück. In anderen Zimmern hocken kleine Grüppchen, um ein weiteres Mal emotional aufgewühlt festzustellen, wie übel ihnen die anderen mitspielen.

Wer irgend kann, meidet die Abteilungssitzungen, kommt später, entzieht sich wegen anderer Verpflichtungen. Anstehende Entscheidungen werden immer wieder vertagt. – Und ein ähnliches Schicksal schien nun unweigerlich der Mediation zu drohen.

Ein hohes Erregungsniveau auf allen Seiten verbunden mit einer inhaltlichen Stagnation der Auseinandersetzung, das bezeichnet – nicht nur – die Transaktionsanalyse als „Tumult". Auf der Kommunikationsebene besteht „Tumult" aus einer Serie gegenseitiger Provokationen und Unterstellungen. Den Anfang bilden häufig doppelte Botschaften: die Aussagen haben einen verdeckten Klang, Worte und Körpersprache senden Unvereinbares.

Der geheime Glaube, der „Tumult" zugrunde liegt, lautet etwa so: Wenn wir genug Lärm veranstalten und ausreichend Distanz zwischen uns erzeugen, dann brauchen wir unser Problem nicht zu lösen oder uns an die Arbeit zu machen. Damit ist auch der heimliche Nutzen benannt: „Tumult" gibt den Beteiligten die Rechtfertigung dafür, sich ärgerlich zurückzuziehen, zu den Kollegen auf Distanz zu gehen und die notwendigen Klärungen als unzumutbar abzulehnen. Und dafür, dass sie selber keine Verantwortung übernehmen müssen, sorgt lautstarkes Türknallen. „Tumult" dient dazu, sich einer unangenehmen Situation zu entziehen, die Nähe zu bestimmten Personen zu meiden, unangenehme Dinge oder Entscheidungen zu umgehen[56].

Was hilft gegen „Tumult"?

Dieter K. schließt sofort mit der Abteilung eine Vereinbarung, nicht eher auseinander zu laufen, als bis das anstehende Problem gelöst ist bzw. sich nach einer Bedenkzeit wieder zusammenzusetzen. Auch ist er bestrebt, die gewohnte Eskalation methodisch zu unterbrechen, indem er die Kontrahenten zum aktiven Zuhören anhält: „Bitte geben Sie vor Ihrer Antwort das wieder, was Sie verstanden haben. Wenn Ihr Gegenüber diesen Inhalt bestätigt, dann erst dürfen Sie reagieren."

10.5.2 Es wäre schon gut, wenn wir uns einigen, aber ... – Psychologische Spiele

Wenn der „Tumult" zur immer wiederkehrenden Beziehungsform wird oder wenn sich eine Mediation nach hoffnungsvollem Start festläuft und aus unerfindlichen Gründen und mit lautem Getöse scheitert, dann liegt der Verdacht nahe, dass es sich dabei um ein psychologisches Spiel handelt.

Mit dem Begriff „Psychologische Spiele" beschreibt die Transaktionsanalyse uneffektive, unproduktive und meist destruktive Kommunikations- und Konfliktverläufe. Diese Abläufe sind typisch für das Konfliktsystem, sie bleiben jedoch dem Mediator zunächst oft verborgen. Der Begriff des Spiels fokussiert die Regelhaftigkeit des Ablaufs, steht also nicht für Unernsthaftigkeit. Vielmehr teilt die TA die psychologischen Spiele ihrer Intensität nach in drei Grade, wobei Spiele dritten Grades irreversible destruktive Ergebnisse haben: z.B. Kündigung, Scheidungskrieg, Schulverweis, Räumung der Wohnung ... in jedem Fall aber das Scheitern der Mediation. Psychologische Spiele beschreiben demnach Gewinner-Verlierer-Konstellationen. Mindestens eine Seite fühlt sich am Ende gedemütigt, betrogen, benachteiligt. Oft aber führen psychologische Spiele auch zu einem Verlierer-Verlierer-Ausgang.

Der Abteilungsleiter einer Bildungseinrichtung spricht mit zwei Sachbearbeiterinnen, ob sie sich künftig ein Büro teilen, da wegen einer Neueinstellung mittelfristig ein Raum fehlt.

Abteilungsleiter: „Also, ich wollte mit Ihnen besprechen, ob Sie sich zukünftig das Büro teilen können, da Frau X vormittags und Frau Y nachmittags arbeitet."

Frau X: „Ja, im Prinzip ist das schon möglich, aber für meine Arbeitsorganisation wäre diese Lösung sehr ungünstig. Ich müsste dann ja immer zum Kopierer und für den Postausgang vom 2. Stock ins Erdgeschoss."

56: Manfred Gührs/Claus Novak, *Das konstruktive Gespräch*, S. 97, weisen darauf hin, dass Tumult in Schulklassen eine erprobte Strategie zur Vermeidung von Unterricht ist.

Abteilungsleiter: „Und wenn Sie die Post immer gesammelt am Schluss erledigen würden?"

Frau Y: „Ja, ich muss vormittags auch zum Kopierer runterlaufen, das ist nicht so schlimm, aber Frau X raucht, und ich bin gegen Zigarettenrauch allergisch."

Abteilungsleiter: „Vielleicht könnte Frau X ihre Rauchpausen ja in die Teeküche verlegen. Das machen die anderen Kolleginnen auch."

Frau X: „Ja, das ginge schon, aber ich weiß wirklich nicht, ob die Mitarbeitervertretung diesem Wechsel zustimmen würde. Haben wir nicht alle Anspruch auf einen eigenen Arbeitsplatz?"

Abteilungsleiter: „Ich habe langsam den Eindruck, Sie wollen partout nicht auf eine Veränderung zugehen. Wenn wir keine Lösung finden, dann wird die Geschäftsleitung die Frage schließlich »von oben« regeln."

Frau Y: „Ich habe doch gewusst, dass wir sowieso nicht gefragt werden."

Ein Gespräch, wie es im Arbeitsalltag nicht selten ist. Am Ende fühlen sich alle Beteiligten frustriert und in ihrer negativen Sicht des jeweils anderen bestätigt.

Was passiert hier? Es fällt auf, dass der Abteilungsleiter immer wieder Vorschläge macht, auf die die Mitarbeiterinnen scheinbar eingehen, wobei sie aber immer wieder Gründe finden, weshalb dieser Lösungsvorschlag dann doch nicht funktioniert. Die TA bezeichnet diesen Ablauf als **„Ja-Aber-Spiel"**, und auffällig ist, dass sich in den Antworten der Mitarbeiterinnen dieses „Ja-Aber" stets wiederfindet. „Ja" ist die vermeintliche Zustimmung, „aber" die letztlich wirksame Entgegnung.

Am Ende des Gesprächs hat der Abteilungsleiter den Eindruck gewonnen, dass seine Gesprächspartnerinnen sowieso keine Lösung wollen. Ärgerlich nimmt er zu Drohungen Zuflucht, und man kann sich vorstellen, dass er sich in seinem Bild von unkooperativen, unflexiblen Mitarbeiterinnen bestätigt fühlt. Aber auch die Mitarbeiterinnen fühlen sich am Ende in einer zuvor gefassten negativen Meinung über ihre Führungskräfte bestätigt: „Wir werden sowieso nicht gefragt." Und der Eindruck, dass das Gespräch vom Abteilungsleiter nicht offen gestaltet war, sondern seine Lösung von vornherein feststand, lässt sich wohl nicht von der Hand weisen.

Was in diesem kurzen Gesprächsabschnitt auffällt ist, dass in allen Äußerungen der Beteiligten eine gedeckte Ebene vorhanden ist. Der Abteilungsleiter gibt vor, ein Problem diskutieren zu wollen, hat aber unterschwellig sich schon auf eine Lösung festgelegt. Die Mitarbeiterinnen geben vor, sich auf diese Lösung einzulassen, leisten aber unterschwellig Widerstand. Diese Struktur ist typisch für ein psychologisches Spiel. Bei der Kommunikationsanalyse eines psychologischen Spiels unterscheidet die TA eine offene oder soziale Ebene und eine gedeckte oder psychologische Ebene. Die offene Ebene verläuft zwischen Erwachsenen-Ich und Erwachsenen-Ich der Beteiligten, die gedeckte Ebene in der Regel zwischen Eltern-Ich und Kind-Ich. Und wie bereits bei den Kommunikationsregeln festgestellt, ist die gedeckte, psychologische Ebene die ausschlaggebende.

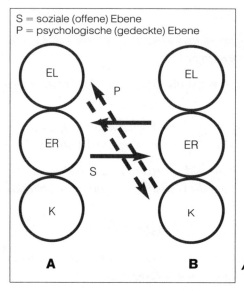

Abb.: **Ich-Zustands-Grafik von psychologischen Spielen**

Nun ist es nicht so, dass psychologische Spiele hauptsächlich oder ausschließlich zwischen den Konfliktparteien laufen. „Ja-Aber" ist ein typisches Spiel für Helfer: Ohne genaue vertragliche Abklärung lasse ich mich dazu verleiten, als Berater aus einer überverantwortlichen Leitung heraus die Probleme des Klienten lösen zu wollen. Ich mache Vorschläge, die der Klient immer wieder ablehnt:

Der Abteilungsleiter hat seinem Coach die Angelegenheit geschildert.
Coach: „Dann müssen Sie wohl ein energisches Wort sprechen."
Abteilungsleiter: „Ja, aber ich fühle mich auch für die Mitarbeiterzufriedenheit verantwortlich ..."

Frau X hat mit ihrer besten Freundin gesprochen:
Freundin: „Dann würde ich die Stelle wechseln."
Frau X: „Ja, das habe ich auch schon gedacht, aber so eine qualifizierte Tätigkeit finde ich kaum wieder."

Am Ende bin ich dann entweder frustriert wegen meiner eigenen beraterischen Unzulänglichkeit oder verärgert über die vermeintliche Halsstarrigkeit des Klienten.

Ja-Aber ist auch ein typisches Spiel für Konflikthelfer. Auch wenn am Anfang einer Mediation deutlich gemacht wird, dass die Lösungsverantwortung bei den Konfliktparteien liegt, wird es mit großer Wahrscheinlichkeit im Laufe des Gesprächs immer wieder zu Anfragen an den Mediator kommen: „Was meinen Sie denn? Was sollte man da tun? Haben Sie eine Idee? Machen Sie doch mal einen Vorschlag! Und nun? Das ist schwierig, jetzt wissen wir auch nicht mehr weiter ..." So wird der Mediator eingeladen, Ratschläge zu geben und Lösungen zu finden, die nicht aus der Situation und dem Klärungsprozess der Parteien selber gewachsen sind. Die Antwort, die er dann erhält, lautet häufig: „Ja, das hört sich interessant an, aber ..." oder: „Daran habe ich selber schon gedacht, aber..."etc. Und natürlich ist der Mediator selber nicht gegen die Versuchung gefeit, die Probleme seiner Klienten besser lösen zu wollen als diese selbst, und er steuert dann womöglich voreilig und ungefragt seine Ratschläge bei: „Warum machen Sie denn nicht? – Ja, aber ...!"

Eric Berne, der Begründer der Transaktionsanalyse, war der Auffassung, dass für einen aufmerksamen Beobachter nach einer kritischen Würdigung der ersten Transaktionen bereits das Endergebnis vorhersehbar ist. Spiele laufen nach einer geradezu mathematisch anmutenden Formel ab:

Köder + Spielanfälligkeit = Antwort → Wechsel → Verwirrung → Endauszahlung

Diese zunächst recht seltsam klingende Formel zu kennen und als Mediator zu beherzigen ist ein sicherer Weg, sich nicht in ein Spiel verwickeln zu lassen. Wenden wir uns den einzelnen Abschnitten der Formel zu:

Köder: Beim Köder handelt es sich um eine scheinbare Erwachsenen-Ich-Aussage. Darunter aber ist ein anderer Ich-Zustand verborgen bzw. eine verdeckte Botschaft. Entweder aus der Haltung des Opfers: „Ich weiß wirklich nicht mehr, was ich tun soll" oder aus der Haltung des Verfolgers: „Was haben Sie sich denn dabei gedacht?"

Spielanfälligkeit: Der Köder muss nun vom Gegenüber geschluckt werden. Bei der Spielanfälligkeit handelt es sich um den inneren Schwachpunkt einer Person. Habe ich als Mediator eine unterschwellige Disposition zum Retter, so werde ich auf Äußerungen meines Gegenübers aus der Opferposition anspringen: „Was soll ich nur tun?" Habe ich eine Achillesferse, aus der heraus ich mich als Opfer leicht schuldig fühle, so reagiere ich auf unterschwellige Vorwürfe: „Was haben Sie sich denn dabei gedacht?" Wie bereits bei den gedeckten Transaktionen gesagt, ist die psychologische Ebene der Kommunikation im Tonfall oder in der Körpersprache erkennbar.

Antwort: Gemeint ist ein Hin und Her des Gesprächs auf der vermeintlichen Erwachsenen-Ich-Ebene, bis dann mit dem Wechsel die gedeckte Ebene plötzlich offensichtlich wird. So kann das vermeintliche Opfer („Ich weiß wirklich nicht, was ich tun soll.") zum Verfolger werden: „Wenn Ihnen als Mediator nichts Besseres einfällt, dann frage ich mich, was das Ganze soll!"

Wechsel: Die Position des Wechsels lässt sich dem Wechsel innerhalb des Drama-Dreiecks veranschaulichen. Das Opfer wechselt in die Position des Verfolgers, der Retter wird zum Opfer.

Verwirrung: Als Folge davon stellt sich häufig Verwirrung ein. Habe ich mich als Mediator in ein psychologisches Spiel verwickeln lassen, merke ich jetzt oft eine negative körperliche Reaktion, ein Schlecht-im-Magen-Fühlen, ein Beengt-sein-in-der-Brust, Stocken des Atems, Schweißausbruch etc.

Endauszahlung: Und auf die Verwirrung folgt die Endauszahlung des Spiels in Form von negativen Gefühlen und Gedanken oder destruktiven Verhaltensweisen, die das Vorverständnis der Parteien bestätigen: „Ich habe doch gewusst, dass die Mediation nichts bringt" oder: „Mir war von Anfang an klar, dass Sie nicht lösungswillig sind."

Psychologische Spiele sind Verhaltens- und Kommunikationsmuster, an deren Ende immer einer, wenn nicht beide verlieren. Weshalb spielen Menschen dann Spiele? Eric Berne meinte, dass Spieler neben dem Schaden auch einen sekundären Nutzen haben. Im Spiel **Ja-Aber** z.B. wird der Mediator eingeladen, das Problem zu lösen, während die Konfliktparteien bei all seinen Vorschlägen ein Haar in der Suppe finden. Das geheime Ziel dieses Spiels ist, nachzuweisen, dass letztlich keine Lösungen möglich sind. Die Konfliktparteien haben davon den Nutzen, dass sie sich selbst nicht den unangenehmen Aufgaben von Veränderung stellen müssen, sondern weiterhin beim beklagten Status quo verharren können.

Generell wird mit Hilfe von Spielen auf eine indirekte und uneingestandene Art Zuwendung gesucht und ausgetauscht. Die TA spricht hier vom **biologischen Spiele-Nutzen**: Menschen brauchen Zuwendung, um zu überleben, und wenn es keine positive gibt, dann muss es halt negative Zuwendung tun. Dies wird deutlich, wenn in einer Scheidungsmediation die Partner, die lange nicht mehr miteinander gesprochen haben, plötzlich und unvermittelt in einen heftigen Streit ausbrechen. Auf diese Weise können sie noch einmal intensiv Zuwendung austauschen ungeachtet ihrer Entscheidung, sich zu trennen.

Die Bestätigung von Lieblingsgefühlen oder Lieblingsüberzeugungen ist ein weiterer, **existenzieller Nutzen**. Ich werde mit Hilfe eines Spiels in meiner Überzeugung bestätigt, wie Männer, wie Frauen, wie Vorgesetzte, wie Mitarbeiterinnen sind, und erlebe meine dazu passenden Gefühle als gerechtfertigt: Ärger, Depression, Verweigerung, Rückzug etc.

Daneben kennt die TA einen **psychologischen Nutzen**. Ich kann bestimmte Bedürfnisse ausleben, ohne Schuldgefühle zu haben: schimpfen, Türen schmeißen, Gewalt gegen Sachen oder Menschen. Oder ich brauche mich bestimmten unangenehmen Situationen nicht zu stellen: einer endgültigen Entscheidung, einer verpflichtenden Abmachung oder der Einsicht in eigene Fehler.

Neben diesem psychologischen gibt es auch einen **sozialen Nutzen**. Mit Hilfe von Spielen kommt es zur Interaktion zwischen Menschen, die sich eigentlich nichts zu sagen haben, und das, was passiert, lässt sich auch noch im Kreise der Fernstehenden als Thema zur Unterhaltung ausbeuten. Die TA nennt dies den inneren und äußeren sozialen Nutzen.

Kann man gegen Spiele etwas machen? Ja, und als Mediator muss ich es sogar tun. Wichtig ist jedoch, getreu dem biblischen Motto zunächst den Balken aus dem eigenen Auge zu ziehen, bevor man den Splitter im Auge seines Gegenübers entfernen will, d.h., ein Mediator muss seine eigene Spielanfälligkeit kennen und erkennen:
➤ Wo habe ich bestimmte Abwertungen meines Gegenübers nicht konfrontiert?
➤ Sind wir noch auf der Ebene des Erwachsenen-Ichs?
➤ Habe ich einen klaren Vertrag? Etc.

Wenn ich als Mediator merke, dass die Konfliktparteien sich untereinander oder mir „Spielangebote" machen, so ist es wichtig, diese Angebote aufzudecken. Allerdings nicht aus einer besserwisserischen oder Verfolger-Haltung heraus: Habe ich dich erwischt, Schweinehund? (Das wäre übrigens der Titel eines weiteren psychologischen Spiels aus dem Arsenal der TA.) Hilfreicher ist es, aus dem Erwachsenen-Ich zu reagieren, bspw.: „Bei mir kommen zwei unterschiedliche Botschaften an, einerseits höre ich, dass Sie das und das sagen, andererseits merke ich an Ihrer Körperhaltung, dass Sie ..." oder: „Ich habe immer noch nicht deutlich verstanden, was Sie sagen wollen, bitte können Sie das konkretisieren."

Wann immer es möglich ist, sollte die Mediatorin von der Arbeitshypothese ausgehen, dass hinter psychologischen Spielen alte Erfahrungen stehen. Dann lassen sich vielleicht auch alternative Lernerfahrungen initiieren:
➤ Wie hat eine Person bzw. ein System gelernt, die lebensnotwendige Zuwendung und Aufmerksamkeit (strokes) zu bekommen? (biologischer Nutzen)
➤ Welche Erfahrungen haben die Mitglieder des Systems miteinander? Können sie aufgrund neuer Lernerfahrungen die alten Glaubenssätze prüfen und verändern? (existenzieller Nutzen)
➤ Wie kann ein System neu lernen, mit Schwierigkeiten umzugehen? (psychologischer Nutzen)
➤ Wie kann ein System seine Beziehungen intern und zur Außenwelt neu strukturieren, nach neuen Regeln? (sozialer Nutzen)

10.5.3 Spielesammlung

In der Nachfolge von Eric Berne[57] haben Transaktionsanalytiker eine ganze Reihe von Psychologischen Spielen systematisch beschrieben. Ich möchte hier solche Spiele auflisten, die mir in der mediatorischen Praxis häufig begegnen, und greife dabei auf folgendes Schema zurück:

Name des Spiels[58]:
These: Der Glaube bzw. die Grundüberzeugung, die dem Spiel zugrunde liegen.
Nutzeffekt: Das heimliche Ziel des Spiels, manchmal auch nur eine Art „Trostpreis".
Eröffnung: Typische Verhaltensweisen oder Satzanfänge, die so oder ähnlich in das Spiel führen können.
Antithese: Interventionen, die einen Einstieg ins Spiel vermeiden oder zu einem Ausstieg aus dem Spiel einladen sollen. Eine geeignete Intervention besteht fast immer darin, die eigene Wahrnehmung über den Ablauf im Hier und Jetzt mitzuteilen (Erwachsenen-Ich).

57: Eric Berne, *Spiele der Erwachsenen*.
58: Ich nutze die didaktisch sehr gute Darstellung von Manfred Gührs/Claus Novak, *Das konstruktive Gespräch*, S. 93ff.

Spiele, die in der Verfolgerrolle begonnen werden:
HAB ICH DICH, DU SCHWEINEHUND
These: Ich sorge dafür, dass du dich schlecht fühlst, dann muss ich nicht an meine eigenen Defizite denken.
Nutzeffekt: Der Triumph, obenauf zu sein.
Eröffnung: Absprachen mit Personen zu treffen, von denen man im Grunde weiß, dass sie sie nicht einhalten werden. „Haben Sie nicht daran gedacht …?" „Haben Sie denn nicht gewusst …?"
Antithese: „Wollen Sie mit mir darüber reden, was Sie befürchten?"

IST ES NICHT SCHRECKLICH?
These: Jammert gern und braucht Gesellschaft.
Nutzeffekt: Abfackeln von Ärger und Enttäuschung, ohne sich tatsächlich auseinander setzen zu müssen.
Eröffnung: „Ist es nicht schlimm, wie … (die Frauen, die Männer, die Chefs, die Mitarbeiter etc.)"
„Kein Wunder …"
Antithese: „Wollen Sie etwas dagegen unternehmen? – Sonst lassen Sie uns von etwas anderem reden."
Anmerkungen: Dieses Spiel kann sowohl aus der Verfolgerrolle (k EL) als auch aus der Opferposition (a K) gespielt werden.

SIEH NUR, WAS DU ANGERICHTET HAST
These: Ich habe keine Schuld, sondern nur getan, was die anderen wollten.
Nutzeffekt: In Schwierigkeiten zu geraten und andere zu beschuldigen, um die eigene Verantwortung zu leugnen.
Eröffnung: „Sagen Sie mir, was soll ich tun?"
„Ich verlass mich ganz auf Sie."
„Wenn Sie meinen, dann mache ich …"
Antithese: Keine Ratschläge geben.

Spiele, die in der Opferrolle begonnen werden:
DUMM
These: Solange ich mich dumm anstelle, brauche ich keine Probleme zu lösen.
Nutzeffekt: Abnehmen von Verantwortung durch andere.
Eröffnung: Häufiges Nachfragen.
„Jetzt verstehe ich gar nichts mehr."
Antithese: „Ich erwarte, dass Sie es selbst herausfinden."

WENN DU NICHT WÄRST
These: Immer hindert mich jemand, genau das zu tun, was ich möchte.

Nutzeffekt: Vermeidung, die eigene Furcht vor dem zuzugeben, was ich tun möchte.
Eröffnung: „Ich habe doch gemerkt, dass Sie eigentlich etwas dagegen haben."
„Wenn ich nicht in dieser Abteilung arbeiten müsste, dann hätte ich ..."
Antithese: „Manchmal macht es wirklich Angst, ... zu tun."
Anmerkungen: Die Spieleinladung erfolgt in der Regel aus der Opferrolle, verdeckt jedoch wird aus der Verfolgerposition operiert. Das Ziel besteht oft darin, beim Mitspieler Schuldgefühle zu erzeugen.

Spiele, die in der Retterrolle begonnen werden:
ICH VERSUCHE JA NUR, DIR ZU HELFEN
These: Niemand macht, was ich ihm rate.
Nutzeffekt: Bestürzung über die undankbaren Menschen. Entlastung von Schuldgefühlen.
Eröffnung: Jede Form von ungefragten Ratschlägen und Hilfsangeboten.
Antithese: Hilfsangebote ablehnen.

Und schließlich ein – vielleicht doch nicht so – unernster Vorschlag: **Mediation**
These: „Ich weiß besser als Sie, was Sie bewegt und warum Sie etwas tun."
Nutzeffekt: Vermeidung, sich mit dem eigenen Problem zu beschäftigen. Gefühl von Überlegenheit.
Eröffnung: Deutung von fremdem Verhalten und Angebot von Lösungen:
„Ich weiß, was Ihr Problem ist." „Haben Sie schon mal daran gedacht ...?"
Antithese: Keine Ratschläge geben! „Was haben Sie denn schon unternommen?"
„Stellen Sie das Problem doch einmal lösbar dar!"

10.5.4 Kalte Konflikte

Den Psychologischen Spielen verwandt sind in der Konfliktnomenklatur Friedrich Glasls die **kalten Konflikte**. Kalte Konflikte gleichen erloschenen Vulkanen, die nur noch brodeln. Hier spüren die Konfliktparteien keine Emotionen mehr, noch geht es darum, wirklich ein wünschenswertes Ziel zu erreichen. Man hat sich mit kalter Berechnung in den Grabenkämpfen der Kontaktvermeidung eingerichtet, wobei Dinge wie Mediation nur stören würden.

Kalte Konflikte sind m.E. „depressive" Konflikte. Und beim Umgang mit kalten Konflikten bewähren sich Methoden, die sich auch in der Arbeit mit depressiven Menschen bewähren, nämlich erlebnis- und sozialaktivierende Maßnahmen. Die Erwähnung geschieht mit einem warnenden Hinweis: Kalte Konflikte sollen sich wieder in lebendige Auseinandersetzungen verwandeln, um bearbeitbar zu werden. Wenn sich allerdings der kalte Konflikt bereits auf einem hohen Eskalationsniveau befindet, dann wird auch der heiße Konflikt auf diesem Niveau ausgetragen werden.

Folgende sechs Techniken haben sich zur Hebung des emotionalen Niveaus bewährt. Diese Maßnahmen sind in der Regel nicht im Mediationsetting durchführbar, sondern eignen sich eher für Einzelgespräche, womöglich während einer Shuttlephase oder mehr noch für ein Coaching. Dabei lädt der Coach seinen Klienten ein, aus der emotionalen Starre herauszutreten:

1. Gefühlhaftes Sprechen, das meint mehr, sich offen emotional auszudrücken anstatt trocken und ironisch („Ich ärgere mich, dass Sie wieder zu spät kommen!" statt: „Ist Ihre Uhr stehen geblieben?").
2. Mimisch-expressiver Ausdruck von Gefühlen, d.h. sie nicht nur auszusprechen, sondern auch Körpersprache auszudrücken.
3. Widersprechen und die eigene Position deutlich machen. Wenn die eigene Auffassung von der des anderen abweicht, keine Übereinstimmung vorspielen, sondern die Gefühle zeigen und auf der emotionalen Ebene widersprechen.
4. Die häufige und gezielte Verwendung des Wortes „Ich". „Ich möchte ...", „Ich will ...", „Ich will nicht ..."
5. Auf Lob ausdrücklich eingehen, d.h. positive Veränderungen bei sich zulassen.
6. Improvisieren. Plane nicht vor, sondern entscheide immer wieder neu, wie du reagieren wirst.

Gelingt es, die Konfliktparteien aus ihrer „Depressivität" zu führen, so können sie (wieder?) erkennen, dass es sich lohnt, sich für Ziele einzusetzen und darum Konflikte zu führen.

10.6 Vierte Phase: Lösungen sammeln und bewerten

In der vierten Phase schließlich kommt es zum **Entwurf von Lösungen**. Brainstormingartig werden alle Möglichkeiten gesammelt und diskutiert. An dieser Stelle kann auch die Mediatorin Lösungsvorschläge aus ihrer Fachkompetenz einbringen (Expertenberatung). Oft stellt die Mediatorin in dieser Phase trotz der Unterschiedlichkeit der vertretenen Positionen auch gemeinsame Interessen der Konfliktbeteiligten fest, die Ihnen nicht (mehr) bewusst waren. Das vergrößert ebenfalls die Bereitschaft zur Lösungssuche.

Bei Frau C. war mehr als der nicht abgetaute Kühlschrank im Spiel. Und auch die anderen Abteilungsmitglieder konnten die Befürchtung von Frau C., die Abteilung könnte aufgelöst werden, nachvollziehen. Sie selber hatten schon ähnliche Befürchtungen gehabt.

Das Interesse am Erhalt ihres Arbeitsplatzes in ihrer gewohnten Umgebung schweißte sie neu zusammen. Es lohnte sich mit einem Mal, auch der Geschäftsleitung gegenüber darzustellen, dass sie bereit waren, eine neue Arbeitsteilung und neue Zuständigkeiten zu finden.

10.6.1 Was bedeutet eigentlich „Lösungsorientierung"?

Über Probleme zu reden schafft Probleme. Wer Lösungen will, muss über Lösungen sprechen. So lautet ein Diktum, das dem amerikanischen Therapeuten **Steve de Shazer** zugeschrieben wird. Traditionell dominiert der Glaube, dass man zu Lösungen kommt, wenn man das Problem – welches sich vor einem auftürmt – möglichst intensiv bespricht. So wird eifrig nach Gründen und Ursachen für das beklagte Problem gesucht – vor allem auch nach Verantwortlichen und Schuldigen.

Gruppenübung: Gordischer Knoten
Die Gruppenmitglieder stellen sich in einem relativ engen Kreis auf, strecken beide Arme in die Kreismitte, schließen die Augen und geben einander blind die Hände. Nachdem sie die Augen wieder geöffnet haben, kontrollieren sie, dass sie nicht die Hände der direkt neben ihnen stehenden oder beide Hände derselben Person ergriffen haben – sonst würde der Knoten nicht fertig. Nachdem sie dies gegebenenfalls kontrolliert haben, versuchen sie – ohne die Hände loszulassen! – den Knoten aufzuknüpfen. Das gelingt in der Regel – mit Geduld und Kooperation!

Dieter K. richtet wenig archäologisches Interesse auf das Problem; er befasst sich möglichst rasch mit der Einleitung von Lösungsmöglichkeiten. Im Vordergrund steht für ihn nicht die Analyse des Problems, sondern die Konstruktion von Lösungen. Typische problemorientierte Fragen sind:
➤ Was ist das Problem?
➤ Wie, wodurch, woher kam das?
➤ Was fehlt dem Mitarbeiter/dem Team?

Dieter K. fragt:
- Was würden die Streitparteien gerne erreichen?
- Was kann getan werden?
- Was ist gut, was könnte noch besser werden?

Die Erfahrung zeigt, dass die eingehende Analyse und Besprechung von Problemen diese eher verstärken als lösen. Eine Mediation kann sich über Wochen damit beschäftigen die unerwünschte Situation zu analysieren, herauszufinden, wer Schuld hat, und die bedrückenden Ergebnisse zu diskutieren. Wenn im Vordergrund die Orientierung hin zur Lösung steht, dann können Alternativen gefunden und erfunden werden.

Lösungsorientierte Techniken

Die **Wunderfrage** ist eine typische Technik, mit deren Hilfe sich konkrete Zielvisionen entwickeln lassen. Die Wunderfrage soll den Medianten helfen, eine möglichst klare und genaue Beschreibung des wünschenswerten Zustandes zu entwickeln, ohne dass sie dabei den Blick dauernd auf das Problem richten müssen: „Wenn Sie heute Abend zu Bett gehen und schlafen, geschieht über Nacht ein Wunder. Morgen ist das Arbeitsklima in Ihrer Abteilung optimal. Da dieses Wunder geschieht während Sie schlafen, wissen Sie nichts davon. Wenn Sie morgen früh aufwachen, woran werden Sie merken, dass das Wunder geschehen ist? Wer außer Ihnen wird noch merken, dass das Wunder geschehen ist? Was ist für Sie anders als sonst? Wie stellen Sie fest, dass das Wunder geschehen ist?"

Bei der Anwendung dieser Technik ist zu beachten:
- Es ist unrealistisch, dass die Medianten schon zu Beginn der Arbeit genau wissen, wohin sie wollen!
- Ein starres Festhalten an ursprünglichen Zielen verhindert das Entdecken von neuen Zielen!
- Es funktioniert nur dann, wenn die Zielvorstellungen von den Klienten selbst entwickelt werden!

Bei jeder Schilderung einer problematischen Situation gibt es in der Vergangenheit auch Phasen, in denen es besser oder sogar fast gut gelaufen ist, die **Ausnahmen**. Wenn der Mediator weiter forscht, stellt er oft fest, dass es bereits Lösungsansätze – die funktioniert haben – gibt oder gab. Das bedeutet, dass die Abteilung zu bestimmten Zeiten gut zurechtgekommen ist, und somit auch alle Beteiligten wissen, wie sie zurechtkommen könnten. Sobald aber Schwierigkeiten auftreten, wird dieses Wissen schnell vergessen und das Problem ins Visier genommen. Dieses vorhandene Wissen muss entdeckt und weiterentwickelt werden:
- Wann ging es schon mal besser?
- Was haben Sie damals gemacht?
- Wie kam es, dass Sie wieder besser zurechtkamen?

Die Entdeckung dieses Potenzials bringt für die Medianten Licht in das Dunkel und lässt die Bewältigung des Problems wahrscheinlicher erscheinen. Es entstehen automatisch Lösungsgespräche:
➤ Wie müssen wir uns weiterentwickeln, um eine dauerhafte Lösung zu finden?
➤ Was können wir aus diesen Zeiten lernen?
➤ Was haben wir anders oder richtiger gemacht, dass es zeitweise gut war?

Die Mediatorin sorgt dafür, dass die Klienten ausreichend Zeit und Gelegenheit erhalten, Ziele, Wünsche und Wege zu äußern, zu erörtern und weiterzuentwickeln. Die Anwendung von **Skalen** hilft, dann die zur Erreichung notwendigen Schritte auch zu gehen:

➤ Stellen Sie sich vor, wir bewerten die Situation in ihrem allerschlimmsten Zustand mit 0 Punkten, und 10 Punkte stehen dafür, dass das Problem vollständig gelöst ist. Wie würden Sie die heutige Situation einschätzen?
➤ Wie sehr ist Ihnen daran gelegen, die Schwierigkeiten zu beenden und mit dem Erarbeiten von Lösungen zu beginnen?
0 Punkte = kein Wollen und 10 Punkte = ich wünsche es, so sehr es nur geht
➤ Wie hoch schätzen Sie die Chance ein, diese schwierige Situation zu ändern?
0 Punkte = keine Chance und 10 Punkte = ganz sicher
➤ Was wollen oder können Sie tun, um ein bis zwei Punkte auf der Skala höher zu kommen?

Vorteil der Skalenfrage ist, dass man von einer Hypnotisierung durch Alles-oder-Nichts-Vorstellungen wegkommt zu realistischen Einschätzungen. Zugleich hilft sie der Konfliktlösung, Zwischenergebnisse auf dem richtigen Weg zu finden, die noch nicht die vollends befriedigende Lösung sein müssen. Diese Zwischenergebnisse können mittels einer Skalierungsfrage überprüft werden.

Dabei ist zu beachten,
➤ dass die Ziele positiv formuliert sind, es sich also um Erreichungs-, nicht um Vermeidungsziele handelt,
➤ dass das Team für die Zeit zwischen den Mediationssitzungen Aufgaben bekommt, die die veränderten Umgangsweisen sofort in den Alltag umsetzen,
➤ und dass schließlich die Mediatorin durch einen freigiebigen Umgang mit Strokes für die Stärkung und Aufrechterhaltung von Zuversicht und Eigenverantwortung sorgt. Dies ist ihre Verantwortung für eine positive Arbeitsatmosphäre. Das Lob für die bereits geleisteten Lösungsbemühungen – die oft schon aus dem Blickfeld der Beteiligten verschwunden sind – stärkt die Zuversicht in die weitere Arbeit, erleichtert die nächsten Handlungsschritte, baut Ängste vor Veränderungen ab und bewahrt davor, das Problem in den Mittelpunkt zu rücken.

Es ist Aufgabe des Mediators, dafür zu sorgen, dass sich das Mediationsgespräch mit Lösungen beschäftigt und nicht in endlosen Problemanalysen versandet. Für die Vorgehensweise ist es hilfreich, den Ablauf in zwei Phasen zu unterteilen.

1. Im Problemgespräch geht es um Klagen und Probleme. Auch die haben ihre Bedeutung. Es gibt eine Zeit zu klagen, und es gibt eine Zeit, um über Veränderungen zu sprechen. Letzteres kann nur gelingen, wenn Ersteres mit ausreichendem Respekt betrachtet wird. Durch eine zu rasche Überleitung zur Lösungsorientierung können sich die Klienten missachtet fühlen. Er vergewissert sich mit der Frage: „Gibt es noch etwas, was Sie mir erzählen möchten?"

2. Für den Mediator ist es wichtig zu wissen, wann es dran ist, das Gespräch in das Veränderungsgespräch überzuleiten. Möglicherweise mit dem Bonmot: Es ist besser, eine Kerze anzuzünden, als sich fortwährend über die Dunkelheit zu beklagen.

Wer hat Schuld? Mediator Dieter K. hat das Interesse, mit den Konfliktparteien eine gemeinsame Zukunft zu modellieren und nicht quasi richterlich Entscheidungen über Vergangenes zu treffen und Schuldzuweisungen vorzunehmen. Dennoch steht Dieter K. mit diesem Ansinnen manchmal recht allein:

Einmal ergreift Herr A. das Wort. Dieter K. vermutet, er will nur Frau B. zuvorkommen. Herr A. verlangt von ihr eine Richtigstellung von Vorgängen, die zwei Jahre zurückliegen. „Sie haben damals falsche Informationen gegeben. Ich erwarte, dass Sie das klarstellen und sich entschuldigen!" Auch andere schalten sich in das Gespräch ein, und wie in einem Puzzle kommen immer weitere Aspekte hinzu: Sie beginnen, einander mit ihren Vorwürfen und unterschiedlichen Sichtweisen zu konfrontieren, und sind sehr bestrebt, Vergangenes wieder aufzurollen.

Frau B. ist mittlerweile den Tränen nahe: „Seit acht Jahren habe ich hier gelitten, und niemand merkt es. Ich habe mir fest vorgenommen, das muss heute raus ..." Sie redet ohne Punkt und Komma von Konflikten mit Kollegen, die schon nicht mehr in der Abteilung sind, und Dieter K. lässt sie – aus falscher Ritterlichkeit? – gewähren. Andere aber kennen dieses Thema schon: „Wenn das hier so weitergeht, dann gehe ich!"

Dieter K. merkt, wie ihm der Sisyphos-Stein entgleitet, und er interveniert: „An diesen Vorgängen, die Jahre zurückliegen, lässt sich keine Veränderung herbeiführen. Und wie Sie sehen, gibt es nicht nur eine Wahrheit, sondern Ihre, Ihre und Ihre. Ich lade Sie ein, eher zu schauen, was an diesem Konflikt zukunftsgewandt ist: Was können Sie aus diesen vergangenen Vorfällen jetzt an Verbesserungen für die Gegenwart ableiten?"

Mit Kränkungen und Verletzungen umzugehen ist eines der wichtigsten Lernerfordernisse in Familien genauso wie in Arbeitsbezügen. Anstatt die beschädigte Beziehung möglichst schnell wieder zu reparieren, halten Menschen häufig an der Verletzung fest. Der so gewonnene Opferstatus hat mindestens den Vorteil, dass das Opfer aus seiner Sicht Anrecht auf Kompensation hat und keine Verantwortung für das missliche soziale Klima übernehmen muss. Da sich die Beteiligten in der Regel wechselseitig als Opfer und Täter sehen, paralysiert sich die ganze Gruppe. Die Konsequenzen sind dann greifbar – in Arbeitsbezügen häufig auch finanziell.

Der Wunsch, die Vergangenheit aufzurollen und die eigene Sicht durchzusetzen, wird auch in der Mediation zwangsläufig scheitern. Darauf muss das Klientensystem um einer gemeinsamen Zukunftsorientierung willen verzichten – auch wenn es oft schwer fällt. Mediation braucht die Bereitschaft zu vergeben und dann zu vergessen.

> **Weiterführende Literatur:** Ralf Mehlmann, Oliver Röse, *Das LOT-Prinzip*, Göttingen 2000. Übersichtliche und praxisorientierte Darstellung der lösungsorientierten Vorgehensweise in der Beratung.

10.6.2 Der O.k.-Verhandlungsquadrant

Lösungsorientierung bedeutet nicht, zum Strohhalm von Augenblickserfolgen zu greifen. Mediation will zu nachhaltigen Konfliktlösungen verhelfen. Nachhaltige Lösungen sind nicht bloß für den Augenblick passend, sondern schaffen Ressourcen für ein künftiges Miteinander. Nachhaltige Lösungen, sog. Gewinner-Gewinner-Lösungen setzen allerdings eine respektvolle Haltung auch dem Konfliktpartner gegenüber voraus.

People are o.k. Die Transaktionsanalyse teilt das Menschenbild der humanistischen Psychologie[59]. Dieses Menschenbild geht davon aus, dass alle Menschen gleichwertig und gleichberechtigt sind und dass Zusammenarbeit und gegenseitige Hilfestellung natürliche Bedürfnisse sind. Als empirische Bestandsaufnahme wären solche Sätze wohl naiv. Die TA billigt auch nicht jede menschliche Verhaltensweise, sie rechnet sogar damit, dass Menschen egozentrisch sind und nur auf ihren Vorteil bedacht. Aber diese Grundannahmen wollen gar nicht die Realität abbilden, sondern einen Entwicklungsweg zeigen. Dieser Weg kann sinnvoll auch in Konflikten beschritten werden.

Aus diesem Menschenbild leitet die Transaktionsanalyse die sog. **Grundpositionen** oder auch O.k.-Haltungen ab, und diese Grundhaltungen geben Antwort auf die Frage, wie jemand mit sich selbst und anderen in Auseinandersetzungen umgeht.

Ich bin o.k. und du bist o.k./Ich bin wichtig und du auch (+/+).
In dieser konstruktiven Grundeinstellung billigen Menschen sich selbst und anderen die gleiche Wichtigkeit zu. Im Konfliktfall nehmen sie vielleicht Anstoß an der Position des anderen, ärgern sich über dessen Verhalten, sie bestreiten jedoch nicht die Wichtigkeit und den Wert der Bedürfnisse und der Interessen der anderen Person.

Ich bin o.k. – du bist nicht o.k./Ich bin wichtiger als du (+/–).
In dieser Grundeinstellung zeigen Menschen eine überhebliche Haltung anderen gegenüber. Sie billigen den Bedürfnissen und Interessen des anderen keinerlei Wert zu. Auch ist der andere in ihren Augen nicht in der Lage, für seine Belange einzutreten.

59: Ausführlich hierzu Ute und Heinrich Hagehülsmann, *Der Mensch im Spannungsfeld seiner Organisation*, S.143ff.

Ich bin nicht o.k. – du bist o.k./Ich bin weniger wichtig als du (–/+).
Dies ist die Grundeinstellung des Selbstzweifels. Die Person zweifelt daran, dass ihre Interessen und Bedürfnisse tatsächlich wichtig sind. Entweder passt sie sich deshalb dem anderen an oder sie versucht, ihr Minderwertigkeitsgefühl rebellisch zu überspielen.

Ich bin nicht o.k. – du bist nicht o.k. Ich bin nicht wichtig und du auch nicht (–/–).
Die Position der Sinnlosigkeit. In dieser Grundeinstellung glauben Menschen nicht, dass es im Konflikt irgendetwas bringt, wenn sie sich mit ihren Bedürfnissen und denen des anderen auseinandersetzen. Vielmehr neigen sie häufig zu Gewalt gegen sich selbst und andere.

Diese Grundeinstellungen beziehen sich nicht nur auf eine Zweier-Beziehung, sondern können auch erweitert werden z.B. um die Dimension „die Anderen" oder „die Sache", so dass z.B. Personen aus bestimmten Abteilungen einer Firma oder Schüler aus bestimmten Herkunftsländern als nicht wertvoll und wichtig angesehen werden.

Die TA geht davon aus, dass sich diese Grundeinstellungen, die biografisch erworben sind, insbesondere in Stresssituationen wie z.B. in Konflikten deutlich zeigen. Die Grundpositionen lassen sich deshalb auch gut mit bestimmten Verhaltensweisen in Konflikten in Verbindung bringen:

In der Haltung „Ich bin o.k. – du bist o.k." lasse ich mich auf das Problem und auf mein Gegenüber ein. Diese Haltung ist am besten dazu geeignet, um in Bezug auf eine Lösung voranzukommen.

Aus der Haltung „Ich bin o.k. – du bist nicht o.k." heraus werde ich eher versuchen, mein Gegenüber loszuwerden, abzuwimmeln und abzuschieben. Ich nehme weder ihn noch seine Bedürfnisse ernst.

Zeige ich die Haltung „Ich bin nicht o.k. – du bist o.k.", dann rücke ich von meinen eigenen Bedürfnissen ab und entziehe mich der Auseinandersetzung – dies sind z.B. die „Schweiger" in der Mediation.

Die Haltung „Ich bin nicht o.k. – du bist nicht o.k." ist am wenigsten für eine Konfliktlösung geeignet. Aus dieser Haltung heraus geben Menschen in Auseinandersetzungen schnell auf und kommen, was die Lösung ihrer Probleme angeht, nicht zum Ziel.

Aus diesen Grundpositionen kann man entsprechende **Verhandlungsstile** ableiten. Bei der Mediation handelt es sich ja um eine bestimmte Form von Verhandlung. Auch wenn es nicht um Tarifverhandlungen, Koalitionsverhandlungen, Gerichtsverhandlungen etc. geht, in alltäglichen Diskussionen und Auseinandersetzungen am Arbeitsplatz oder im Familienleben muss verhandelt werden: Wie ist eine bestimmte Aufgabe sinnvoll zu erledigen? Wohin soll es im Urlaub gehen? Die Verhandlungssituationen sind äußerst vielfältig, und ebenso vielfältig und manchmal widersprüchlich sind auch die Menschen mit ihren Ansichten und Wünschen. Deshalb müssen wir die Fähigkeit besitzen zu verhandeln.

Verhandlungsfähigkeit ist insbesondere in dieser Phase der Mediation gefragt, denn jetzt läuft das Gespräch weniger über die Person des Mediators, vielmehr treten die Beteiligten in einen direkten Dialog ein über mögliche Lösungen, die ihren Bedürfnissen und Interessen angemessen sind, m.a.W.: sie verhandeln.

Ausgehend von der Frage: Wie viel will der Verhandler selbst gewinnen, wie viel darf die andere Partei gewinnen? lassen sich entsprechend den Grundpositionen vier Formen des Verhandelns unterscheiden[60].

Kompetitives Verhandeln (Sieg/Verlust)

Der Verhandler meint, den größten Profit aus der Verhandlung zu ziehen, wenn der andere verliert. Diese Sieger-Verlierer-Strategie des kompetitiven Verhandelns entspricht der „Ich bin o.k. – du bist nicht o.k." Grundeinstellung. Kompetitives Verhalten geht von einer grundsätzlichen Mangelsituation aus: Es ist nicht genug an Geld, an Arbeit, an Einfluss etc. für alle da, deshalb kann ich nur gewinnen, was du verlierst. Da der andere sich aber nicht in die Verliererposition hindrängen lassen will, bewirkt kompetitives Verhandeln eine Eskalation des Konflikts. Bestenfalls lassen sich mit kompetitivem Verhandeln Augenblickserfolge erzielen. Es ist jedoch für nachhaltige Lösungen gänzlich ungeeignet, wenn die Konfliktparteien an einer weiteren Beziehung miteinander interessiert sind: Kompetitives Verhandeln weckt beim anderen Energien der Rache.

Dem gegenüber steht das weiche Verhandeln (Verlust/Sieg).

Die innere Grundeinstellung ist „Ich verliere und du gewinnst" bzw. „Ich bin nicht o.k. – du bist o.k.". Auch für den weichen Verhandler herrscht im Grunde eine Mangelsituation. Er handelt allerdings mit umgekehrten Vorzeichen. Es ist nicht genug für beide da, deshalb verzichte ich.

Dies mag einen zunächst verwundern. Gibt es so etwas tatsächlich? Manchmal wird weiches Verhandeln bewusst oder unbewusst manipulativ eingesetzt. Um Wohlwollen zu erkaufen, überlässt man der anderen Seite mehr als ihr zusteht. Die Manipulation kann so weit gehen, dass ich versuche dem, der mehr bekommt, ein schlechtes Gewissen zu machen und mich moralisch über ihn zu erheben, nach dem Motto „der Bessere gibt nach".

Kamikaze-Verhandeln (Verlust/Verlust)

Ich verliere, und mein Ziel ist es, dich auch zum Verlierer zu machen, oder in Worten der Transaktionsanalyse „Ich bin nicht o.k. – und du bist es auch nicht". Diese Kamikaze-Strategie ist eine extreme Weiterführung des Rachegedankens, und sie zeigt sich in alltäglichen

---

60: Reiner Ponschab/Adrian Schweizer, *Kooperation statt Konfrontation. Neue Wege anwaltlichen Verhandelns*.

Konfliktsituationen häufiger, als man glaubt. Ein gekündigter Mitarbeiter hat nur noch das Interesse, seinem bisherigen Arbeitgeber zu schaden, indem er bspw. Ergebnisse und Unterlagen seiner Arbeit vernichtet. Ein Vater, der sich in Unterhaltsverhandlungen extrem gedrückt fühlt, wird womöglich seinen Arbeitsplatz aufgeben, um den Unterhalt nicht zahlen zu müssen.

Schließlich das kooperative Verhandeln (Gewinner/Gewinner).
Motto: „Ich gewinne dann am meisten, wenn du auch vom Verhandlungsergebnis profitierst" oder mit den Worten der Transaktionsanalyse „Ich bin o.k. – du bist o.k." Kooperatives Verhandeln bewährt sich insbesondere in Situationen, in denen Menschen weiterhin zusammenleben oder zusammenarbeiten wollen, sei es in einer gemeinsamen Berufstätigkeit oder sei es in der gemeinsamen Verantwortung für Kinder. Kooperative Verhandler sind deshalb bestrebt, gemeinsam mit dem Verhandlungspartner zu untersuchen, ob sich ihre Ziele nicht durch gemeinsam erarbeitete Lösungen erreichen lassen. Und sie sind bestrebt, sich nicht auf die eigenen Ansprüche zu konzentrieren, sondern Lösungen zu finden und neue Ressourcen zu erschließen, die beide Seiten zufrieden stellen, ausgehend von der Überzeugung, es ist genug für alle da. Da dieses Genug oftmals nicht im quantitativen und materiellen Sinne gilt – ein Familieneinkommen lässt sich nun einmal mit dem Weg einer Scheidung nicht vergrößern, sondern schmälert sich eher – erfordert diese Art des Verhandelns ein kreatives, konstruktives Denken. Wie lassen sich bestimmte Dinge auf eine ungewohnte Art und Weise erreichen?

Innere Haltung ich bin nicht o.k. – du bist o.k. Führt zu Verhalten: Abrücken, Weggehen Verhandlungsstil: Verlierer-Gewinner	Innere Haltung ich bin o.k. – du bist o.k. Führt zu Verhalten: Einsteigen, Vorankommen Verhandlungsstil: Gewinner-Gewinner
Innere Haltung ich bin nicht o.k. – du bist nicht o.k. Führt zu Verhalten: Nichts lösen, Aufgeben Verhandlungsstil: Verlierer-Verlierer	Innere Haltung ich bin o.k. – du bist nicht o.k. Führt zu Verhalten: Loswerden, Abschieben Verhandlungsstil: Gewinner-Verlierer

Abb.: Der O.k.-Verhandlungsquadrant

Ich bin wichtig und du bist es auch. Diese Grundeinstellung erscheint nicht selbstverständlich, gerade in Konflikten, aber sie ist als Leitziel erstrebenswert. Die TA postuliert, dass

Menschen in dieser Grundeinstellung auf die Welt kommen und die anderen Einstellungen „Ich bin o.k. – du bist nicht o.k., Ich bin nicht o.k. – du bist o.k., Ich bin nicht o.k. – du bist auch nicht o.k." Reaktionen auf wenig förderliche bzw. schädigende Einflüsse im Laufe ihrer Sozialisation darstellen. Allerdings wäre es illusionär, einen romantischen Blick zurück zu richten und auf diese Weise wieder „wie die Kinder" werden zu wollen. Dieter K. hält es stattdessen mit Fanita English, die als Fünfte die Einstellung „Ich bin o.k. – du bist o.k. – realistisch"[61] kennt. Er hat aber – auch während dieser Mediation – immer wieder feststellen können, dass *realistisch* meint, dass diese Grundeinstellung immer wieder neu erarbeitet werden muss. Insbesondere in Konflikten stellt sie ein Leitziel dar, an dem man sich orientieren kann, aber wir haben diese Einstellung nicht immer, wir verlieren sie sogar oft und müssen sie gemeinsam wieder erreichen.

Ute und Heinrich Hagehülsmann formulieren sinngemäß: Geleitet von dieser Einstellung können wir in Krisen- und Belastungssituationen mit Hilfe unseres Erwachsenen-Ichs unsere eigenen Möglichkeiten und Begrenzungen annehmen. Wir können die Kreativität unseres Kind-Ichs einsetzen, um neue Lösungen für Konflikte zu finden, und wir können in unserem Eltern-Ich das Anderssein des anderen gelten lassen, ohne auf die Richtigkeit unserer Sicht der Dinge zu bestehen.

10.6.3 Der Win-Win-Lösung auf der Spur: nützliche Techniken

In der Praxis haben sich Strukturierungskonzepte für die Lösungs-Phase bewährt. Methodische Ideen und Vorschläge für diese Phase[62]:

Plus-Minus-Karten – Wenn es darum geht, bestimmte Ideen und Lösungsvorschläge zu bewerten, wird jede Idee auf eine Karte geschrieben werden. Auf die eine Seite der Karte werden die Vorteile und auf die andere Seite der Karte die Nachteile dieser Idee notiert.

Ähnlich kann z.B. in einer Teammediation zwischen hinderlichen oder förderlichen Kräften unterschieden werden. Zur Verbesserung des Arbeitsklimas bewährt sich folgende Einteilung in Form von drei Fragen:
1. Dinge, die Sie oder wir mehr tun sollten.
2. Dinge, die Sie oder wir weniger tun sollten.
3. Dinge, die Sie oder wir so weiter tun sollten.

Dies kann entweder durch Zuruf im Plenum beantwortet werden oder aber eben als Übung für zwei Kontrahenten dienen. Als Ergebnis können dann wünschenswerte Verhaltensveränderungen festgestellt werden, denen beide zustimmen.

Eine andere Einteilungsübung ist die sog. **PMI-Methode**. Die PMI-Methode fordert die Beteiligten zunächst auf, in die Plus-Richtung zu blicken und alle positiven Aspekte einer

---

61: Fanita English, *Die fünfte Position: Ich bin o.k. – du bist o.k. – realistisch* und Ute und Heinrich Hagehülsmann, *Der Mensch im Spannungsfeld seiner Organisation*.
62: Vgl. Christoph Besemer, *Mediation*.

Lösungsmöglichkeit zu durchdenken. Dann in die Minus-Richtung zu blicken, alle negativen Aspekte durchzudenken und schließlich in die Interessant-Richtung, alle Gesichtspunkte, die einer Beachtung wert sind, aber weder gut noch schlecht sind.

Ähnlich ist die **ADI-Methode**. ADI steht für Agreement, Disagreement und Irrelevanz. In der Moderation kennt man ähnliche Einteilungen. Diese Methoden sind eine Hilfe für die Strukturierung eines Einigungsprozesses. Sie sind auch gut geeignet für einen Methodenwechsel. Wenn man in einem größeren Mediationssetting arbeitet, können sich unter Anleitung dieser Methode Kleingruppen mit bestimmten Issues beschäftigen.

Schließlich das **Ein-Text-Verfahren**. Das Ein-Text-Verfahren will verhindern, dass die Konfliktparteien unabhängig voneinander Lösungsmöglichkeiten erarbeiten, die sich dann ausschließen. Deshalb wird der Lösungsentwurf der einen Seite der anderen zur Begutachtung und Kritik vorgelegt. Die andere Seite kann ihre Verbesserungsvorschläge und Formulierungen einbringen und den so korrigierten Entwurf wieder zurückgeben. Nun ist die erste Seite wieder daran, sich zu äußern und Verbesserungen einzubringen oder Veränderungen zu akzeptieren. Auf diese Weise modifiziert sich im Laufe der Zeit zwischen den Konfliktbeteiligten die Konkurrenz zur Erarbeitung eines gemeinsamen Ergebnisses.

10.7 Fünfte Phase: Die Übereinkunft – Kompromiss oder Konsens

Nachdem die Lösungsvorschläge diskutiert und ausgewählt worden sind, wird in der fünften Phase die **Übereinkunft** schriftlich formuliert und in Form einer Mediationsvereinbarung unterzeichnet. In der Mediationsliteratur wird diese als Konsenslösung bezeichnet und von einer Kompromisslösung abgegrenzt. Die Annahme ist, dass eine Kompromisslösung immer nur den kleinsten gemeinsamen Nenner bezeichnet und deshalb Unbefriedigtsein bei den Beteiligten hinterlässt, während eine Konsenslösung von beiden getragen wird.

Im Rahmen seiner Prozessverantwortung wird der Mediator darauf achten, dass die Teilnehmer nicht zu schnell auf eine Lösung zusteuern, ohne auch deren Nachteile gewürdigt zu haben, oder Scheinlösungen fabrizieren:
➤ Sind alle Möglichkeiten wirklich ausreichend geprüft?
➤ Sind alle Probleme gelöst und Widerstände beseitigt?
➤ Wird die Lösung in der Realität funktionieren?
➤ Wollen alle auch den Lösungsplan ausführen?

Dies sind Kontrollfragen, die der Mediator sich selbst, aber insbesondere den Parteien stellt. Danach hat er aber deren Entscheidung und auch deren Verständnis von Fairness zu akzeptieren.

Wichtig ist es, die Vereinbarung schriftlich zu formulieren, weil dabei noch Ungeklärtes deutlich werden kann und mündliche Vereinbarungen oftmals unterschiedlich verstanden werden. Bei der schriftlichen Vereinbarung ist auf eine klare, einfache und deutliche Sprache zu achten und sind genaue Angaben zu machen. Wenn es so etwas wie eine Zauberformel für Mediationsvereinbarungen gibt, dann lautet sie: Denk an „W"! „W" steht für: Wer? Was? Mit Wem? Wie? Wann? Wo? Wie viel? Woran wird man was merken? Wenn nicht? ... In der Transaktionsanalyse dient „W" zur Unterscheidung von weichen und harten Vereinbarungen.: wer, was, wann – vergleichbar sind hier Gesichtspunkte, die in der Transaktionsanalyse für einen ausreichend klaren Beratungsvertrag aufgestellt werden.

Nachdem die Übereinkunft unterzeichnet ist, dankt der Mediator, die Mediatorin den Beteiligten und lädt als Abschluss eventuell zu einer versöhnlichen Geste ein.

Auch Dieter K. kommt nach sechs Sitzungen zum Abschluss: Die Mitglieder der Abteilung verändern einiges, insbesondere was den Informationsfluss in der täglichen Arbeit anlangt (hard facts). Wichtiger aber noch ist für sie, dass sie an einer spürbaren Verbesserung ihrer Konfliktkultur gearbeitet haben (soft facts). Sie geben sich selbst einvernehmlich Regeln für die Zukunft.

Was werden wir mehr tun:
➤ *Mehr und früher miteinander reden.*
➤ *Mit den direkt Betroffenen reden statt mit Dritten.*

➤ *Feedback erbitten.*
➤ *Bei Unklarheiten nachfragen, Hintergründe erforschen, statt zu Unterstellungen zu greifen.*
➤ *Die Anliegen der anderen ernst nehmen.*
➤ *Offene Türen nutzen.*
➤ *Gelegenheiten zum Gespräch schaffen.*

Was werden wir weniger tun:
➤ *In der Vergangenheit wühlen.*
➤ *Schuldzuweisungen.*

Was werden wir weiter tun:
➤ *Bei Konfliktgesprächen einen vertraulichen Rahmen wahren.*
➤ *Die Offenheit der Mediation weiterführen.*

Deutlich ist ihnen, dass diese soft facts den Rahmen abgeben, den der Arbeitsablauf dringend braucht, um zu funktionieren. Diese neuen Verhaltensregeln sind ein wichtiges Ergebnis, das gefunden wurde und das sich nun bewähren muss.

Die schriftliche Mediationsvereinbarung wird dann im Auftrag der Abteilung von Dieter K. der Geschäftsleitung als Ergebnis zugestellt.

10.8 Qualitätssicherung: Überprüfung des Mediationsergebnisses in der Praxis

Nach dieser Diskussionsrunde ist die ganze Abteilung bereit, die neuen Verhaltensregeln schriftlich zu fixieren. Sie vereinbaren einen Erprobungszeitraum von einem Monat. Nach Abfolge dieses Monats werden sie sich mit Dieter K. erneut zusammensetzen und sich darüber austauschen, wie sich die neuen Regeln bewährt haben, wo eventuell noch Nachbesserungen nötig sind. In der Sitzung nach einem Monat ergibt sich ein überwiegend positives Votum

Das **Nachfolgetreffen** ist der wichtigste Teil der sog. **Umsetzungsphase**. In der Erleichterung, nun die Lösung gefunden zu haben, ist die Notwendigkeit für diesen Termin den Klienten manchmal nicht einsichtig. Die Erfahrung zeigt aber, dass eine Vereinbarung oft noch nicht alle Aspekte erfasst bzw. dass nicht alle Probleme gelöst worden sind. Damit dieses Nachbessern nicht als ein Scheitern der Mediation empfunden wird, vereinbaren Mediatoren stets einen Nachfolgetermin, wobei überprüft wird, inwieweit sich die Mediationsvereinbarung in der Praxis bewährte bzw. ob nachverhandelt werden muss.

10.9 Methodenintegration

Ich möchte an dieser Stelle zeigen, wie die Mediatorin das demonstrierte transaktionsanalytische Handwerkzeug in komprimierter Form nutzen kann.

Das **Konfliktraster** hilft, die in den Gesprächen mit den Parteien gemachten Beobachtungen zu systematisieren, und gibt der Mediatorin Aufschluss über Kernpunkte in Bezug auf Konfliktinhalte und Konfliktdynamik, die bei einer Lösung zu beachten sind.

Die **Methodensynopse** bringt das gezeigte Handwerkzeug in eine zeitliche Struktur und hilft der Mediatorin zu entscheiden, auf welche Bereiche sie ihre Beobachtung fokussiert.

10.9.1 Konfliktraster[63]

Mit Hilfe des Konfliktrasters kann der Mediator alle wichtigen Einzelheiten des Konfliktes aus der Sicht der Parteien festhalten. Es ist somit die Visualisierung der bereits gefundenen Daten. Dabei können nicht nur die unterschiedlichen Wünsche, Interessen und Vorstellungen, wie der Konflikt zu lösen ist, nebeneinander gestellt werden, sondern es kann ebenso die Konfliktdynamik aus transaktionsanalytischer Sicht deutlich gemacht werden.

Konfliktraster	Partei A	Partei B
Externe Daten:		
Interessen:		
wunde Punkte:		
mögliche Lösungen:		
O.k.-Position:		
bevorzugter Ich-Zustand:		
Position im Dramadreieck:		
Abwertungen:		
Spieltypus:		

Erläuterungen:
Externe Daten: Fakten, die für die Entwicklung und Lösung des Konfliktes von Bedeutung sind. Dazu gehören:

63: Anregung aus: Gerhard Altmann/Heinrich Fiebiger/Rolf Müller, *Mediation: Konfliktmanagement für moderne Unternehmen.*

- Der bisheriger Verlauf des Konfliktes: Wer hat was, wann getan? Was lässt sich im Verhalten der Parteien beobachten? Eskalationsstufen und Wendepunkte.
- Bisherige Lösungsversuche: Welche Lösungsversuche wurden von wem mit welchem Resultat durchgeführt? Warum haben sie zu keiner dauerhaften Lösung geführt? Gab es Versuche, durch einseitige Machtausübung den Konflikt zu lösen? Kam es zu Drohungen oder Gewaltanwendungen?
- Materielle Schäden: Hat der Konflikt zu Kosten und Verlusten geführt?
- Organisatorischer Kontext: Welche Regelungen und Normen zur Lösung von Konflikten gibt es?

Interessen: Wünsche, Motive und Hoffnungen der Parteien, die hinter den Forderungen stecken. Folgende Interessen, die auch bei der abschließenden Übereinkunft beachtet werden sollten, kommen häufig vor:
- die Beziehung aufrechterhalten;
- Pläne für eine gemeinsame Zukunft;
- eine Angelegenheit abschließen;
- Vermeiden von Kosten durch Rechtsstreitigkeiten;
- Vermeiden von Stress und Erhaltung von Gesundheit;
- Anerkennen der Kränkung durch Entschuldigung;
- das Gesicht wahren;
- der Wunsch nach Gerechtigkeit;
- Schaden ersetzt bekommen;
- Behandlung als Gleichberechtigter.

Wunde Punkte: Verhaltensweisen und Reaktionen in Konflikten, die auf frühere Erfahrungen zurückzuführen sind. Meistens sind sie den Parteien selbst nicht bewusst, können den Konflikt jedoch zusätzlich anheizen:
- Negative Erfahrungen von Zurücksetzung und Missachtung;
- Erfahrung, dass Machtausübung die einzige Chance ist, die eigenen Interessen zu wahren;
- Ängste auf Grund früher erfahrener Willkürmaßnahmen;
- erlebte Ohnmachtsgefühle;
- Erfahrungen von Arroganz und Schroffheiten.

Mögliche Lösungen: Diese werden von den Parteien erarbeitet. Der lösungsorientierte Mediator regt sie hierzu wieder an.

Transaktionsanalytische Diagnose: Die transaktionsanalytischen Kategorien liefern Aufschluss über erlernte Verhaltensmuster und Reaktionsweisen der Parteien, die den Konflikt antreiben. Sie sind den Parteien oft nicht bewusst und noch viel weniger werden sie durch die andere Seite verstanden. Sie erschließen sich dem geschulten Mediator doch recht bald und sind in der Regel der Schlüssel zur Vermittlung.

10.9.2 Methodensynopse

Mediatorische Konzepte	Transaktionsanalytische Handlungsmodelle	Selbstevaluation der Mediatorin
Klärung der mediatorischen Rolle und des Settings	Vertragsarbeit I (formal)	Dramadreieck Antreiber
Konfliktdiagnose Erhebung der Issues (Kartenabfrage etc.)	Vertragsarbeit II (inhaltlich) Analyse der Ich-Zustände (bzw. Rollen) Trübungen Analyse der Transaktionen	Unterscheidung Problemdimension – Lösungsdimension
	Techniken (strokes etc.)	
Bearbeitung des Konflikts analog der mediatorischen Agenda	Umgang mit Abwertungen Umgang mit unproduktiven Transaktionen Umgang mit passivem Verhalten Umgang mit psychologischen Spielen	Konfliktlösende Grundhaltung: O.K.-Positionen
Ergebnissicherung	Autonomiekonzept	

10.9.3 Formen der Beziehungsgestaltung

In fünf Schritte will Mediation neue Beziehungsmöglichkeiten zwischen Kontrahenten ermöglichen. Der Mediationsablauf findet eine erstaunliche dynamische Entsprechung in den Formen der Beziehungsgestaltung der Transaktionsanalyse.

Eric Berne hat sechs Möglichkeiten aufgezählt, die Beziehung zu anderen zu gestalten, die Formen der Zeit- oder besser der Kontaktgestaltung[64]:
1. *Rückzug* – in physischer oder psychischer Form
2. *Rituale* – Kontakte, die nach festgelegten Regeln stattfinden
3. *Zeitvertreib* – unverbindliche Gespräche und Austausch mit anderen
4. *Aktivität / Arbeit* – gemeinsam ausgeübte, sinnvolle und realitätsbezogene Betätigungen

---

64: L. Schlegel, *Handwörterbuch der Transaktionsanalyse*; U. und H. Hagehülsmann, *Der Mensch im Spannungsfeld seiner Organisation*.
Ich bevorzuge die Bezeichnung Kontakt – oder Beziehungsgestaltung. Als soziales Wesen verbringt der Mensch seine Zeit stets in Relation zu anderen – und sei es, indem er sich von ihnen separiert.

5. *Psychologische Spiele* – Interaktionen, die von verborgenen, oft destruktiven Motiven bestimmt sind
6. *Intimität* – direkter Austausch von Gefühlen, Gedanken und Erfahrungen in einer Atmosphäre von Offenheit und gegenseitiger Achtung

Die Stufenfolge dieser Beziehungsformen kann einmal aufsteigend als Fortschritt der Beziehungsmöglichkeiten und damit allerdings auch des Beziehungsrisikos gesehen werden und einmal absteigend als Eindämmung und Verlust von Kontakt und Beziehung. Es leuchtet ein, dass sich hierin auch die Dynamik von Konflikten und Konfliktbearbeitung widerspiegelt.

Wenn die Parteien sich in der Vorphase des Mediationsprozesses befinden, so ist zumeist die direkte Kommunikation zwischen ihnen erloschen. Beide befinden sich in der Position des Rückzugs. Auch gelegentliche Ausbrüche aus dieser Position ändern daran nichts, weil auf die Eruption i.d.R. ein erneuter Rückzug folgt, nun im verstärkten Bewusstsein, dass kein positiver oder sinnvoller Kontakt zur anderen Seite möglich ist.

An dieser Stelle folgt nun das Ritual. Indem die Mediatorin diese geordnete Form des Konfliktaustrags anbietet, beschreibt sie die nächstmögliche Interaktionsebene nach dem Rückzug und offeriert zugleich eine neue Beziehungsmöglichkeit mit einem geringen emotionalen Risiko.

Ziel ist es, auf diesem Weg zur Stufe der Arbeit zu gelangen. Im Mediationsprozess bedeutet Arbeit dann die kreative Suche nach und das Durchspielen von Lösungsmöglichkeiten.

Die Mediatorin hat als Prozessverantwortliche darauf zu achten, dass keine psychologischen Spiele gespielt werden, die die alten Vorurteile bestätigen.

Ziel des Mediationsprozesses ist Intimität, womit nicht Innigkeit gemeint ist, sondern eine aufrichtige, authentische Begegnung mit dem anderen. Deshalb kann Intimität im transaktionsanalytischen Sinne auch Trennung bedeuten, wobei dann jedoch keine Nachhutgefechte in Form psychologischer Spiele mehr geführt werden.

Übung: Training eines gemeinsamen Gesprächs mit Konfliktparteien
(nach Lilo Schmitz/Birgit Billen, *Mitarbeitergespräche*, S. 75f)

Bei manchen Konflikten geht es zu wie in einer Ehe: Häufig lassen sich Lösungen finden oder die Situation verändert sich von selbst. In krassen Fällen sind aber die Unverträglichkeiten, Kränkungen und Konflikte so eskaliert, dass die beiden Konfliktparteien sich trennen müssen.
Behalten Sie während des gesamten Gesprächs mit den Konfliktparteien im Auge, dass Sie als Mediator für den Prozess und die Moderation, nicht jedoch für inhaltliche Lösungen zuständig sind. Sie sind unparteiisch und unterstützen die Konfliktparteien bei der Suche nach einer gemeinsamen Lösung. Freundlichkeit und Respekt sollen Ihre Haltung gegenüber jeder der Parteien kennzeichnen.

Ziele des Gesprächs: Die beiden Konfliktparteien sollen
- ihre Standpunkte und unterschiedlichen Vorstellungen darlegen,
- kleine Schritte zur Verbesserung nennen und
- eine Vereinbarung treffen, welche kleinen Schritte getan werden können, um den Anfang einer Lösung zu finden.

Gesprächsbausteine	Interventionen
In jedem Bereich gibt es ab und zu Konflikte. Wir wollen heute die unterschiedlichen Vorstellungen austauschen und überlegen, welche ersten Lösungsschritte Sie tun können.	Die Mediatorin betont ihre Allparteilichkeit durch bewusste freundliche Zuwendung zu beiden Gesprächspartnern.
Was ist früher anders und besser gelaufen? Wie würde der Bereich aussehen, wenn Sie zu bestimmen hätten, Partei A? Gleiche Frage an Partei B.	Es gibt keine richtigen oder falschen, sondern unterschiedliche Vorstellungen. Ermitteln von ersten Lösungsansätzen.
Und jetzt noch eine Frage an Sie beide, die bei Konflikten für mich immer interessant ist: Was müsste Partei A / Partei B tun, um die Situation noch schlimmer zu machen?	Paradoxe Intervention, die dazu einlädt, die Opferhaltung zu verlassen.
Konflikte entstehen und verschwinden nicht automatisch. Wir wollen hier einen ersten Schritt in Richtung Lösung entwerfen. Nennen Sie bitte jetzt fünf kleine Dinge als erste Schritte, in denen die andere Seite Ihnen entgegenkommen könnte, um eine erste kleine Besserung der Situation zu erzielen.	Hiermit macht die Mediatorin deutlich, dass keinesfalls die großen Lösungen erwartet werden. Wenn möglich, die fünf Vorschläge schriftlich fassen lassen. Die Mediatorin kann bei der Formulierung helfen, um die ersten Schritte noch kleiner und gangbarer zu machen.
Nun sucht sich jeder von Ihnen einen der kleinen Schritte des anderen aus, mit dem Sie sich als Zeichen des guten Willens entgegenkommen können. Diese beiden Schritte wollen wir dann vereinbaren.	Ist kein Punkt dabei, der akzeptabel ist, lässt die Mediatorin die Parteien zwei weitere Vorschläge machen. Sie bleibt hartnäckig, bis jede Partei einem Vorschlag zustimmt („Ich habe Zeit.").

10.9.4 Lösungsraute

Der mediatorische Weg zum Ziel lässt sich auch grafisch darstellen. Ausgehend von den Interessen der Beteiligten werden Hindernisse aus dem Weg geräumt. Gemeinsam werden mögliche Optionen gefunden, aus denen dann die Konsenslösung ermittelt wird. Die Lösungsraute macht deutlich, dass es sich dabei in der Praxis oft um einen zirkularen Weg handelt, der oft mehrere Durchgänge bzw. eine Rückkehr zur vorigen Stufe erfordert. Lassen sich bestimmte Hindernisse nicht beseitigen, muss man zur erneuten Erhebung der gemeinsamen Interessen zurückkehren. Finden sich keine Lösungsoptionen, so sind vermutlich noch Hindernisse im Weg. Ergibt sich kein Konsens, kann ein Mangel an Optionen vorliegen.

Die nachstehende Graphik eignet sich auch zur Orientierung der Teilnehmer über den Stand der Mediation.

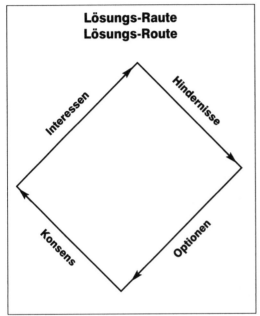

Abb.: Lösungsraute

10.9.5 Dann geh doch zum Sozialamt! – Trainingsbeispiel

„Sehe ich ja gar nicht ein!" – „Dann geh doch zum Sozialamt!"

Konfliktbeteiligte:
➤ ein Berufsschullehrer, Mitte 50, Abteilungsleiter, von der Selbsteinschätzung her progressiv (68er),
➤ eine Sozialpädagogin, Mitte 30, seit einem Jahr an der Schule.

Konfliktanlass:
Die Sozialpädagogin soll den Lehrer bei einer Klassenfahrt nach Amsterdam begleiten und für diese Fahrt eine Kostenbeteiligung von 230,– Euro (für Unterkunft und Verpflegung) zahlen.

Sozialpädagogin: „Sehe ich ja gar nicht ein!"
Lehrer: „Dann geh doch zum Sozialamt!"

Im Laufe des Gesprächs kommt heraus, dass der aktuelle Konflikt noch eine Vorgeschichte hat: Der Lehrer hat den Termin und das Programm der Fahrt geändert, ohne dies mit der Sozialpädagogin abzustimmen. Sie beklagt eine mangelnde Kooperation und will ein Gespräch zur terminlichen Abstimmung.

Lehrer: „Du bist unflexibel!"

Konfliktanalyse
Bei der Konfliktanalyse zeigen sich verschiedene Konfliktebenen.

Organisationsebene: Für den Lehrer ist es selbstverständlich, einen Eigenanteil zu den Klassenfahrtkosten zu zahlen (geldwerter Vorteil), für die Sozialpädagogin nicht (Fahrt ist Arbeit, nicht Freizeit). Die Sozialpädagogin ist überdies nicht bei der Schule selbst, sondern bei einem Verein angestellt, der mit der Schule kooperiert. Solche Probleme sind aber auf dieser Ebene nicht geregelt.

Kulturelle Ebene: Der Lehrer entstammt einer professionellen Einzelkämpfer-Kultur, ist wenig geübt, mit anderen zu kooperieren und längerfristig zu planen („Schwellenpädagogik"). Die Sozialpädagogin entstammt einer professionellen Besprechungs- und Konferenz-Kultur. Konsensorientierung ist hier höherwertig als Ergebnisorientierung.

Persönliche Ebene: unsachliche Ausfälligkeiten des Lehrers – Verweigerungshaltung der Sozialpädagogin.

Gesichtspunkte für die mediatorische Arbeit:
➤ Welche Ebenen sind wichtig im Blick zu haben?
➤ Auf welcher Ebene kann Mediation ansetzen bzw. arbeiten?
➤ Wie sind die Klienten zu beraten, dass sie die anderen Ebenen selbständig klären?
➤ Wichtig ist jedenfalls, die anderen Ebenen zu benennen, damit organisationsbedingte und kulturelle Konfliktpunkte nicht ausschließlich personalisiert werden (Entlastungsaspekt).
➤ TA-Konzepte: Rollenkonzept (B. Schmid), Ich-Zustände und Transaktionen.

III
Perspektiven der Mediation

11 Herausforderungen für Mediatoren

Herausforderung ist oft eine umdeutende Umschreibung für Schwierigkeit, mit der sich der Mediator manchmal tröstet. Manchmal machen die Parteien ihm das Leben schwer, manchmal der hohe Anspruch der Methode. Nicht selten aber stehen Mediatoren sich selbst auf den Füßen. Ich will alle drei Herausforderungen exemplarisch diskutieren.

11.1 Die Schuldfrage in der Mediation[65]

Zu Schuld gehört ein klares Wissen um das, was ich tue, und das eigene freie Wollen. Neben dieser Schuld, die ich – mit Hans Jellouschek – die **moralische Schuld** nennen möchte, gibt es eine andere, die **existenzielle Schuld**. Existenzielle Schuld bedeutet: Ich versage dem anderen etwas, worauf dieser glaubt einen Anspruch zu haben. Ich kann ihm diesen Anspruch aber nur erfüllen, wenn ich an mir selber schuldig werde.

Solche Formen existenzieller Schuld sind in Partnerschaften nicht selten und gehäuft stehen sie dann am Ende einer gescheiterten Beziehung oder Ehe. Schuldig in diesem Sinn werden fast immer beide Partner aneinander. Einseitige existenzielle Schuld ist äußerst selten[66].

Bei der Schuld im moralischen Sinn gibt es in der Regel einen Täter und ein Opfer, einen, der schuldig ist, und einen, der unschuldig ist. Das ist bei der existenziellen Schuld nicht der Fall. Bei der Schuld im existenziellen Sinn ist in der Regel jeder Täter und Opfer, jeder auch schuldig und unschuldig.

Beispiel: Ein Mann lässt sich von seiner Arbeit „auffressen" und entzieht sich so seiner Partnerin. Er wird dadurch zum Täter und macht sie zum Opfer. Sie organisiert die Familie nun so, dass er schlechthin überflüssig ist. So macht sie ihn zum Opfer und wird selber Täterin.

Oder auf einen beruflichen Konflikt bezogen: Ein Vorgesetzter dominiert seinen Mitarbeiter massiv, er unterdrückt ihn und macht ihn so zum Opfer und wird selber zum Täter. Der Mitarbeiter gibt immer wieder klein bei und verleitet so den Vorgesetzten, in die dominante Rolle zu gehen. Dadurch wird er zum Täter und macht in gewisser Weise den Vorgesetzten zum Opfer.

Dieses „Sowohl – als auch" bekommt den Charakter eines wechselseitigen Bedingungsverhältnisses. Im systemischen Denken spricht man hier von Interdependenz bzw. Zirkularität, d.h., jede Ursache hat eine Wirkung, aber jede Wirkung ist zugleich Ursache für etwas anderes. Und diese Zirkularität hat einen aufsteigenden Charakter.

Das Gegenteil zu diesem Verständnis ist eine monokausale Sichtweise: der eine verhält sich dominant und bringt dadurch den anderen in eine untergeordnete Position. Die angemessene Sichtweise für zwischenmenschliche Beziehungskonflikte ist die zirkuläre. Beide Parteien sind zugleich aktiv und passiv sind. Das eine bedingt das andere und das eine führt dazu, dass das andere sich steigert.

Auf Seiten der Konfliktparteien finden sich allerdings in der Regel einseitige und moralisierende Schuldzuschreibungen an den anderen. Wie kommt es, dass die Parteien dazu neigen, wo doch in der Regel eine Wechselseitigkeit besteht? Ein Grund ist: Einseitige, monokausale und moralisierende Schuldzuschreibungen entlasten. Die Konfliktpartner schützen sich dadurch vor ihrem eigenen Anteil an der Misere. Wenn ich sagen kann, du bist schuld, dann

---

65: Ich folge hier Hans Jellouschek, *Aneinander schuldig werden – anderen etwas schuldig bleiben*.
66: Mancher, der Schwierigkeiten mit dem Schuld-Begriff hat, wird eher von „Anteilen" sprechen.

habe ich die Möglichkeit, mich aufzuwerten. In der moralischen Schuldzuweisung werten die Konfliktpartner sich selber auf und kompensieren dadurch die Verletzung und Kränkung, die ihnen durch und im Verlaufe des Konfliktes geschehen ist.

Weiterhin weckt die moralisierende, monokausale Schuldzuschreibung die Hoffnung nach einer Kompensation, m.a.W. nach Rache. Wenn der andere schuld ist, dann bin ich berechtigt, ihn massive Nachteile erleiden zu lassen. Bei Ehescheidungen tobt sich das im Streit um die Finanzen, das Sorgerecht, das Umgangsrecht aus. Insofern setzt die moralisierende, monokausale Schuldzuschreibung einen destruktiven Kreislauf in Gang, der z.B. zu nicht enden wollenden Prozessen und Auseinandersetzungen führt.

Unter dem Gesichtspunkt der Konfliktlösung wäre es von Nutzen, wenn beide Konfliktparteien Einsicht in die eigenen Anteile, die eigene Schuld am Konflikt gewinnen und diese eigenen Anteile akzeptieren. Die Einsicht in den eigenen Anteil würde helfen, den destruktiven Charakter, den ein Konfliktaustrag häufig annimmt, zu überwinden. Das würde die Konfliktparteien aus der destruktiven Spirale des Gewinner-Verlierer-Spiels herausführen, ein Spiel, bei dem letztlich beide als Verlierer enden. Es wäre dann möglich, in der Mediation vernünftige Konsenslösungen zu finden, mit denen alle Beteiligten leben können.

Das Eingeständnis eigener Schuld bzw. eigener Konfliktanteile in akuten Konfliktsituationen ist jedoch schwierig. Diese Einsicht braucht Distanz zu sich selber und Einfühlung in den anderen. Wichtig ist auch eine Atmosphäre, in der ein eigenes Eingeständnis nicht ausgenützt wird, sondern wertgeschätzt wird. Dazu sollen Methodik und Rahmen des Mediationsgesprächs helfen. Gelingt es, eine solche Atmosphäre zu schaffen, in der die Einsicht in die eigenen Anteile möglich ist, dann ist es auch wahrscheinlich, dass es zu tragfähigen Lösungen für die Zukunft kommt.

Diese Einsicht ist jedoch schwierig zu erreichen, wenn der Konflikt noch aktuell ist und die wechselseitigen Kränkungen und Verletzungen noch deutlich spürbar sind. Manchmal kann sie erst zu einer späteren Phase der Mediation erfolgen, und zunächst ist es notwendig, neben der Schaffung eines geschützten Raums, für sachliche Lösungen und alternative Handlungsformen zu sorgen, die das Verletzungspotenzial zwischen den Beteiligten minimieren.

Wird die Mediation jedoch bleibend zum Forum einseitiger und moralisierender Auseinandersetzungen, für Angriff und Gegenangriff, dann sind die Konfliktparteien noch nicht so weit, dass sich nachhaltige Lösungen finden lassen. Möglicherweise ist es dann sinnvoll, die Mediation einige Zeit ruhen zu lassen bzw. die Beteiligten auf die Dynamik ihrer Auseinandersetzung aufmerksam zu machen und sie vor die Wahl zu stellen, ob sie tatsächlich neue Wege beschreiten wollen oder nicht.

Das führt zur Frage nach der Ausbildungsqualität von Mediatoren: Sind sie in der Lage, den Konfliktparteien zu diesen Einsichten zu verhelfen? Verfügen sie über hinreichende beraterische Qualifikation, um Konflikte in dieser Art und Weise begleiten zu können. Falls Mediatoren aus juristischen oder betriebswirtschaftlichen Grundberufen sich dazu nicht in der Lage sehen, so ist zu erwägen, ob sie je nach Fall mit psychologischen Beratern oder Supervisoren zusammenarbeiten, die dann ein Stück der Arbeit übernehmen können und den Konfliktparteien zu einer förderlichen wechselseitigen Sicht des Konflikts verhelfen können.

11.2 Mediatoren und Macht

Welche Machtmittel haben Mediatoren? Brauchen Mediatoren überhaupt Macht? Konflikte, insbesondere im beruflichen Alltag, entstehen häufig durch einen Missbrauch von Macht: Schikane, Maßregelung, Mobbing... Macht wird deshalb als ein Übel angesehen und Mediation versteht sich als ein Konfliktlösungsverfahren, das auf den Gebrauch von Macht möglichst verzichtet. In der Mediation sollen sich die beiden Parteien als gleichrangig begegnen und den einvernehmlichen Konsens suchen. Auch die Mediatoren selber haben keine Macht, d.h. keine hierarchische Befehls- und Lösungsmacht, sie haben nur eine prozessuale Verantwortung.

Was aber, wenn Konfliktbeteiligte sich nicht auf einen solchen mediatorischen Lösungsweg einlassen oder – schlechter noch – im Verlaufe der Mediation selber Macht ausüben, sei es durch Drohungen oder durch Verweigerung von konstruktiver Arbeit. Brauchen Mediatorinnen dann Macht, etwa um das konsensorientierte Lösungsverfahren im Sinne der zuvor vereinbarten Ziele durchzusetzen, oder sind sie der Willkür von Konfliktparteien ausgeliefert?

Diese Frage berührt nicht zuletzt das Vertrauen der Parteien in das Verfahren. Wenn eine Seite sich darauf einlässt, auf Machtmittel zu verzichten, wer gewährleistet dann, dass die andere Seite das Gleiche tut? Bleibt der Wunsch nach einer machtfreien Konfliktlösung nicht ein Traum, der innerhalb der beruflichen oder familiären Welt (bei Trennungsmediation) sehr schnell auf Grenzen stößt? Wenn Konfliktparteien Macht ausüben, dann erscheint der machtlose Mediator als der nette, aber total überforderte Krisenmanager. Und wenn Offenheit und Konsensbereitschaft versagen, ist dann der Ausweg des rigiden Durchgreifens mit aller Härte noch abweisbar?

Mediatoren brauchen Macht. Und sie haben sie auch und reklamieren sie für sich. Ist nicht mediatorisches Handeln, sofern es versucht, die Konfliktparteien zu beeinflussen und auf ihr Verhalten einzuwirken, ein Machtphänomen? Freilich muss zwischen Macht und Gewalt unterschieden werden. Mediatorische Macht ist keine Gewalt, sondern im Unterschied dazu ein lösungs- und lebensförderndes, ein ermöglichendes und die Parteien befreiendes Handeln. Gewalt ist nur eine Möglichkeit, Macht zu realisieren. Macht aber besteht in der Möglichkeit, auf das Leben und das Verhalten anderer einzuwirken, negativ wie positiv, zerstörerisch genauso wie fördernd.

Ob mediatorische Macht förderlich ist, beziehungserhaltend oder zerstörend, das entscheidet sich im Blick auf das Ziel – das Ziel der Konfliktlösung, das die Mediatorin nicht allein setzt, sondern mit den Konfliktparteien vereinbart. Im Blick auf das verabredete, vertraglich vereinbarte Ziel nimmt die Mediatorin Einfluss, schafft sie neue Beziehungen, ordnet die asymmetrischen Strukturen und Überlegenheit und Abhängigkeit. Im Blick und im ständigen Kontakt mit den vereinbarten Zielen übt die Mediatorin Macht aus. Insofern ist sie als Konflikthelferin, die sich kompetent, sorgfältig und einfolgreich einbringt, Träger von Macht.

Mediatorische Macht ist also in erster Linie eine Verfahrensmacht. Und innerhalb des Verfahrens kann der Mediator auf die Parteien einwirken (extrinsische Motivation). Es kann wichtig sein, dass der Mediator die Parteien darauf aufmerksam macht, welche Konsequenzen es hat, wenn sie ihren Konflikt nicht lösen – welche Konsequenzen z.B. ein streitiges Ehescheidungsverfahren hat, in allen negativen Formen, was den finanziellen Ausgleich und das Sorgerecht betrifft, bzw. welche Konfliktlösung wohl seitens einer Firmenleitung vorgenommen wird, wenn sich eine Abteilung nicht zu einer eigenverantwortlichen Konfliktlösung verständigen kann. Indem der Mediator also diese Alternativen deutlich macht, lädt er die Konfliktparteien ein, zu dem ursprünglich ins Auge gefassten Weg (intrinsische Motivation) zurückzukehren. Die Macht des Mediators ist deshalb verliehene, delegierte Macht der Konfliktparteien. Ihm ist Macht gegeben in Form des Auftrags, und der Rahmen dieser Macht wird gemeinsam ausgehandelt.

Neben dieser verliehenen Macht braucht der Mediator aber auch eine eigene personale Macht: persönliche Vollmacht, Charisma – Eric Berne kennt diese Macht in Form der drei P's: *protection, permission, potency*. Mediatorisch übersetzt:
➤ die Fähigkeit, einen Schutzraum zu schaffen;
➤ den Freiraum gewähren, Interessen und Gefühle zu erkunden;
➤ und die Vollmacht, diesen Prozess sicher zu begleiten.

Diese persönliche Macht findet ihren Ausdruck z.B. in der Verwendung bestimmten Handwerkzeugs. Die TA hat hier insbesondere die Technik des Befragens, der Konfrontation und der Kristallisation als machtvolle Interventionen benannt:

➤ Beim **Befragen** klärt der Mediator genauestens die Absichten und Ziele des Mediationssystems. Er bittet die Beteiligten, diese deutlich zu veranschaulichen.

➤ Kommt es dann im Prozess zu Stockungen oder Abweichungen von diesem Ziel, so kann der Mediator die Medianten **konfrontieren**, d.h., er kann sie mit diesen Abweichungen in Kontakt bringen und ihr Erwachsenen-Ich einladen, sich damit auseinander zu setzen: Wo weicht das tatsächlich praktizierte Verhalten von dem in Aussicht genommenen Ziel ab? Mit Hilfe dieser **Konfrontation** können sich die Medianten wieder an ihren ursprünglichen Zielen ausrichten oder/und die Widerstände klären.

➤ Schließlich steht die Intervention der **Kristallisation** zur Verfügung. D.h., er kann die Medianten nach erfolgter Mediation vor die Alternative stellen, z.B. in einer betrieblichen Mediation ihren bisher praktizierten Konfliktstil weiterzuführen oder zu den erarbeiteten neuen Formen zu gelangen bzw. in einer Scheidungsmediation die erarbeiteten Regelungen in fairer Weise anzuwenden oder die Scheidung doch streitig durchzuführen.

Insofern stellen die transaktionsanalytischen Basistechniken eine Form von Macht dar, die im Kontakt mit dem verabredeten Vertrag ausgeübt wird.

Die Frage nach der Macht der Mediatorin weckt aber auch umgekehrt die andere Frage nach dem Widerstand der Medianten. Hier scheint ein Blick auf das Widerstandskonzept der

Psychoanalyse nützlich. Zieht man das psychoanalytische Widerstandskonzept heran, so lässt sich Folgendes vermuten: Neben dem vereinbarten Arbeitsbündnis zwischen Mediator und Medianten gibt es auf Seiten der Medianten ebenfalls Kräfte und Strebungen, die diesem Arbeitsbündnis entgegengerichtet sind. Diese äußern sich z.B., wenn Medianten gegen mediatorische Grundregeln verstoßen, sowohl was den Prozess angeht (z.B. keine Kränkungen und Beleidigungen austauschen) oder auch was den Inhalt angeht, ihre Anliegen nicht einbringen und die Interessen hinter den Positionen nicht deutlich machen. Genauso wie die Kooperation gehört offenbar dieser Widerstand der Medianten zur mediatorischen Arbeit dazu.

Was sind die Gründe für einen solchen Widerstand? Wahrscheinlich liegen die Ursachen für den Widerstand gegenüber der Konfliktbearbeitung in dem sekundären Gewinn, den die Medianten aus der Aufrechterhaltung des Status quo schöpfen. Sei es, dass sie keine Verantwortung für den Ausgang des Konflikts übernehmen müssen, sondern die Gegenseite beschuldigen können, sich an ihr rächen oder über sie moralisch erheben können, sei es von einem anderen Nutzen[67], den sie daraus gewinnen.

Möglicherweise merken sie auch, dass die Konfliktlösungen nicht so umfassend zu ihren Gunsten ausfallen, wie sie sich das gewünscht oder erträumt haben. Oder aber, dass sie, um diese Lösungen zu erreichen, auch auf bestimmte Wünsche und Ziele verzichten müssen.

Transaktionsanalytisch gesehen handelt es sich bei diesen Widerständen um Unlustäußerungen des Kind-Ichs. Ein großer Teil der mediatorischen Prozessverantwortung liegt deshalb darin, das Erwachsenen-Ich der Medianten zu stärken und ihnen ihre Widerstände bewusst zu machen als Hindernisse, die es zu verstehen und zu überwinden gilt. Das ist oft keine leichte Aufgabe, weil die Medianten oft alles unternehmen, um ihre Widerstände zu rechtfertigen und zu rationalisieren, d.h. als unter den gegebenen Umständen angemessen zu erklären. Durch verständnisvolle Begleitung und eine transaktionsanalytisch gesprochen einfühlsame Enttrübung des ER kann dieser Prozess aber gelingen.

Zusammenfassend: Mediatorische Macht ist keine institutionelle Macht. Der Mediator ist weder Richter noch Vorgesetzter. Seine Machtausübung besteht in der Leitung eines vereinbarten Verfahrens, und die letzte Möglichkeit einer solchen Machtausübung kann sein, dass der Mediator seinen Auftrag zurückgibt. Dann nämlich, wenn sich die destruktiven und hemmenden Mächte im Prozess machtvoller erweisen. Diese Möglichkeit ist wichtig, wahrt der Mediator doch so seine innere und äußere Unabhängigkeit von den Konfliktparteien, und diese Unabhängigkeit ist die notwendige Kehrseite der Allparteilichkeit.

67: Vgl. den Spielenutzen der Transaktionsanalyse.

11.3 Supervision – Qualitätssicherung in der Mediation

11.3.1 Professionelle Selbstreflexion

Wie lässt sich die Qualität, d.h. die Güte oder der Wert der Dienstleistung Mediation bestimmen? Ein Maßstab ist sicher die Zufriedenheit der Kunden. Wenn die Mediationsparteien am Schluss der Meinung sind, dass es eine gute Entscheidung war, nicht vor Gericht, sondern zum Mediator gegangen zu sein, dann spricht das für die Qualität der Mediation.

Kann der Anbieter der Dienstleistung, der Mediator, dafür sorgen, dass die Qualität der Mediation sichergestellt ist? Dies ist gerade in Bezug auf das Produkt Mediation eine schwierige Frage, denn für das inhaltliche Ergebnis von Mediation, also für die Lösung eines Konflikts, ist der Mediator weniger verantwortlich als die Klienten selbst. Wie kann ich dann als Mediator für die Qualität meines Angebots sorgen?

Mit solchen Fragen befasst sich das Instrument der Qualitätssicherung. Dabei werden drei Formen von Qualität unterschieden:

Zum einen die **Strukturqualität**. Dazu gehören z.B. die Qualifikation, Aus- und Weiterbildung oder Feldkenntnis des Mediators. Weiterhin die **Ergebnisqualität**. Hier wird z.B. die Kundenzufriedenheit beschrieben. Wurde das angestrebte Ziel, die Konfliktlösung, tatsächlich erreicht? Wie sind die Kunden mit dieser Lösung zufrieden? Und schließlich die **Prozessqualität**, die den gesamten Ablauf der Dienstleistungserbringung umfasst. Die Prozessqualität ist in unserem Fall der wichtigste Gesichtspunkt.

Der Mediator ist wesentlich für den Prozess der Auseinandersetzung, der Verhandlung und der Lösungsfindung verantwortlich. Wie gestaltet er diesen Prozess in Kooperation mit den Konfliktparteien? Wie interveniert er, um den Prozess in Gang zu halten? Von der Mitte der mediatorischen Tätigkeit her führt der Weg unmittelbar zur Frage nach der Gewährleistung von Prozessqualität. Wie kann Prozessqualität erhalten, gefördert und sichergestellt werden? Damit befasst sich Supervision.

Supervision ist eine Beratungsform, die dazu dient, berufliches Können zu entwickeln und zu erweitern. Zum Kern des fachlichen Könnens von Mediatorinnen gehört die Fähigkeit zur Wahrnehmung ihrer Prozessverantwortung im Lösungsverfahren. Mediatorinnen erlernen diese Fähigkeit zunächst in ihrer Mediationsausbildung. Damit ist sie aber nicht ein für allemal sichergestellt, sondern Mediatorinnen werden in ihrer Praxis immer wieder mit Fragen, Themen oder Problemen konfrontiert, die sie in ihrer Verfahrenskompetenz, Allparteilichkeit und Lösungsorientierung infrage stellen. Die tatsächliche Praxis führt zu neuen Lernerfordernissen, und Supervision hilft, ausgehend von praxisbezogenen Fragestellungen, die vorhandenen Fertigkeiten weiterzuentwickeln. Supervision ist Lernen aus der mediatorischen Praxis für mediatorische Praxis.

Genau wie Mediation ist auch Supervision keine Fach- oder Expertenberatung, die für den zu beratenden Mediator eindeutige Lösungen erarbeitet. Supervision ist vielmehr Prozessberatung, die dem Mediator hilft, seine eigenen Kräfte und Möglichkeiten zu aktivieren, selbst zu eigenen und passenderen Lösungen zu kommen. Der Mediator bleibt im Supervisionsprozess für seine Fragestellungen, Themen und die Problemlösung selbst verantwortlich. Hier zeigt sich eine Analogie zwischen Mediation und Supervision, die helfen kann, eine gerade unter juristischen Mediatoren häufig anzutreffende Reserve gegenüber Supervision zu überwinden.

Um die methodische Brücke von Mediation zur Supervision deutlich zu machen, möchte ich den englischen Begriff des **Process facilitators** einführen – im Deutschen etwas holprig übersetzt mit Prozesserleichterer. Process facilitator zu sein ist die Funktion von Mediatoren. Wenn der Klärungs- und Einigungsprozess zwischen den Konfliktpartnern nicht stocken würde bzw. nicht verstopft wäre, dann brauchte es auch keine Mediatoren. Und wenn Mediatoren nicht mehr in der Lage sind, diese Funktion des Process facilitators zu übernehmen, dann brauchen sie Hilfe, um dies wieder tun zu können. Diese Hilfe ist Supervision. Wir können Supervision deshalb inhaltlich ebenfalls als eine Prozesserleichterung beschreiben.

Um die supervisorische Arbeitsweise zu demonstrieren, verweise ich auf ein hilfreiches **Strukturierungsmodell** von Johann Schneider[68]. Dieses Strukturierungsmodell kann man sich metaphorisch in verschiedenen Bildern vorstellen. Entweder als ein „bewegtes Mobile", wobei bestimmte Aspekte und Elemente jeweils in den Vorder- oder Hintergrund treten. Die Leitfrage ist: Wo kann Supervision ansetzen, damit der Mediationsprozess wieder in Bewegung kommt. Ein anderes Bild ist die Lotsenfahrt durch ein Eismeer. Leitfragen sind dann: Wo sind die Eisberge? Und: Wo sind Durchfahrten möglich? Beide Male geht es darum, Fixierungen aufzulösen und so die Handlungsfähigkeit des Mediators und die Gestaltbarkeit des Konfliktes wieder zu gewinnen.

Fixierungen und deren Auflösung lassen sich aus fünf Perspektiven betrachten und behandeln. Diese fünf Perspektiven sind die Praxis, der Kontext, die verwendeten Modelle, die Persönlichkeit und die Rolle.

Praxis

Die Supervisorin thematisiert hier das konkrete Handeln der Mediatorin und erörtert oder entwickelt mit ihr Handlungsalternativen. Typische Praxisfragen sind:
➤ Wie haben Sie sich verhalten?
➤ Wie haben Sie reagiert?
➤ Was ist Ihnen gut gelungen?

68: Johann Schneider, *Supervidieren & beraten lernen.*

➤ Wie können Sie anders reagieren?
➤ Welche Handlungsmöglichkeiten stehen Ihnen zur Verfügung?

Die Supervisorin arbeitet hier mit der Mediatorin an der Ausgestaltung ihrer Interventionsmöglichkeiten. Ist die Mediatorin lösungsorientiert anstatt problemorientiert vorgegangen? Wie steht es mit Allparteilichkeit, Akzeptanz und Bestärkung des Mediationssystems? Hat die Mediatorin genügend Anerkennung und Verstärkung gegeben?

Kontext

Zum Kontext gehören z.B. Regeln über Kommunikation, Feedback und den Ablauf des Mediationsverfahrens. Hat die Mediatorin diese Regeln ausreichend im System verankert? Kontextfragen sind:
➤ Was ist Ihr Arbeitssetting?
➤ Sind alle am Konflikt Beteiligten in der Mediation vertreten bzw. gibt es welche, die nicht repräsentiert sind?
➤ Welche Auswirkungen hat der Konflikt bzw. die Lösung auf das Umfeld?

Rollen

Nach transaktionsanalytischem Verständnis ist die Rolle ein zusammenhängendes System aus Einstellungen, Gefühlen, Verhaltensweisen, Wirklichkeitsvorstellungen und den dazugehörigen Beziehungen. Unsere Rollen verknüpfen uns auf unterschiedliche Weise mit der Wirklichkeit und legen bestimmte Beziehungen zum Umfeld nahe. Bernd Schmid unterscheidet drei Rollenkomplexe[69]:

1. Die **Privatwelt**: Hier füllen wir Rollen aus wie: Vater, Ehefrau, Freundin, Nachbar, Hundeliebhaber etc.
2. Die **Professionswelt**: Hier folgen wir Werten und Erfahrungen, die uns insbesondere in der Zeit unserer Ausbildung geprägt haben als Lehrerin, Anwalt, Personalentwickler, Sozialpädagogin, Betriebswirt etc.
3. Die **Organisationswelt**: Hier sind wir Führungskraft oder Mitarbeiter, Betriebsrat, Leiter, Stellvertreter etc. Wir verhalten uns nach den Logiken und Erfahrungen aus unserer Kultur der Organisation, in der wir tätig sind.

Persönlichkeit ist der Mensch dabei nicht jenseits von, sondern in seinen Rollen, und es gehört zu seiner Aufgabe, diese Rollen stimmig zu integrieren. Dabei kann es allerdings zu Rollenkonkurrenzen kommen, zu Rollenfixierungen oder -trübungen. Die supervisorische Fragestellung ist dann:

69: Bernd Schmid, *Wo ist der Wind, wenn er nicht weht?*, S. 55ff.

➤ Handelt bspw. ein/e Familienmediator/in aus der Privatrolle der emanzipierten Frau oder als Scheidungsvater – und projiziert womöglich eigene Lebensthemen in die Mediation?
➤ Oder aus der Professionsrolle der Rechtsanwältin oder des Jugendhelfers – und handelt womöglich nach ihrer/seiner Expertenlogik?
➤ Oder tatsächlich aus der Organisationsrolle des prozessverantwortlichen Mediators?

Modelle

Hierher gehört die Thematisierung der eigenen Vorstellungen und Sichtweisen der Mediatorin, also Themen wie Fairness und Verantwortung oder Arm und Reich, eigene Vorstellungen von betrieblicher Wirklichkeit bzw. den Geschlechterrollen in einer Partnerschaft oder nach dem Ende einer Partnerschaft. Fragen wären hier:
➤ Was denken Sie über diesen Sachverhalt?
➤ Wie würden Sie die Situation darstellen?
➤ Fällt Ihnen eine Metapher, ein Bild ein, das die Situation abbilden könnte?

Person

Schließlich ist unangesehen der Funktion der Allparteilichkeit der Mediator immer auch als Person anwesend, und in vielen Mediationsprozessen laufen auch persönliche Themen im Hintergrund ab. Die Supervisorin kann sie zum Thema machen:
➤ Wie ging es Ihnen dabei?
➤ Was haben Sie für Empfindungen?
➤ Wie kommt es, dass Sie sich blockiert fühlen?
➤ Was hindert Sie daran so zu handeln, wie Sie es eigentlich möchten?
➤ Ist es etwas, was Sie schon häufiger erlebt haben?
➤ Haben Sie den Eindruck, dass es etwas mit Ihnen selbst zu tun hat?

Diese und andere klärende Fragen in der Supervision dienen der Identifizierung von Blockaden und Sackgassen und auf der anderen Seite von neuen Möglichkeiten. Durch die Bearbeitung dieser Fragen wird der Mediator wieder fähig, im Sinne seiner Rolle und Aufgabe als Prozesssteuerer zu arbeiten und das Mediationssystem bei der Erreichung seiner Ziele zu unterstützen.

```
┌─────────────────────────────────────┐
│ Strukturierungsmodell               │
│ für Mediations-Supervision          │
│                                     │
│ Person              Modelle         │
│                                     │
│         Entwicklung von             │
│         Prozesssteuerungs-          │
│         kompetenz                   │
│                                     │
│                                     │
│ Praxis              Kontext         │
│                     Rolle(n)        │
└─────────────────────────────────────┘
```

Abb.: **Strukturierungsmodell für Mediations-Supervision**

11.3.2 Mediationsanaloge Supervision

Hinter dem Begriff der mediationsanalogen Supervision verbirgt sich ein Konzept von **Heiner Krabbe** und **Hannelore Dietz**[70], das Supervision für das mediatorische Feld besonders passgenau machen will. Die mediationsanaloge Supervision orientiert sich am Mediationsverfahren, und der analoge Charakter zeigt sich auf mehreren Ebenen:
➤ als Analogie in der Philosophie von Mediation und Mediations-Supervision,
➤ als Analogie im Prozess,
➤ als Analogie in inhaltlichen und methodischen Bausteinen und schließlich
➤ als Analogie in der Haltung und Einstellung von Mediation zur Supervision.

Ich möchte einige Gesichtspunkte nennen, welche für die Mediations-Supervision typisch sind:
➤ Achtsamkeit bezüglich der Neutralität;
➤ Achtsamkeit bezüglich der Zukunfts- und Ressourcenorientierung;
➤ Achtsamkeit bezüglich der Förderung von Autonomie;
➤ Achtsamkeit gegenüber den Maßstäben für Fairness und Gerechtigkeit.

Mediation versteht sich selbst als ein lernendes Konfliktmanagement. Dies wird mit dem Stichwort der **transformativen Mediation** bezeichnet. Gemeint ist damit, dass Menschen, die durch mediatorische Prozesse hindurchgegangen sind, konfliktfähiger werden und besser in der Lage sind, ihre Interessen und Ziele zu formulieren und mit anderen Parteien zu einem Konsens zu gelangen. Supervision dient dazu, dieses transformative Element auf die Person und Funktion der Mediatorin selbst anzuwenden. Supervision hilft ihr, offen und lernfähig zu bleiben. Je mehr ich als Mediator durch Supervision lerne, desto vielfältiger und freier kann ich im Sinne meiner Kunden und Klienten als Process facilitator arbeiten.

70: Heiner Krabbe, *Die mediationsanaloge Supervision.* Hannelore Dietz, *Mediationsanaloge Supervision in den verschiedenen Feldern von Mediation.*

> **Literaturhinweis:** Heiner Krabbe, „Die mediationsanaloge Supervision", *Konsens*, Heft 3, 1999, S. 160–166. Hannelore Dietz, Mediationsanaloge Supervision in den verschiedenen Feldern von Mediation, *Zeitschrift für Konfliktmanagement*, Heft 5/2000, Seite 227–229.
> Das Konzept enthält viele nützliche Hinweis, und in der Thematisierung von feldspezifischen Besonderheiten einer Supervision für Mediatoren liegt seine Stärke. Wenn die Autoren allerdings einen maßgeblichen methodischen Unterschied zwischen mediationsanaloger Supervision und anderen Formen der Supervision behaupten, so halte ich das für einen Irrtum. Was sie als das Besondere und Eigene ausgeben – Lösungsorientierung, Zukunftsorientierung, Ressourcenorientierung und Optionalität – ist zum großen Teil Konsens unter Supervisoren. Die mediationsanaloge Supervision bezieht diesen Anspruch vielmehr aus einer Abwertung anderer Supervisionsansätze, die zu einer Negativ-Folie verzeichnet werden. Das ist ein Verstoß gegen das mediatorische Axiom der Wertschätzung für den Gegner.

11.3.3 Das Skript des Mediators

Menschen gestalten ihr Leben so ähnlich wie ein Regisseur seinen Film. Dieser Überzeugung war Eric Berne, der Gründer der Transaktionsanalyse. Er sprach deshalb vom Lebensskript, vom Lebensdrehbuch eines Menschen. Bei diesem Skript – so Berne – handelt es sich um einen unbewussten Lebensplan,

➤ der in der frühen Kindheit einer Person unter elterlichem Einfluss herausgebildet,
➤ im Verlaufe des Lebens verfestigt und ausgestaltet wird
➤ und das Leben in seinen wesentlichen Aspekten entscheidend bestimmt.

Nicht nur Berufs- und Partnerwahl, die ganze Art des In-der-Welt-Seins eines Menschen wird von seinem Skript beeinflusst.

Diese Hypothese, das Leben eines Menschen wie ein Drehbuch, wie eine Rollenanweisung lesen, verstehen und dann aber auch verändern zu können, erwies sich für die therapeutische Arbeit von Eric Berne als äußerst fruchtbar. Was nutzt diese Hypothese für Mediation? Zum einen ist sicherlich die Art der Konflikte, in die Menschen geraten, und die Weise, wie sie mit diesen Konflikten umgehen, abhängig von ihrem Skript. Aber auch der Mediator/Mediatorin verfügt über ein Skript. Und wenn, wie die Transaktionsanalyse annimmt, Menschen in besonderen Stresssituationen ihre Skriptmuster aktivieren, dann ist es als Mediator hilfreich, sein eigenes Skript zu kennen. Diese Erkenntnis hilft, im Hier und Jetzt handlungsfähig zu bleiben und nicht aktuelle Konflikte, für die man in der Gegenwart als Fachmann in Anspruch genommen wird, mit der Brille ungelöster früherer Lebenskonflikte der eigenen Biografie anzusehen.

Ich möchte hier das Augenmerk insbesondere auf die sog. Skriptglaubenssätze lenken. Zwei Transaktionsanalytiker, **Richard Erskine** und **Marylin Salcman**, vertreten die Auffassung, dass Kinder in Problemsituationen, die sie selbst nicht aktiv beeinflussen und verändern können, dazu neigen, sich eine Deutung der Situation zu machen, die ihnen hilft, das Problem zu ertragen. Bei dieser Deutung handelt es sich um Überzeugungen über sich selbst, die anderen und das Leben bzw. wie die Welt ist.

Ein Kind wird von seinen Eltern oft und über längere Zeit allein gelassen. Es fängt nun an zu weinen, zu schreien, sich vielleicht im Bettchen hin und her zu werfen, um auf seine Notsituation aufmerksam zu machen und die Eltern herbeizurufen. Wenn dies nicht gelingt, so wird das Kind möglicherweise in eine bedrohliche Angst und Verzweiflung verfallen. Um sich davor zu schützen, kann es bestimmte Überzeugungen über sich und die anderen entwickeln. Etwa so:
➤ *„Ich bin nicht wichtig."*
➤ *„Die anderen sind zu beschäftigt, um sich um mich zu kümmern."*
➤ *„Das Leben ist hart und entbehrungsreich."*

Natürlich reicht selten eine Situation aus, um solche Skriptglaubenssätze hervorzurufen, aber steter Tropfen höhlt den Stein. Und natürlich handelt es sich auch bei diesen Glaubenssätzen nicht um Formulierungen eines Kindes. Sie sind vielmehr dem generalisierenden Selbstgespräch von Erwachsenen abgelauscht, wenn diese in schwierige Situationen geraten und bspw., wenn sie wieder einmal bei einer anstehenden Beförderung übergangen sind, zu sich selbst traurig sagen: „Da sieht man es mal wieder: Ich bin anscheinend für niemanden wichtig. Mein Chef ist zu beschäftigt mit anderen Dingen, um sich um mich zu kümmern. Und das Leben ist hart und ungerecht, man bekommt einfach nie, was man verdient."

Skriptglaubenssätze wirken oft wie ein Trostpflaster. Dennoch stellen sie eine eingeschränkte Sicht der Wirklichkeit dar. Der Betreffende reagiert auf eine aktuelle Situation mit Überzeugungen aus der Vergangenheit. Damit bleibt er unter seinen jetzigen Möglichkeiten.

Auch für einen erfahrenen Mediator birgt ein Mediationsprozess immer wieder Lernerfahrungen und notwendige Schritte für die eigene Weiterentwicklung. So z.B. als Dieter K. merkte – Sisyphos ließ wieder einmal grüßen –, dass er in seiner Arbeit mit dem Team auf der Stelle trat. Anstatt zukunftsorientierte Lösungsvorschläge zu machen, spielen die Beteiligten immer wieder „Archäologie der Kränkungen". Statt die vereinbarten neuen Gesprächsregeln in den Alltag umzusetzen, eskalieren sie ihre alte Konfliktkommunikation.

Dieter K. reflektiert diesen Fall in seiner eigenen Supervision und erarbeitet mit der Supervisorin, dass es eine angemessene Umgangsweise mit diesem Verhalten ist, den „Mediationsauftrag" gegebenenfalls vorläufig auszusetzen. Damit nimmt der Mediator die Eigenverantwortung der Konfliktparteien für ihren Umgang miteinander ernst, anstatt deren Streitverhalten weiterhin zu kompensieren, und er macht deutlich, dass er nicht geneigt ist, Konfliktspiele anstelle von effektiver Veränderungsarbeit mitzumachen.

Beim nächsten Treffen berichtet er jedoch in der Supervisionsgruppe, dass er die Mediation nicht ruhen lässt, obwohl die Konfliktparteien ihr unproduktives Verhalten genauso fortsetzen. Und er bittet die Supervisionsgruppe erneut zu überlegen, ob es nicht doch noch Verbesserungsmöglichkeiten für seine Art der Konfliktsteuerung gibt. Die Gruppenteilnehmer stellen die Situation im Rollenspiel nach, überlegen dieses und jenes, ohne aber zu entscheidenden Alternativen zu kommen. Dieter K. wirkt unglücklich.

Daraufhin interveniert die Supervisorin: „Du kommst mir vor wie jemand, der nach dem Muster lebt: Ich darf erst an meine eigene Befindlichkeit denken, wenn es allen anderen gut geht. Kennst du das von irgendwoher?" Das Gesicht des Mediators hellt sich auf, und er beginnt zu erzählen, dass dies in seiner Ursprungsfamilie so etwas wie sein Lebensmotto war. Obwohl der Jüngste von mehreren Geschwistern, hätte er sich stets um den Zusammenhalt der Familie und um das Wohlbefinden der Einzelnen gekümmert. Er habe sich darum gesorgt, dass die Eltern zusammenbleiben, ihre Konflikte friedlich lösen und sich nicht scheiden lassen. Er habe sich darum gesorgt, wie es den Geschwistern geht, und versucht, ihnen zu helfen und beizustehen – obwohl das damals stets über seine Kräfte und über die tatsächlichen Möglichkeiten gegangen sei.

Hier wird deutlich, wie ein Mensch eine Skriptüberzeugung, die er in einer wesentlichen Notsituation seines Lebens entwickelt hat und die ihm geholfen hat, diese Situation einigermaßen zu bewältigen, generalisiert und zum unbewussten Verhaltensmuster für spätere Konflikt- und Stresssituationen macht. Dieter K. verbietet sich unbewusst eine seiner Rolle angemessene Option, nämlich die Mediation auszusetzen, weil diese seiner einschränkenden Skriptüberzeugung widerstreitet: „Ich darf nicht an mich denken, ich muss mich um die Probleme der anderen kümmern. Ich darf sie dabei nicht im Stich lassen." Was womöglich einmal die beste aller Möglichkeiten war, um als Kind in der Ursprungsfamilie klar zu kommen, erweist sich jetzt als Handicap, um heute als Mediator wirksam zu intervenieren.

Als Dieter K. dies erkennt, kann er beide Situationen auseinander halten. Sie verknüpfen sich nicht mehr unbewusst, und er ist jetzt in der Lage, das angekündigte Moratorium für die Mediation einzulösen. Er versteht sein altes Konfliktmuster und entwickelt alternative Handlungsmöglichkeiten. Das ist ein Schritt heraus aus dem alten Dilemma.

Manchmal kann es darüber hinaus hilfreich sein, sich in einer psychologischen Beratung, einer Therapie noch einmal innerlich bestimmten Ursprungssituationen zu stellen, um „unerledigte Geschäfte" abzuschließen.

> **Weiterführende Literatur:** Richard Erskine, Marylin Salcman: „Das Maschensystem", in: Neues aus der Transaktionsanalyse 3 (1979), S. 152ff.

11.3.4 Ich bin nur o.k., wenn ... Antreiber

Es ist also nicht immer die Unbeweglichkeit der Konfliktparteien, die eine Lösung erschwert, sondern die Mediatorin behindert sich und den Prozess selbst, indem sie unbewusst bestimmte Optionen vermeidet. Jeder von uns hat solche Einschränkungen. Für die Aufgabe des Konfliktmanagements ist es jedoch wichtig, um die eigene Achillesferse zu wissen.

Konflikte sind Stresssituationen – auch und insbesondere für die Mediatorin. Immer wieder wird die Mediatorin im Verlaufe der Konfliktbearbeitung in besondere Belastungssituationen geraten, in denen sie sich nicht kompetent, nicht anerkannt fühlt, innerlich angefochten von Gefühlen, von Angst, Ärger, Wut, „nicht richtig auf Ballhöhe", was die Konfrontation von psychologischen Spielen angeht. In transaktionsanalytischer Terminologie: Im Laufe der Konfliktbearbeitung wird sich auf Seiten der Mediatorin immer mal wieder ein spezifisches Nicht-okay-Gefühl einstellen.

Dies sind Situationen, in denen sich quasi automatisch die inneren Antreiber eines Menschen aktivieren. Mit Antreibern bezeichnet die Transaktionsanalyse verinnerlichte Anweisungen, denen wir unbewusst in schwierigen Situationen beinahe zwanghaft folgen. Diese Antreiber dienten einmal dazu, uns in der Ursprungsfamilie das Leben zu erleichtern und den Daseinsstress zu minimieren. Geraten wir später in eine Nicht-okay-Situation, so aktivieren sich diese Antreiberprogramme wie von selbst: „Ich wäre (wieder) okay, wenn ich immer ..."

Ein Transaktionsanalytiker der ersten Generation, **Taibi Kahler,** hat fünf Antreiber unterschieden:
➤ Ich bin o.k., wenn ich immer perfekt bin.
➤ Ich bin o.k., wenn ich stark bin.
➤ Ich bin o.k., wenn ich anderen gefällig bin.
➤ Ich bin o.k., wenn ich mich immer anstrenge.
➤ Ich bin o.k., wenn ich mich immer beeile.

Nun ist es in bestimmten Situationen sicherlich nützlich, sich zu beeilen, sich Mühe zu geben, auf die Bedürfnisse anderer eingehen zu können, sich selbst zusammenzureißen oder eine fehlerfreie Arbeit abzuliefern. Hierauf zielt das Antreiberkonzept nicht. Vielmehr liegt dem Antreiberverhalten der Glaube zugrunde: Ich bin in Belastungssituationen nur dann o.k. (liebenswert, wichtig, wertvoll ...), wenn ich immer und unter allen Umständen perfekt bin, mich zusammenreiße, auf die Bedürfnisse von anderen eingehe, mir alle erdenkliche Mühe gebe und schnell bin. Dies wäre allerdings kaum zu erreichen und entspricht auch häufig nicht den Erfordernissen einer Situation. D.h., die Verheißung der Antreiber (du bist o.k., wenn du immer das und das tust) bleibt unerfüllt. Die Antreiber lösen das Nicht-okay-Gefühl nicht auf, sondern verwalten es nur.

Dieter K. z.B. musste sich gegen Ende der Mediation plötzlich mit Zweifeln und Unzufriedenheiten seiner Klienten auseinander setzen. Er hatte – wie wir bereits gesehen haben – im Laufe der Mediation mit der Abteilung neue Regelungen zum Umgang miteinander gefunden. Die Abteilungsmitglieder sind zunächst sehr froh, diese neuen Regelungen zu formulieren. Nach einer Weile regt sich allerdings bei einigen Unmut: „Wer garantiert uns eigentlich, dass sich alle daran halten?" „Das soll schon alles sein?" „Da hätten wir auch alleine draufkommen können." „Von der Mediation hatte ich irgendwie mehr erwartet." Dieter K. merkt, wie er innerlich in Stress gerät. Die Zufriedenheit, die er empfunden hat, als die Gruppe die Regeln erarbeitet hatte, ist mit einem Male verflogen. An ihre Stelle ist ein dumpfes Bauchgefühl getreten, und im Kopf eine Ratlosigkeit. In seinem Nacken sitzt die Frage: „Was habe ich falsch gemacht? Hätte ich nicht noch mehr tun müssen?"

Dieter K. kennt diese Symptome: Anspannung, verkrampfter Magen, diffuses Schuldgefühl: er ist mit seinen Antreibern in Kontakt: „Sei perfekt!" und „Mache es allen anderen recht". In einer ganzen Reihen von Eigensupervisionen hat er sie als seine typischen Stresssymptome kennen gelernt. Er weiß von sich selber, dass er sich in seinem Leben oft bemüht hat, fehlende Zuneigung über Leistung zu bekommen. Und manches Mal ist ihm das auch gelungen. Wenn er als Schulkind eine Eins nach Hause brachte, dann war sogar sein viel beschäftigter Vater stolz auf ihn und ließ sich das Schulheft zeigen. Oft hat er aber auch negative Erfahrungen gemacht, nicht nur dass er von einigen „wilden" Klassenkameraden manchmal als „Streber" beschimpft wurde. Als er beim Wechsel auf die weiterführende Schule nicht mehr die gewohnten Einsen mit nach Hause brachte, fühlte er sich völlig verzagt und fürchtete nun, unweigerlich sitzen zu bleiben. Dieter K. wusste von sich, dass der Antreiber „Sei perfekt" bei ihm dazu dient, seine spezifischen Grundängste in Schach zu halten.

Antreiberverhalten bindet allerdings an das Lebensskript und bedeutet, die Welt aus der kindlichen Perspektive zu sehen und aus der kindlichen Perspektive zu handeln. Wenn jemand seinen Antreibern folgt, bleibt er unter seinen aktuellen Möglichkeiten, auch den Möglichkeiten, mit Stress anders umzugehen, wie z.B. dem Stress, dass die Klienten in einer Mediationssituation zeitweilig mit den Ergebnissen, die sie selbst gefunden haben, nicht zufrieden sind.

Dieter K. weiß von sich, dass sein Perfektionsstreben dazu dienen soll, ihn vor solchen Stresssituationen zu bewahren. Im Laufe seiner Eigensupervision hat er auch herausgefunden, dass er noch einen zweiten unterstützenden Antreiber in sich trägt: „Ich bin okay, wenn ich es den anderen recht mache." Seine Sensibilität für die Befindlichkeit der anderen und sein Bemühen um ihr Wohl haben ihn dann auch direkt in einen helfenden Beruf als Sozialarbeiter geführt.

Mittlerweile spürt Dieter K. zwar noch seine Antreiber, aber sie lenken nicht mehr sein Verhalten. Weder strebt er nach einer unanfechtbaren Perfektion seines Arbeitens, noch fühlt er sich für die Lösung der Probleme anderer zuständig. Aus dieser Haltung heraus kann er nun sein Erwachsenen-Ich aktivieren und der Mediationsgruppe Fragen stellen, wie:

➤ *„Wo denken Sie, sind die gefundenen Grundsätze noch verbesserungsfähig?"*
➤ *„Was können Sie tun, wenn Sie erleben, dass diese Grundsätze in der Praxis nicht befolgt werden?"*
➤ *„Wer ist verantwortlich für das Einlösen Ihrer Verhaltensmaximen?"*

Indem er solche Fragen stellt, merkt er, wie sein Unwohlsein weicht und er sich handlungsfähig fühlt. In der Gruppe entwickelt sich dann eine lebhafte Diskussion. Die Abteilungsmitglieder beschließen, dass sie erst einmal Erfahrungen machen müssen mit ihren neuen Verhaltensgrundsätzen, und verabreden eine Selbstbindung an diese Grundsätze bzw. eine unmittelbare Konfrontation, wenn sie oder andere von den neuen Umgangsregeln abweichen. Am Ende befinden sie, dass dies wohl noch nicht die Optimalsituation ist, aber besser als alles, was sie in der Vergangenheit miteinander gemacht haben.

Was Dieter K. erlebt, ist typisch für viele Menschen in Stresssituationen. Beinahe zwangsläufig aktivieren sich die Antreiber, wobei die Transaktionsanalyse vermutet, dass die meisten Menschen einen Haupt- und einen unterstützenden Nebenantreiber haben, manche Antreiber von sich aber überhaupt nicht kennen. ‚Beeil dich' ist bspw. Dieter K. recht fremd. Er pflegt zügig zu arbeiten, kommt aber nie in Hektik. Schauen wir die Antreiber im Einzelnen noch einmal an[71]:

1. Ich bin nur okay, wenn ich perfekt bin.

Menschen mit dieser Haltung versuchen stets, alle Dinge hundertfünfzigprozentig zu machen. Insbesondere sind sie der Meinung, dass sie alle Einwände und Kritikpunkte von anderen schon hätten vorweg nehmen müssen. Oft haben diese Perfektionisten das Grundgefühl, dass sie als Person nicht liebenswert sind, und versuchen, dies durch Anerkennung über ihre Leistung zu kompensieren.

In jedem Antreiber steckt allerdings auch eine unerlöste Fähigkeit bzw. eine Ressource. Perfektionisten in diesem Sinne sind in der Regel gut organisiert und können bspw. leicht komplexe Systeme begreifen. Diese Ressource gilt es zu würdigen und nicht das Kind mit dem Bade auszukippen nach dem Motto ‚Ist ja doch alles egal'. Das Dilemma entsteht allerdings, wenn die Perfektionisten ihre Tugend übertreiben. Sie brauchen also eine erlösende Botschaft. Die Transaktionsanalyse nennt dies eine Erlaubnis. Bspw.: „Ich darf Fehler machen, ohne mich unzulänglich zu fühlen, und kann aus meinen Fehlern lernen."

2. Ich bin nur okay, wenn ich stark bin.

Stark sein bedeutet hier, eigene Gefühlsregungen zu unterdrücken, sie bei sich selbst nicht wahrzunehmen und nach außen hin einen Eindruck der Unangreifbarkeit zu vermitteln. Menschen mit einem Sei-stark-Antreiber fürchten, wenn sie in Stresssituationen die Selbstkontrolle verlieren, dass andere ihre Schwäche gegen sie verwenden werden.

Die innere Erlaubnis für Personen mit einer Sei-stark-Dynamik kann sein: Ich darf meine Gefühle spüren, ihnen trauen und mich von ihnen leiten lassen. Die erlöste Form, d.h. die Ressource des Sei-stark-Antreibers ist die Fähigkeit, in Stresssituationen die eigene Befindlichkeit zurückstellen und Dinge voranbringen zu können.

3. Ich bin nur okay, wenn ich anderen gefällig bin.

Menschen mit dieser Dynamik sind sehr bemüht, für das Wohlbefinden der anderen zu sorgen, noch bevor diese entsprechende Wünsche oder Anforderungen geäußert haben. Häufig klagen sie über die Schwierigkeit, „Nein" sagen zu können. Eigene Ansprüche und Vorstellungen halten sie eher zurück und bemühen sich stattdessen, sich in andere einzufühlen.

71: Ausführlich Bernd Schmidt, *Antreiberdynamiken*.

Dies ist in der Tat auch eine Stärke, sensibel für Stimmungen und Gruppenprozesse zu sein. Menschen mit dieser Dynamik haben eine gute Fähigkeit, an andere anzukoppeln. Was sie entwickeln müssen, ist die Erlaubnis: „Ich darf mich wichtig nehmen und herausfinden und sagen, was ich selber will."

4. Ich bin nur okay, wenn ich mich anstrenge.

Menschen mit einer Streng-dich-an-Dynamik sehen bspw. in beruflichen Anforderungen keine lustvolle Herausforderung, sondern primär den Leistungsdruck. Insgeheim haben sie Zweifel daran, ob sie den Anforderungen entsprechen können. Häufige Äußerungen sind: „Das ist wirklich schwer. Wenn ich mir Mühe gebe, dann kann ich es vielleicht versuchen." Dadurch entsteht bei allem Tun eine gewisse Schwere, die mit dem Zweifel am Erfolg belastet ist. In ihrer Lebensgeschichte haben diese Menschen häufig Überforderungssituationen erlebt.

Sie haben allerdings auch eine Tugend entwickelt, nämlich die Fähigkeit, mit Ausdauer ein bestimmtes Ziel zu verfolgen, und gehen selten nachlässig an Aufgaben heran. Wichtig ist für sie, sich realistische Ziele zu setzen, insbesondere Etappenziele und die innere Erlaubnis, sich über das Erreichte zu freuen und auszuruhen.

5. Ich bin nur okay, wenn ich mich beeile.

Menschen mit diesem Antreiber machen sich in der Regel durch Hektik bemerkbar, wenn sie „eben schnell mal kurz noch" etwas erledigen müssen.

Darin steckt wie in allen Antreibern auch eine Tugend. In turbulenten Notfallsituationen bleiben diese Personen handlungsfähig, ja sie leben sogar auf, und ein „Beamtenverhalten" nach dem Motto ‚erst mal langsam, eins nach dem anderen' ist ihnen fremd. Allerdings haben sie auch Schwierigkeiten, ihren persönlichen Stil zu leben, und was ihnen gut tut, ist eine Erlaubnis wie die: „Ich darf mir Zeit nehmen und dann die Arbeit auf meine Art und Weise tun."

Für die Arbeit von Mediatoren lässt sich sagen, dass in der Stresssituation des Konfliktmanagements sich Antreiberverhalten kaum vermeiden lässt. Und dass es wichtig ist, dieses supervisorisch zu bearbeiten, um vom Erwachsenen-Ich geleitet, handlungsfähig zu bleiben. Wichtig ist jedoch auch, nicht das Kind mit dem Bade auszuschütten. In jedem Antreiber steckt eine unerlöste Tugend, eine Ressource, die beim Geschäft der Mediation gute Dienste leistet.

Herausforderungen für Mediatoren • 173

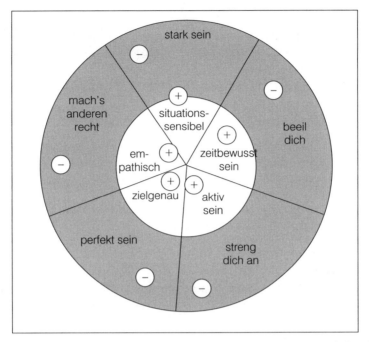

Abb.: **Destruktive Antreiberverhaltensweisen und konstruktive Kerne nach Vogelauer**[72]

Weiterführende Literatur: Bernd Schmidt, *Antreiberdynamiken – Persönliche Inszenierung und Coaching*, unveröffentlichte Institutsschriften, Nr. 38.

11.3.5 Selbsterfahrungsübungen zum Umgang mit Konflikten

Für Trainingsgruppen folgen nun einige ausgewählte Übungen, die helfen können, mit Eigenanteilen in Bezug auf Konflikte in Kontakt zu kommen und diese zu bearbeiten.

Rückwärtsschieben[73]
Bei dem Experiment können die Teilnehmer sich körperlich anstrengen.
Anleitung: Suchen Sie sich einen Partner, der ungefähr gleich groß ist. Stellen Sie sich Rücken an Rücken. Nach dem Kommando 1–2–3 pressen sich die Partner rückwärts gegeneinander und versuchen, den anderen über das Spielfeld zu schieben.

72: Werner Vogelauer: *Methoden-ABC im Coaching*, S. 43.
73: Nach Klaus Vopel, *Anwärmspiele*, S. 68.

Standhalten[74]

Zwei Teilnehmer stellen sich auf den Abstand von Armeslänge einander gegenüber. Die beiden Füße stehen dicht nebeneinander. Dann berühren sie mit den senkrecht gestellten Handinnenflächen die Handinnenflächen des Partners.
Das Ziel ist es, den Partner aus der Balance zu bringen und selber stehen zu bleiben.

Ja-Nein-Dialog

Zwei Partner treten einander gegenüber. Ihre Aufgabe ist es, in ein Streitgespräch einzutreten, wobei sie jeweils nur ein Wort benutzen dürfen: Ja oder Nein. Sie können allerdings ihr Ja oder Nein mit der Stimme und/oder mit der Körpersprache in vielerlei Hinsicht variieren, vom Bitten bis zum Befehlen, vom Drohen bis zum Locken.
Nachdem sie sich geeinigt haben, wer mit Ja argumentiert und wer mit Nein, beginnt das Spiel.
In der zweiten Runde wechseln sie die Worte.

Geh weg – Komm her!

Zwei Partner treten einander gegenüber. Zwischen ihnen wird mit Klebeband eine Grenze markiert. Sie teilt den Bereich der Person A von dem Bereich der Person B.
Aufgabe der Person B ist es nun, die Grenze in den Bereich der Person A zu überschreiten. Person A ihrerseits hat die Aufgabe, B wieder herauszuschicken, allerdings nur mit Worten und ohne körperliche Berührung. Er kann dabei argumentieren, drohen, locken, klagen, was immer er möchte.
B antwortet nicht, sondern lässt das Ganze still auf sich wirken und verlässt den Bereich von Person A dann, wenn er innerlich davon überzeugt ist, d.h., B tut A keinen Gefallen, bleibt aber auch nicht überlange.

Nachdem B wieder in seinen Bereich gegangen ist, hat Person A die Aufgabe, B jetzt einzuladen, in den Bereich von A zu kommen und dabei auch ebenfalls zu argumentieren, zu locken, zu drohen, was auch immer.
Person B folgt der Einladung, wenn sie innerlich davon überzeugt ist. Danach wechseln die Parteien.

Gemalter Dialog

Zwei Partner bekommen ein Zeichenpapier DIN A3 und verschieden farbige Kreiden. Sie setzen sich an einen Tisch einander gegenüber. Ihre Aufgabe ist es, ohne miteinander zu sprechen, das vor ihnen liegende Blatt zu gestalten. Sie können nicht miteinander reden und es gibt auch keine Absprachen darüber, wie das Blatt unter ihnen aufzuteilen ist.

Auswertungsgesichtspunkte: Wie habe ich Kontakt zum Partner gefunden? Wie sind beide mit den begrenzten Ressourcen des Blattes umgegangen? Was hat mir am Verhalten des Partners gefallen/nicht gefallen?

74: Nach Klaus Vopel, *Anwärmspiele*, S. 69.

Playback[75]

Die Übung ist geeignet für zwei Kontrahenten, die nicht merken, wie sie den Widerstand des jeweils anderen provozieren.

Anleitung: Beide Kontrahenten nehmen in der Mitte des Kreises Platz. Anschließend sprechen sie drei Minuten lang über die Schwierigkeiten, die sie miteinander haben, und die Empfindungen, die sie dabei spüren. Nach drei Minuten gehen zwei andere Gruppenteilnehmer an ihre Plätze (Hilfs-Ichs) und übernehmen die Rolle der Kontrahenten. Sie zeigen noch einmal drei Minuten lang, wie die beiden Kontrahenten vorgegangen sind, wobei sie deren Kommunikationsstil und den Inhalt der Auseinandersetzung möglichst stark übertreiben.

Schuldzuweisung[76]

Anleitung: Die Teilnehmer bilden zwei Stuhlkreise. Im Innenkreis sitzen diejenigen, die die Rolle des Schuldigen einnehmen, im Außenkreis die, die Schuld zuweisen. Die Teilnehmer sitzen einander zugewandt und führen als Gruppen einen fünfminütigen Dialog. Dann werden die Rollen getauscht. Anschließend folgt ein Austausch zu zweit anhand der Fragen: Welche Rolle war mir vertrauter? Welche Rolle hat mir Schwierigkeiten bereitet? Wie hat sich die jeweilige Rolle in meinem Selbstwertgefühl ausgewirkt?

75: Nach Klaus Vopel, *Umgang mit Konflikten*, Hamburg 1983.
76: Aus Mohammed el Hachimi/Liane Stephan, *SpielART, Mappe 4 Charakterspiele*, Göttingen o.J.

12 Mediationsphilosophie

12.1 Mediation als Paradigmenwechsel im Umgang mit Konflikten

Mediation bedeutet in Fragen der Konfliktlösung einen Paradigmenwechsel. Sie impliziert den Abschied vom Richter-Modell, für den Führungsbereich den Abschied von einem autoritären Entscheider-Modell – wobei Mediation de facto beides nicht ersetzt, aber eine Alternative auf der Modellebene darstellt. Typisch für das Richter-Modell bzw. das Entscheider-Modell ist, dass in beiden Fällen die Streitenden den Konflikt abgeben bzw. delegieren. In der Mediation aber bleiben sie Konflikteigentümer.

Die autoritative Konfliktregelung durch Machtentscheid, dem sich die Konfliktparteien zu fügen haben, hat häufig auch einen entscheidenden Nachteil: Eine Entscheidung ist noch keine Lösung. Es besteht die Gefahr, dass der Konflikt weiter gärt und erneut zum Ausbruch kommt. Die Kernidee von Mediation ist demgegenüber, Menschen durch geeignete Unterstützung zur Selbstorganisation ihrer Kräfte und Kompetenzen zur Konfliktlösung zu führen. Sie bleiben lösungsverantwortliche Eigentümer ihres Konfliktes.

Dies entspricht dem transaktionsanalytischen Leitziel der autonomen Persönlichkeit. Diese übernimmt die Verantwortung für die eigenen Gefühle und Verhaltensweisen, weicht anstehenden Problemen nicht aus, sondern packt ihre Lösung an, ist bereit, auch aus unangenehmen und schmerzlichen Erfahrungen zu lernen und weiterzuwachsen und aufrichtig mit den Mitmenschen umzugehen[77].

77: Leonhard Schlegel, *Handwörterbuch der Transaktionsanalyse*, S. 211.

12.2 Konkurrenz und Kooperation

Mediation ist kein Zaubermittel, das Menschen dazu bringt, ohne eigenes Zutun oder sogar gegen ihren Willen einander zuzuhören und gemeinsam nach Lösungen zu suchen. Die Mediatorin und auch die Konfliktparteien sind angewiesen auf die gegenseitige Bereitschaft zu kooperieren. Die Motivation dazu muss freilich keiner reinen Nächstenliebe entspringen. Im Gegenteil, die Kooperationsbereitschaft steigt in dem Maß, in dem ich erkenne, dass ich Vorteile davon habe. Mediation rechnet also durchaus mit dem Eigennutz und versucht ihrerseits, daran anzuknüpfen und diesen zu utilisieren. Klassisches Beispiel ist der Täter-Opfer-Ausgleich, wo der Täter sich durch seine Kooperationsbereitschaft Strafmilderung bis zu Strafaussetzung erwirbt. Eigennutz als Motivation für Kooperation, damit sind wir im Kern der Mediationsphilosophie: Mediation als Versuch einer kreativen Synthese aus Konkurrenz und Kooperation.

In Konflikten wird konkurriert: Zwischen Kollegen und Partnern, zwischen Nachbarn und Interessengruppen. Konflikte sind Konkurrenzsituationen, und dabei geht es um Geld und um Einfluss, um Eigentum und Ansehen: Vorschläge von anderen werden nicht aufgegriffen, obwohl – oder besser – weil sie gut sind. Pläne eines anderen werden gezielt sabotiert – nicht etwa weil man selbst etwas davon hatte, sondern weil man dem anderen auf diese Weise schadet. Geläufig ist solches Verhalten als „Taktik der verbrannten Erde" und es gehört gerade in Konfliktsituationen zum Alltag. Mediatorinnen müssen deshalb mit Konkurrenz umgehen. Mediation ist eine Synthese aus Konkurrenz und Kooperation: Konkurrenz um Dinge und Kooperation in ihrer Verteilung.

Mit **Jörg Fengler**[78] definiere ich Konkurrenz als „Sammelbezeichnung für alle Versuche ..., sich anderen Menschen gegenüber in Leistung, Attraktivität, Ressourcennutzung, Handlungsspielraum usw. zu behaupten und durchzusetzen oder eine drohende Unterlegenheit abzuwehren". Konkurrenz gehört als Verhaltensbereitschaft zur biologischen Grundausstattung aller Lebewesen. In der Tierwelt setzt sich bei Mehrlingsgeburten in der Regel das Junge durch, „das den Schnabel am weitesten aufreißt", und auch menschliche Säuglinge sind von Geburt an Konkurrenzimpulsen ausgesetzt. Konkurrenz ist – so gesehen – „eine der entscheidensten Sozialisationsbedingungen von Kindern und Jugendlichen beim Hineinwachsen in die Gesellschaft"[79]. Wenn Menschen in das Erwerbsleben eintreten, so verfügen sie bereits über eine Vielzahl von Konkurrenzerfahrungen und ein Repertoire an Bewältigungsstrategien.

Dennoch ist es nicht einfach, über Konkurrenz zu sprechen. Zum einen werden Konkurrenz und Solidarität als unüberbrückbare Gegensätze empfunden. Gebe ich zu, in einer bestimmten Situation mit jemandem zu konkurrieren, wird man mir möglicherweise generell die Bereitschaft zu Kooperation und zu solidarischem Verhalten absprechen. Zum

---

78: Jörg Fengler, *Konkurrenz und Kooperation in Gruppe, Team und Partnerschaft*, S. 9.
79: Jörg Fengler, *Konkurrenz und Kooperation in Gruppe, Team und Partnerschaft*, S. 21.

anderen ist Konkurrenz als solche verpönt und gilt als wenig attraktive Haltung: Es fällt leichter, Konkurrenz bei anderen festzustellen: Andere konkurrieren, man selbst befindet sich bestenfalls in einem fairen Wettbewerb. Diese Tabuisierung von Konkurrenz führt jedoch nur zu Verheimlichung. Hilfreich wäre eher eine offene Gestaltung von Konkurrenz.

Aus einer begreiflichen Angst vor Verletzung treten viele Menschen in Konkurrenzsituationen gerne den Rückzug an. Der Klügere gibt nach – heißt ein verbreiteter Selbsttrost. Es mögen sich auch Wünsche nach einem konkurrenzlosen Miteinander einstellen.

Wie kann man mit Konkurrenz umgehen? Viele Verhaltensweisen, die wir durchaus schätzen, haben auch ihre Schattenseiten. So können bspw. zwischenmenschliche Nähe und ein inniges Miteinander dazu führen, dass sich einer der Partner eingeengt und abhängig fühlt. Ebenso kann der Wunsch nach Abstand und Abgrenzung – einseitig betont – bewirken, dass jemand schließlich isoliert und unerreichbar ist.

Weil Einseitigkeit und Übertreibung leicht zu Fehlformen führen, brauchen viele Verhaltensweisen eine wechselseitige Ergänzung und Korrektur durch ihren Gegenpol. Das gilt auch für Konkurrenz und ihren Gegenpol Kooperation. Beide Verhaltensweisen werden häufig als unvereinbar angesehen, sie brauchen sich aber gegenseitig. Ich will dies mit dem sog. Wertequadranten, einem Modell des Kommunikationspsychologen Friedemann Schulz von Thun[80] erläutern.

Konkurrenz und Kooperation sind zunächst zwei gesunde Impulse. Der Grundimpuls Konkurrenz kann sich freilich, wenn er überwertig wird, zur Fehlform eines Rivalisierens um jeden Preis entwickeln. Andererseits kann Kooperation die übertriebene Form von Struktur- und Verantwortungslosigkeit annehmen. So gibt es in Führungsetagen immer noch den Gutsherrentypus, der Aufgaben und Entscheidungen an sich reißt und mit jedem rivalisiert, der sich für Mitsprache oder Konsenslösungen einsetzt: Es kann nur einen geben. Ganz im Gegensatz dazu begegnet einem z.B. auf der mittleren Ebene der Wunsch, auch in Leitungsfunktionen „einer von euch" zu bleiben. Ein Wunsch, der dazu führen kann, dass notwendige Entscheidungen nur ungern getroffen werden und man die Verantwortung von Leitung verweigert und schuldig bleibt.

Rivalität kontra Nachgiebigkeit in Ermangelung einer eigenen Position: Kritisch sei angemerkt, dass sich die Auseinandersetzung mit Konkurrenz und Kooperation selten auf die Grundimpulse, sondern vielmehr auf die jeweiligen Fehlformen bezieht. Konkurrenz wird oft nur in ihrer verzeichneten Rivalitätsform als ethische Negativfolie genutzt. Gibt es eine Möglichkeit des Ausgleichs?

Das Wertemodell knüpft hier eine Verbindung zwischen der Fehlform und dem diagonal gegenüberliegenden Grundimpuls. „Wer übermäßig rivalisiert, kann sich Kooperation als Lernziel vornehmen, um seine Einseitigkeit zu überwinden; wer in der Kooperation zu viel

---

80: Friedemann Schulz von Thun, *Miteinander reden 2*, S. 38ff.

des Guten getan hat und sich in eine Haltung der Nachgiebigkeit/Positionslosigkeit hineinmanövriert hat, kann im Konkurrieren vollständiger werden."[81]

Fazit: Die verbreitete Denkschablone „Gute Kooperation – böse Konkurrenz" ist unzureichend. Mediation ist ein kooperatives Management von Konkurrenz: Konkurrenz um Dinge und Kooperation in ihrer Verteilung. Mediatorinnen müssen Instrumente haben, beides in einem Prozess zu vereinen, und sie müssen das persönliche Thema, das mit Konkurrenz verbunden ist, für sich gelöst haben.

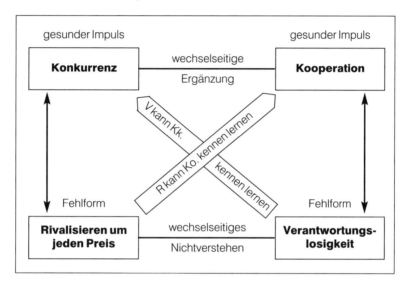

Abb.: Wechselbeziehungen von Konkurrenz und Kooperation

Partnerübung: Daumenringen[82]
Dieses Spiel kann Gefühle wie Ärger und Rivalität zum Ausdruck bringen und bewusst machen. Es eignet sich gut für Paare, deren Partner unterschiedlich stark sind.

Die Partner treten einander gegenüber und strecken die rechte Hand wie zum Händedruck aus, wobei die Daumen nach oben gerichtet sind. Sie legen die Hände nebeneinander und halten die Daumen weiterhin hoch, wobei sich die Finger mit denen des Partners verhaken. Jetzt nicken die Daumen ein paar Mal zur Begrüßung, dann folgt die erste Runde des Daumenringens. Zur Eröffnung des Daumenringens hüpfen die Daumen dreimal übereinander; sofort nach dem dritten Sprung versuchen die Kontrahenten, den Daumen des Gegners für zwei Sekunden bewegungslos unter den eigenen Daumen zu pressen. Dann ist die Runde beendet.

Auswertungsfrage: Habe ich mich ernsthaft angestrengt oder habe ich den Schwachen gespielt?

81: Jörg Fengler, *Konkurrenz und Kooperation in Gruppe, Team und Partnerschaft*, 1996, S. 32.
82: Nach Klaus Vopel, *Interaktionsspiele 2.*

Weiterführende Literatur: Jörg Fengler, *Konkurrenz und Kooperation in Gruppe, Team und Partnerschaft*, 1996.

12.3 Ist Mediation weiblich?

Grammatisch gesehen ja: *die* Mediation. Gemeint ist allerdings anderes. Handelt es sich bei der Mediation womöglich um eine typisch weibliche Form des Umgangs mit Konflikten, die im Unterschied zu typisch männlichen Formen steht?

Die amerikanische Soziolinguistin **Deborah Tannen** hat männliches und weibliches Verhalten untersucht und ist dabei zu folgenden Ergebnissen gekommen: Für viele Männer ist die Welt als hierarchische Ordnung strukturiert, in der sie entweder unter- oder überlegen sind. Gespräche sind in dieser Welt Verhandlungen, bei denen man die Oberhand gewinnt oder sich dagegen verteidigt, untergeordnet zu werden. So gesehen ist das Leben ein Wettkampf, bei dem es um die Wahrung von Unabhängigkeit und die Vermeidung von Niederlagen geht.

Für viele Frauen ist die Welt ein Netzwerk zwischenmenschlicher Beziehungen. Gespräche sind in dieser Welt Verhandlungen über Nähe, bei denen man Bestätigung und Unterstützung geben und erhalten möchte und Übereinstimmung erzielen will. So gesehen ist das Leben eine Gemeinschaft, ein Kampf um die Bewahrung von Beziehung und die Vermeidung von Isolation. Durch diese Unterschiede nehmen Männer und Frauen u.U. dieselbe Situation ganz anders wahr, und diese unterschiedlichen Sichtweisen und Anliegen führen zu sehr unterschiedlichen Äußerungen.

Deborah Tannen hebt hier besonders auf die sog. Meta-Mitteilungen ab. Meta-Mitteilungen geben Auskunft darüber, welche Beziehung zwischen zwei Menschen besteht. Für die richtige Deutung von Meta-Mitteilungen ist es wichtig, wie etwas gesagt oder getan wird, z.B. Worte, Gestik, Mimik, Tonfall. Solche Signale senden Mitteilungen darüber, wie Kommunikation gemeint ist. Aufgrund ihrer Unterschiedlichkeit sprechen – nach Deborah Tannen – Männer und Frauen einen jeweils unterschiedlichen Genderlekt. Genderlekt ist der spezielle Dialekt des sozialen Geschlechts (Englisch: *gender*).

Männer und Frauen haben also unterschiedliche Weltsichten und unterschiedliche Konfliktstile, auch wenn man in der konkreten Situation auch auf Frauen mit einem männlichen Stil und Männer mit einem weiblichen Stil treffen kann. Die meisten Frauen sehen in Konflikten eine Bedrohung von Bindung, die um jeden Preis vermieden werden sollte. Sie regeln Meinungsverschiedenheiten am liebsten ohne direkte Konfrontation. Für viele Männer sind Konflikte ein notwendiges Mittel der Statushandlung, das sie akzeptieren und unter Umständen sogar bereitwillig und freudig in Kauf nehmen.

Das bedeutet nicht, dass der eine Stil falsch oder unverständlicher ist als der andere. Diese Unterschiede nicht anzuerkennen kann jedoch gerade in Konfliktsituationen zu Missverständnissen und Schuldzuweisungen führen.

Betrachtet man Deborah Tannens Aussagen durch die mediatorische Brille, so ergibt sich folgendes Ergebnis: In Konflikten den Konsens eher zu suchen als die Kontroverse ist ein weibliches Verhalten. Ebenso, Verständnis für die andere Seite zu entwickeln. Dies bezeichnet eine Nähe des weiblichen Konfliktstils zur Mediation. Frauen neigen jedoch ebenso dazu, sich in einer einseitigen Problemorientierung zu verstricken. Mediation vermeidet es, sich zu sehr mit vergangenen Problemen zu beschäftigen, ihre zukunftsgerichtete Lösungsorientierung ist Ausdruck einer männlichen Sicht.

Männer werden in der Mediationssitzung rascher ihre Anliegen äußern. Sie werden diese aber eher positionsorientiert vertreten: „So und nicht anders!" Frauen sind demgegenüber geneigt, ihre Interessen offen zu legen und auf die Interessen des anderen zu achten. Eine spannende Frage ist dabei, ob Frauen in der Mediation aufgrund ihrer Konsensorientierung in der Gefahr sind, zu schnell nachzugeben, und Männer eher Gewinner-Verlierer-Lösungen bevorzugen.

Wie dem auch sei, die Ausführung von Deborah Tannen beleuchtet einmal mehr die Dolmetscherfunktion eines Mediators bzw. einer Mediatorin. Ihre Aufgabe ist es nicht nur, zwischen unterschiedlichen Welten von Interessen und Bedürfnissen zu vermitteln, sondern auch zwischen unterschiedlichen „Kulturen". Was Deborah Tannen Genderlekt nennt, macht jede Mediation zwischen Männern und Frauen zu einer interkulturellen Mediation. Auf der anderen Seite bedeutet eine gelingende Mediation auch – neben der konkreten Lösung –, dass Männer und Frauen etwas lernen über die unterschiedliche Bezugs- und Sprachwelt des anderen Geschlechts und künftig nicht mehr in genderspezifische Sackgassen hineingeraten.

Weiterführende Literatur: Deborah Tannen, *Du kannst mich einfach nicht verstehen. Warum Männer und Frauen aneinander vorbeireden*, Hamburg 1991.

12.4 „Der Mensch wird am Du zum Ich"

Eine verbreitete Haltung legt nahe, in Konflikten nach den Ursachen zu suchen und nach dem Schuldigen zu forschen in der Hoffnung, damit den Konflikt zu beseitigen. Dies ist verständlich, aber wenig sinnvoll. In der Regel ergibt sich nur eine „Wer war zuerst – die Henne oder das Ei"-Diskussion. Die mediatorische Praxis zeigt, dass es ebenso viele Wahrheiten gibt wie Konfliktbeteiligte und – wie die konstruktivistische Philosophie lehrt – dass es eine Setzung ist, jemanden als Ursache oder Verursacher eines Konfliktes dingfest machen zu wollen. Was als Aktion und was als Reaktion bezeichnet wird, lässt sich nicht festmachen. Hilfreicher als rückwärts gewandt nach Ursachen zu forschen ist es deshalb, zukunftsorientiert und gemeinsam nach Lösungen zu suchen. Das Aufgeben von Kausalitäts- und Schuldprinzip bedeutet aber keinen Abschied von einem ethischen verantworteten Konfliktaustrag. Ethisch bedeutsam wird nun das „Wie" des Konfliktaustrags, die Beziehung der Konfliktpartner zueinander.

Wie lässt sich eine Haltung beschreiben, die den Gegner bei aller Gegensätzlichkeit als wertvolles Gegenüber, sogar als Partner sieht? Die Bezogenheit auf andere gehört zur Grundverfassung des Menschen. *Transformative Mediation* zielt über die bloße Konfliktlösung hinaus und fördert die Gestaltung konstruktiver Beziehungen zwischen Menschen. Hier kann Martin Bubers dialogische Philosophie als Weg dienen zu einem philosophischen Verständnis beziehungsorientierter mediatorischer Praxis.

„Die Welt ist dem Menschen zwiefältig, nach seiner zwiefältigen Haltung. Die Haltung des Menschen ist zwiefältig, nach der Zwiefalt der Grundworte, die er sprechen kann. Die Grundworte sind nicht Einzelworte, sondern Wortpaare. Das erste Grundwort ist das Wortpaar Ich-Du. Das andere Grundwort ist das Wortpaar Ich-Es; wobei, ohne Änderung des Grundwortes, für Es auch eines der Worte Er oder Sie eintreten kann." – Martin Buber, Ich und Du.

Bubers Philosophie der Beziehung

Martin Buber hat, so könnte man sagen, über Singular und Plural hinaus den „Dual" als die eigentliche Seinsform des Menschen entdeckt. „Die fundamentale Tatsache der menschlichen Existenz ist der Mensch mit dem Menschen."[83] Damit hat er das „Zwischenmenschliche" zur entscheidenden Kategorie menschlicher Wirklichkeit erhoben. Das Zwischenmenschliche oder kurz das „Zwischen" genannt ist der Bereich, das Kraftfeld, aus dem sich die Personhaftigkeit des Menschen aktualisiert: In dem Maß, in dem der Mensch „Du" spricht, wird er Ich.

Eine wichtige Bedeutung kommt der Unterscheidung von „Sozialem" und „Zwischenmenschlichem" zu. Während das Soziale dem Menschen in gewisser Weise Schutz vor seiner Einsamkeit bietet, ohne ihn zwingend in Beziehungen zu involvieren, fordert das

---

83: Grete Schaeder, *Martin Buber*, S. 148.

Zwischenmenschliche vom Einzelnen ein Wagnis, das Wagnis der Beziehung. Zwei Faktoren heben das Zwischenmenschliche vom Sozialen ab: das gegenseitige Nicht-Objekt-Sein und die Aktualität des Beziehungsereignisses. Das Zwischen – so könnte man sagen – ist ein Moment, der Moment, in dem zwei Menschen einander als Partner betrachten.

Der Ort, an dem sich das Zwischenmenschliche ereignet, ist für Buber das Gespräch: „Jedes echte Gespräch ist nicht nur Meinungsaustausch über einen Gegenstand, es ist Beziehung, in der das elementare Anders-Sein des andern nicht nur zur Kenntnis genommen, sondern bejaht wird."[84]

Bubers existenzielle Urkategorie des „Menschen mit dem Menschen" und seine Wertschätzung des Zwischen mündet dabei nicht in eine pseudokonfliktfreie Konfluenz[85], vielmehr ist Bubers Anthropologie gekennzeichnet noch durch einen weiteren Doppelbegriff: „Urdistanz und Beziehung". „Nur wer zu Distanz fähig ist, kann in Beziehung treten." Beziehung gründet sich also auf die „Setzung und Anerkennung der selbständigen anderheit des Anderen, mit dem er in Beziehung tritt".[86] Und Buber betont, dass es sich bei dem „Zwischenmenschlichen" nicht um einen statischen Zustand, sondern um eine je aktuelle Begegnung handelt.

Bubers persönliche Entwicklung und sein geistiges Schaffen kulminieren in der Schrift „Ich und Du" von 1923. Die Sprache von „Ich und Du" ist in der Philosophiegeschichte einmalig. Manche Interpreten haben die Schrift als Dichtung bezeichnet, als ein „philosophisch-religiöses Gedicht":

„Das Grundwort Ich-Du kann nur mit dem ganzen Wesen gesprochen werden.
Das Grundwort Ich-Es kann nie mit dem ganzen Wesen gesprochen werden.
Es gibt kein Ich an sich, sondern nur das Ich des Grundwortes Ich-Du und das Ich des Grundwortes Ich-Es."

Mit den Grundworten bezeichnet Buber zwei unterschiedliche menschliche Haltungen: die Haltung des Ich zu einem Du und die Haltung des Ich zu einem Es (Er, Sie). Und beide „Haltungen" schließen ein anderes „Verhältnis", eine andere Verhältnisqualität zum Gegenüber ein. Sprechen, insbesondere das Sprechen eines „Grundwortes", ist für Buber mehr als ein verbaler Akt und symbolisch verstanden. Ein Grundwort sprechen bedeutet, zu

---

84: Grete Schaeder, *Martin Buber*, S. 365; Buber unterscheidet drei Arten des Dialogs: „Den echten, wo jeder Teilnehmer den oder die anderen in ihrem Dasein und Sosein wirklich meint und sich ihnen in der Intention zuwendet, dass lebendige Gegenseitigkeit sich zwischen ihm und ihnen stifte. An zweiter Stelle nennt er den technischen Dialog, der lediglich aus der Notwendigkeit einer sachlichen Verständigung gegeben ist, und als dritten den dialogisch verkleideten Monolog, in dem zwei oder mehrere Menschen auf wunderlich verschlungenen Umwegen jeder mit sich selbst reden." – Gerhard Wehr, *Martin Buber*, S. 95.
85: Im Bereich des Zwischen können sich auch zwei Fremde oder zwei Gegner treffen. Wichtig ist, dass sie einander nicht zum Objekt werden, sondern füreinander Subjekt bleiben.
86: Grete Schaeder, *Martin Buber*, S. 363f.

sein. Ich-sprechen und Ich-sein, sind eins, sagt Buber, und wer eines der Grundworte spricht, ergreift eine der beiden Möglichkeiten, „Ich" zu sein[87].

Ich-Du anerkennt ein personales Gegenüber. Ich-Es lässt eben nur ein Es, ein Objekt gelten, zu dem sich das Ich wie ein Subjekt, nicht aber wie eine Person verhält. Spreche ich Du, dann bejahe ich eine Person und trete damit in eine Beziehung zu diesem Du ein. Ich selber wende mich damit als Person einer Person zu. Dies ist bei Ich-Es nicht möglich. Wo das Gegenüber als ein Es betrachtet wird, von einer Zuschauerhaltung objektartig in Augenschein genommen wird, ist Beziehung personhafter Hinwendung ausgeschlossen.

Konfliktstile

Aus seinen grundsätzlichen anthropologischen Überlegungen leitet Buber eine Beziehungsgrundhaltung ab, die sich gut auf die mediatorische Grundhaltung übertragen lässt. Wendet man Bubers Unterscheidung der Ich-Du- und Ich-Es-Beziehung auf das mediatorische Setting an, so erscheinen Distanz und Beziehung als zwei notwendige Pole zwischenmenschlicher Begegnung. Beziehung braucht die Distanz und das Für-sich-Sein der Partner. Aus dieser Polarität erwachsen auch Beziehungskonflikte. Diese Konflikte aber sind auf zweierlei Weise gestaltbar: im Sinne eines Ich-Du-Geschehens oder im Sinne eines Ich-Es-Geschehens. Man kann einen Konfliktstil unterscheiden, der allein der Selbstaktualisierung, genauer der Selbstdurchsetzung dient, und einen Konfliktstil, der einer personhaften Begegnung dient.

Voraussetzung und Kennzeichen dieses Konfliktstils ist es, dem anderen vorbehaltlos gegenüberzutreten, ihn als Person anzunehmen – auch wenn man seine Überzeugungen nicht teilt oder Verhaltensweisen ablehnt! – Man fühlt sich an das transaktionsanalytische Credo „Ich bin o.k. – du bist o.k." erinnert. Dieser Konfliktstil führt in der Begegnung zu einer personalen Vergegenwärtigung und einer gegenseitigen Erschließung beider Partner: Durch die Begegnung mit dem anderen und in seinen Reaktionen erkenne und erfahre ich mich selbst. – Die TA nennt diese Form der Beziehungsgestaltung Intimität.

Buber bezeichnet diesen Prozess als „echtes Gespräch". Bei solch einem echten Gespräch geht es dann auch nicht mehr darum, „das Alte herauf(zu)holen, sondern (um) das Neue". M.a.W., es geht nicht nur um das Verständnis vergangener einschränkender Beziehungserfahrungen, sondern darüber hinaus und primär um Ermöglichung neuer alternativer Beziehungserfahrungen. Hier schließt sich der Kreis zu dem, was Mediation sich als Veränderung von Personen und Beziehungen erhofft.

> **Weiterführende Literatur:** Gerhard Wehr, *Martin Buber*, Reinbek 1979.

87: Grete Schaeder, *Martin Buber*, S. 118.

13 Anwendungsfelder für Mediation

Mediation ist in Deutschland seit ungefähr 10 Jahren bekannt, aber immer noch für viele Bereiche ein relativ neues Verfahren.

Klientenzentrierte Mediation

Die Klientenzentrierte Mediation stellt einen Gegenpol zur rechtlichen Bearbeitung eines Konflikts dar. Während z.B. ein Rechtsanwalt im Konflikt einem Vorgehen folgt, das sich am Vorhandensein rechtlicher Anspruchsgrundlagen orientiert, folgt die Klientenzentrierte Mediation den Bedürfnissen der Parteien und zielt darauf ab, wie die Parteien wechselseitig zur Lösung eines Streits beitragen können.

Zwischen diesen Polen stehen Formen der Mediation, die zufrieden stellende Lösungen für die Parteien „im Schatten des Rechts" suchen. Die Lösung wird hier im Abgleich individueller Handlungsspielräume mit dem Repertoire rechtlicher Regelfälle gesucht und gefunden. Die Nähe zu bestimmten Rechtsgebieten, den dort geregelten Ansprüchen und vorgeschriebenen Verfahren prägen dann das Vorgehen z.B. in der „Familien-" und „Umweltmediation". Während die rechtsgebietsorientierte Mediation die Kompetenz im Umgang mit dem Recht betont, steht beim personenzentrierten Ansatz die Fähigkeit, mit der subjektiven Sichtweise der Parteien, ihren Gefühlen, Bedürfnissen und Wünschen umzugehen, im Vordergrund [88].

88: Katharina Sander/Christoph Hatlapa, *Die Stärken und Chancen in der Klientenzentrierten Mediation.*

13.1 Trennungs-, Paar- und Familienmediation

Die Familien- bzw. Scheidungsmediation gehört zu den ursprünglichen Anwendungsfeldern des Verfahrens. Paare klären ihre Trennungsangelegenheiten, Sorgerecht, finanzielle Dinge, Vermögensausgleich etc. mit einem Mediator bzw. einer Mediatorin. Anschließend kommt es zu einer sog. einvernehmlichen Scheidung, wobei die Mediationsvereinbarung entweder in einen notariellen Vertrag einmündet oder sich nur eine Partei anwaltlich vor Gericht vertreten lässt.

Das Feld der Scheidungsmediation steht ebenso Juristen wie Nicht-Juristen offen – wobei Juristen den Rahmen ihres Standesrechts und Nicht-Juristen die Grenzen des Rechtsberatungsgesetzes zu wahren haben. In jedem Fall ist wichtig, die Mediation nicht ohne juristischen Beistand durchzuführen, d.h. die Konfliktparteien aufzufordern, sich zumindest zu Beginn und am Ende der Mediation mit einem Beratungsanwalt ihres Vertrauens in Verbindung zu setzen und die Lösung zu besprechen. Häufig aber ergeben sich auch Konflikte nach einer Scheidung, bspw. über das Umgangsrecht.

Mittlerweile gibt es auch schon Verteilungskämpfe unter den Mediatoren: Sog. Psycho-Mediatoren sollten keine Scheidungsmediation machen, weil sie die Bedeutung von bestimmten Fristen und Informationszurückhaltungen nicht juristisch verantwortungsvoll einschätzen können. Dem kann man entgegenhalten: Anwaltsmediatoren sollten keine Scheidungsmediation machen, weil sie sich hoffnungslos in die Dynamik der Paarauseinandersetzung verstricken. **Gary Friedman**, der hierzulande als amerikanischer Nestor der Scheidungsmediation gilt und dessen Buch im deutschen Kommentar[89] die erstgenannte Ansicht vertritt, bietet manches Musterbeispiels unbedarften Agierens: In vielen seiner zahlreichen Fallbeispiele gibt er den „Ritter der Dame".

Werden in diesem Buch sozialpädagogische Mediatoren abwertend als Psycho-Mediatoren tituliert, so müsste sich der hier handelnde Jurist wohl als Amateur-Therapeut bezeichnen lassen. Aber statt sich gegenseitig herabzusetzen und auf ihre zwangsläufig vorhandenen jeweiligen fachlichen Schwächen zu reduzieren, sollten juristische und sozialpsychologische Mediatoren gezielt kooperieren. Denn so können sie ihre jeweiligen Stärken zur Geltung bringen.

Allerdings ist mir generell fraglich, ob die Scheidungsmediation weiterhin als Paradebeispiel fungieren sollte. Bei Trennung und Scheidung erscheint mir oft der Grad der gegenseitigen Verletztheit und Kränkung, das Angstgefühl und Rachewünsche zu hoch, als dass die Beteiligten ausreichend ER-Kompetenz aufbringen können für eine einvernehmliche Lösung.

Erfolgversprechender erscheinen mir hier zwei andere Bereiche:

1. Mediation bei Auseinandersetzungen nach der Scheidung. Hier stellen sich z.B. immer wieder Probleme bei den Umgangsregelungen, mit denen dann die Familiengerichte behel-

---

89: S. 330, Anmerkung 3.

ligt werden. Psychologisch geschulte Mediatoren können hier eher als Juristen die psychodynamische Funktion solcher Nachhutgefechte einschätzen und mir ihr umgehen.

2. Zum anderen Problemfälle, in denen sich die juristische Auseinandersetzungen festbeißen.
Hier kann die Kompetenz der „Psycho-Mediatoren", die dann bei „ihrem Leisten" bleiben, oft einen entscheidenden Anstoß geben.

Paar-Mediation ist jedoch nicht zwingend gleich Scheidungsmediation, sondern schon im Vorfeld oder auch zur Abwendung einer Trennung die begleitete Suche nach individuellen Lösungen im Sinne des Paares.

Für Mediatorinnen aus dem sozial-psychologischen Feld stellt sich häufig die Frage nach der Abgrenzung von Paarmediation zur Paarberatung resp. Paartherapie. Ist dies für Anwaltsmediatoren relativ einfach zu beantworten: eine Familienmediation mündet in eine Scheidung, so sehen psychologische Mediatoren hier starke Überschneidungen zu ihrer Praxis als Berater. Ich möchte folgende Abgrenzungen und Gemeinsamkeiten von Paartherapie und Paarmediation vorschlagen. Unter Paar- bzw. Familienmediation soll zweierlei verstanden werden:
1. eine Mediation im Vorfeld bzw. zur Vorbereitung einer Scheidung;
2. eine Mediation, in der ein Paar bzw. eine Familie ihr bisheriges Miteinander selbstkritisch überdenkt und neue Vereinbarungen und Gestaltungsformen entwickelt.

Im ersten Fall liegt das Gewicht auf dem juristischen Charakter der zu treffenden Vereinbarungen, im zweiten Fall auf dem psychologischen Charakter der Neugestaltung. Ob es zu einer Trennung bzw. Scheidung kommt, ist zur Abgrenzung von Mediation und Paarberatung resp. Paartherapie nicht entscheidend! Auch die klassische Scheidungsmediation betont die eine Trennung überdauernden Formen der Beziehung: z.B. Elternschaft. Wichtig in der Paar- bzw. Familienmediation gegenüber der Paartherapie ist der zukunftsgewandte Charakter. Es geht nicht primär um das Aufarbeiten der Vergangenheit, sondern um neue Gestaltung der Zukunft.

Ich möchte jetzt auf transaktionsanalytische Konzepte eingehen, die mir hilfreich für die Gestaltung einer Paarmediation erscheinen. Das Hauptkonzept der Transaktionsanalyse sind die Ich-Zustände. Anhand dieses Modells kann man sich verschiedene Ebenen in einer Partnerschaft klarmachen[90].

Wenn Menschen Spaß haben miteinander, sich intuitiv gut verstehen und Gefühle austauschen können, dann ist das eine Beziehung zwischen ihrer beider Kind-Ich. Die Ebene des Kind-Ichs stellt sozusagen die emotionale Basis für ein Paar dar.

Eine zwei Hauptebene ist die zwischen Erwachsenen-Ich und Erwachsenen-Ich: Wie gut können beide miteinander reden, klare Absprachen treffen, Probleme lösen, planend vorgehen?

90: Ausführlich dazu Rolf Rainer Kiltz, *Partnerschaft und ihre Probleme.*

Die dritte Hauptebene ist die zwischen Eltern-Ich und Eltern-Ich: Wie weit haben Partner vergleichbare Werte? Die Werthaltungen müssen nicht identisch sein, aber je ähnlicher sie einander sind, desto mehr geben sie dem Paar Halt, auch in schwierigen Zeiten der Beziehung, wenn die Kontakte auf den beiden anderen Ebenen schwierig geworden sind.

Die vierte Ebene des Kontaktes ist: Wie weit kann die eine aus einer Eltern-Ich-Funktion für den bedürftigen anderen in dessen Kind-Ich-Funktion sorgen und umgekehrt.

Je mehr von diesen Beziehungsebenen möglich sind, desto reichhaltiger ist die Beziehung.

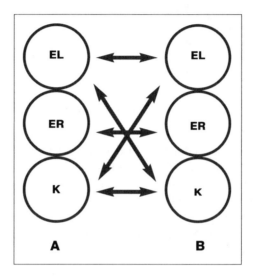

Anhand dieses Modells lässt sich ein zweites Phänomen klarmachen: die sog. **Beziehungsmauer**. Es ist unwahrscheinlich, dass Menschen in einer längeren Beziehung frei bleiben von gegenseitigen Störungen und Verletzungen. Dies mögen zunächst nur Kleinigkeiten sein. Im Alltag kommt dann eine Kleinigkeit zur anderen, und so baut sich allmählich aus lauter Nichtigkeiten etwas wie eine unsichtbare Mauer auf. Diese Mauer hat den Effekt, dass die Kontaktebenen zwischen den Partnern gestört werden. Zunächst die zwischen Kind-Ich und Kind-Ich. Diese Kontaktebene ist die empfindlichste und wird deshalb als Erste in Mitleidenschaft gezogen, wenn „Schutt" in der Beziehung nicht beseitigt wird.

Nehmen die Kontaktstörungen zu, dann ist als Nächstes die Ebene zwischen Erwachsenen-Ich und Erwachsenen-Ich dran: Man kann nicht mehr angemessen und vernünftig miteinander reden.

Dies stellt ein Alarmzeichen für die Beziehung dar. Vielleicht ist es dann noch möglich, in Krisenzeiten aus Pflichtgefühl – aus dem Eltern-Ich heraus – für die andere Person zu sorgen, aber mehr nicht. Aber dieses Sorgen macht längst keinen Spaß mehr, man findet auch nicht mehr im Sinne von Verständigung zusammen.

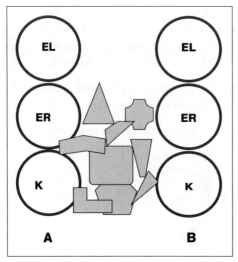

Abb.: **Beziehungs- oder Kontaktmauer**

Von daher ergibt sich die Notwendigkeit, in der Mediation trotz der grundsätzlichen Zukunftsgerichtetheit auch vergangenheitsorientiert zu arbeiten. Auch wenn es um Trennung und Scheidung geht, muss eine Arbeitsbeziehung mit klaren, vernünftigen und angemessenen Absprachen möglich sein, d.h. auf der Ebene des Erwachsenen-Ichs. Es kann sein, dass dazu auch ein Stück Vergangenheit aufgearbeitet werden muss, damit dies wieder gelingt. Das muss nicht von der Mediatorin geleistet werden, sie kann hier mit einer therapeutischen Fachperson kooperieren.

In einer Paartherapie würde man noch einen Schritt weitergehen und auch versuchen, den „Schutt" auf der Ebene der Kind-Ichs aufzuarbeiten, so dass auch neue affektive, d.h. Liebesbeziehungen möglich sind. Hier zeigen sich dann verschiedene Ebenen der Tiefung, jeweils abhängig vom Setting und von den Wünschen des Paares nach einer Scheidungsmediation oder einer neuen Zukunft für die Beziehung.

13.2 Betriebliches Konfliktmanagement am Beispiel „Mobbing"

Mediation etabliert sich langsam als neue Form von Konfliktmanagement in der Berufswelt, bspw. bei Mobbing.

Was ist Mobbing?

➤ Ein Streit unter Kollegen, einer beschimpft den anderen.
➤ Ein Vorgesetzter schimpft über eine Untergebene hinter deren Rücken.
➤ Die neue Abteilungsleiterin wird von ihren ehemaligen Kollegen um ihren Aufstieg beneidet.

Sind diese drei Vorfälle bereits Mobbing? Nein! Aber es könnte der Auftakt dazu sein. Von Mobbing spricht man, wenn der Psychoterror zur Routine wird. D.h., wenn die Angriffe auf eine Person systematisch über einen langen Zeitraum hinweg erfolgen.

Das Wort Mobbing – für Gewalttätigkeit oder Probleme mit Gewalttätern und Opfern verwendet – hat verschiedene Bedeutungen. Das ursprünglich englische Wort (*to mob* = anpöbeln) beinhaltet, dass es sich gewöhnlich um eine große und anonyme Gruppe von Personen handelt, die an der Drangsalierung beteiligt sind. Aber der Begriff wird auch häufig gebraucht, wenn ein Einzelner an einem anderen herummäkelt, ihn drangsaliert oder belästigt. Es ist also möglich, in dem Bedeutungsumfang von Mobbing beide Situationen aufzunehmen: die, in dem ein Einzelner einen anderen quält, und die, wo eine Gruppe die Quälerei gemeinschaftlich begeht.

Gewalttätigkeit oder Mobbing wird allgemein wie folgt definiert: ein Mitarbeiter oder eine Mitarbeiterin ist Gewalt ausgesetzt, wenn er oder sie wiederholt und über eine längere Zeit den negativen Handlungen eines oder mehrerer Mitarbeiter oder Vorgesetzten ausgesetzt ist. Die Bedeutung des Ausdrucks negative Handlungen muss weiter erläutert werden. Es liegt eine negative Handlung vor, wenn jemand anderem absichtlich eine Verletzung oder Unannehmlichkeit zugefügt wird. Negative Handlungen können nicht nur durch Körperkontakt, sondern insbesondere mit Worten begangen werden, z.B. durch Drohungen, Spotten, Hänseln und Beschimpfen. Aber auch ohne verbalen Kontakt, z.B. durch Gesten oder indem man jemanden aus einer Gruppe ausschließt oder sich weigert, den Wünschen eines anderen entgegenzukommen.

Es sei betont, dass der Begriff Mobbing nicht gebraucht wird, wenn es sich um eine Auseinandersetzung oder einen Streit zwischen zwei Gleichstarken handelt. Damit der Begriff verwendet wird, muss ein Ungleichgewicht der Kräfte vorliegen. Ein Mitarbeiter, der negativen Handlungen ausgesetzt ist, hat Mühe, sich selbst zu verteidigen, und ist in irgendeiner Weise hilflos gegenüber denen, die ihn drangsalieren.

Der Arbeitswissenschaftler **Heinz Leymann**, der „Mobbing-Papst" im deutschsprachigen Bereich, definiert Mobbing wie folgt: Mobbing ist dann gegeben, wenn ein Betroffener mindestens einmal in der Woche mindestens ein halbes Jahr lang attackiert wird von einer oder von mehreren Personen.

Was sind typische Mobbinghandlungen?

Heinz Leymann listet in seinen Untersuchungen 45 typische Mobbinghandlungen auf, die er fünf Kategorien zuordnet.
1. Angriffe auf die Möglichkeit, sich selbst mitzuteilen. Der oder die Betroffene wird ständig kritisiert oder beschimpft.
2. Angriffe auf die sozialen Beziehungen. Die Opfer werden geschnitten, wie Luft behandelt.
3. Angriffe auf das soziale Ansehen durch Klatsch, Beleidigung etc.
4. Angriffe auf die Qualität der Arbeit. Man entzieht dem Betroffenen Arbeitsaufgaben, gibt ihm ständig neue Aufgaben oder solche, die dessen Qualifikation übersteigen oder weit unter seinem Können liegen.
5. Angriffe auf die Gesundheit. Hierunter fallen Gewaltandrohungen, sexuelle Belästigungen etc.

Die Mobbinghandlungen können verschiedene Formen annehmen. Von den 45 Handlungen Leymanns seien einige erwähnt:
➤ Das Gespräch abrupt beenden, wenn das Opfer ins Zimmer kommt.
➤ Gerüchte verbreiten, sich über den anderen lustig machen.
➤ Über das Privatleben des Opfers lästern.
➤ Den anderen nicht ausreden lassen.
➤ Beschimpfen, Telefonterror etc.

Mobbing als schleichender Prozess

Einzelne Maßnahmen für sich genommen erscheinen manchmal als Lappalien, treten sie aber gehäuft und über einen längeren Zeitraum auf, so lässt sich von Mobbing sprechen. Für die Betroffenen ist es anfangs schwer zu unterscheiden, ob es sich um einzelne Vorkommnisse oder Zufälle handelt oder um eine gezielte Kampagne. Wenden sie sich an Außenstehende, so klingen die einzelnen Aktionen manchmal geradezu lächerlich oder unglaubwürdig. Mobbing ist auch aus der Sicht des Opfers oft ein schleichender Prozess. Das lässt an die Sichtweisen des Konflikts nach Glasl denken!

Beim Mobbing handelt es sich in der Tat um einen stetig eskalierenden Konfliktaustrag, und wir befinden uns bereits auf der mittleren Ebene der Stufen 4–6 der Glasl-Skala. D.h.:
➤ Es gibt Sieger und Besiegte.
➤ Die Kommunikation über den Konflikt selber ist erloschen, stattdessen wird agiert (Worte statt Handeln).
➤ Es haben sich Parteien herausgebildet, die einander aus Schwarz-Weiß-Positionen heraus betrachten.

➤ Die Angriffe zielen auf den Selbstwert und sozialen Kredit des Opfers mit dem Ziel, diesen unmöglich zu machen und auszuschließen. (Stufen 3, 4, 5)

Ausgangssituation von Mobbing sind häufig Konflikte

Voraussetzung für Mobbing sind insbesondere Belastungs- und Stresssituationen (kritische Ereignisse, Veränderung, Bedrohung von Position oder Arbeitsplatz). Die Mitarbeiter „wählen" Mobbing, um sich zu entlasten und das Problem zu „lösen". D.h., Ursachen für Mobbing sind in der Regel verdeckte Konflikte. Die Täter haben sich über etwas oder jemanden geärgert oder sich angegriffen gefühlt und können nach eigener Einschätzung nichts dagegen tun (vermeintliche Ohnmacht). Mobbing dient dann als Angriff bzw. Revanche oder als Ventil. Die Kollegin, der Kollege wird z.B. zum Sündenbock für die eigene Ohnmacht gegenüber Vorgesetzten oder veränderten Bedingungen. Die Opfer sind ebenfalls nicht in der Lage, erlebte Aggression oder Schikane direkt anzusprechen und den Konflikt bewusst und gezielt auszutragen.

Wie sieht die Interaktion zwischen Opfern und Tätern aus?

Im Unterschied zu Heinz Leymann, der von einer klaren Unterscheidung von Tätern und Opfern ausgeht, steht für **Oswald Neuberger** die Interaktion zwischen beiden im Mittelpunkt des Interesses. So definiert er Mobbing: „Jemand spielt einem übel mit und man spielt wohl oder übel mit.[91]" Es gibt hier keine einseitige Täter-Opfer-Relation, sondern ein dynamisches Hin und Her von Attacke und Gegenwehr. Erst am Ende dieses Prozesses, wenn die Kompensationsstrategien einer Seite überfordert sind und die Gegenwehr erlahmt, erscheint die eine Seite als Täter und die andere als Opfer. Neuberger ist durchaus nicht der Meinung, dass zwischen Täter und Opfer kein Unterschied besteht, bzw. verwahrt sich gegen die Unterstellung, das Opfer sei dann ja selber schuld. Wichtig ist für ihn, dass seine Sichtweise den Focus von Wesenseigenschaften von Personen weg auf den Prozess ihrer Interaktion lenkt.

Ähnliches tut die Transaktionsanalyse mit dem Drama-Dreieck. Und unter systemischen Gesichtspunkten kann man vom Drama-Dreieck aus auch den Mobbingprozess verstehen als eine wechselseitige Abhängigkeit. Die Täter brauchen die Opfer, denn ohne diese würden ihre Aktionen ins Leere laufen. Die Opfer fühlen sich abhängig von den Tätern, weil diese wichtige Ressourcen kontrollieren (Ankommen, Anerkennen, Zugehörigkeit). Und schließlich gibt es in jedem Mobbingprozess auch noch die Retter, die auf ihre Weise davon profitieren.

Unter transaktionsanalytischen Gesichtspunkten ist es deshalb im Umgang mit Mobbing nicht sinnvoll, die Beteiligten auf ihre Rollen festzulegen, nach dem Motto: Du bist das Opfer, du bist (ganz allein) der Täter – und ich bin der Retter. Sondern es ist sinnvoll, mit

---

91: Oswald Neuberger, *Mobbing – übel Mitspielen in Organisationen*, S. 18.

ihnen an Ausstiegen aus dem Prozess zu arbeiten, d.h. sie einzuladen, die Erwachsenen-Ich-Ebene zu besetzen und von dort aus den Konflikt zu lösen.

Noch eine zweite Parallele fällt auf: die Nähe zur transaktionsanalytischen Spieltheorie. Beim Mobbing handelt es sich selten um die regellose Situation eines Kampfes „Einer gegen Alle", vielmehr wird von den Beteiligten ständig der Versuch gemacht, die ergriffenen Maßnahmen als legitim erscheinen zu lassen. Sie sind bemüht, den Eindruck zu erwecken, ihr Tun sei durch geltende Regeln, Normen, Werte gedeckt, bzw. nur eine Aktion, die verletzte Ordnung wieder herzustellen. Transaktionsanalytisch gesehen handelt es sich hier um eine gedeckte Ebene, die im Spiel ist. Unter der vorgeblichen, legitimen sozialen Ebene wird auf der unterschwellig psychologischen Ebene der Kampf ausgetragen. Und auch hier ist die gedeckte Kommunikation, wie die Spieltheorie besagt, wieder eine beidseitige und nicht nur eine einseitige.

Dies gibt einem transaktionsanalytisch geschulten Mediator wirksame Ansatzmöglichkeiten. Ohne die Aufteilung der Welt in Gut und Böse, die die Mobbingbeteiligten selber schon vorgenommen haben, mitmachen zu müssen, kann er den Prozess der Interaktion selber zum Thema machen. Er kann deutlich machen, wie alle Beteiligten sich in diesem Prozess verstrickt haben und wechselseitig zu Tätern und Opfern von Zuschreibungen und Angriffen, von Rechtfertigungs- und Selbstschutzstrategien werden. Und er kann ohne eindeutige Schuldzuweisungen allen Beteiligten anbieten, miteinander aus diesem Prozess auszusteigen zum Wohle aller. D.h., der transaktionsanalytisch geschulte Mediator kann auch im Mobbingfall eine Haltung der Allparteilichkeit gegenüber allen Beteiligten einnehmen und sich auf seine Hauptaufgabe, nämlich die Verantwortung für den Umgang miteinander, konzentrieren. – Die vorgebrachten Inhalte sind beim Mobbing oft austauschbar. Sie gehören auf die soziale Ebene, unter der auf der gedeckten Ebene der Konflikt rumort.

Über Präventionsmaßnahmen gegen Mobbing ist bereits viel geschrieben worden. Mittlerweile ist Mobbing auch ein arbeitsrechtlich anerkanntes Thema. Was qualifiziert Mobbing als ein Anwendungsfeld für Mediation?

Mobbing ist ein klassisches Arbeitsfeld für interne Mediatoren.

Allgemein wird als klassischer Mobbingfall die Schikane eines Untergebenen durch den Vorgesetzten angenommen. Dies ist sehr viel seltener der Fall als vermutet. Mobbingfälle finden eher auf einer Ebene zwischen Mitarbeitern statt, und hier ist dann die Führungskraft gefordert, und zwar in ihrer mediatorischen Kompetenz. Untersuchungen zeigen, dass Vorgesetzte selten oder fast nie etwas unternehmen, um Mobbing in ihrem Verantwortungsbereich zu stoppen. Die Einstellung und das Verhalten des Vorgesetzten sind gegenüber den Gewaltproblemen jedoch von großer Bedeutung für die Mitarbeiter. Neben institutionellen Maßnahmen auf der Ebene der Gesamteinrichtung, Fortbildungs- und Präventionsprogrammen, Tagungen, Verabschiedung von Grundsätzen und Betriebsvereinbarungen ist es wichtig, dass Führungskräfte bereit sind, in Gewaltsituationen schnell einzugreifen. Hierbei ist ein mediatorisch geschultes Konfliktverständnis hilfreich, das den

Blick wegrichtet von der Verteilung von Schuld auf ein gemeinsames Arbeiten an der Beseitigung des Problems.

Umgang mit Konflikten gehört zum „täglichen Brot" von Führungskräften. Mediatorisches Know-how kann ihnen dabei eine große Hilfe sein. Im Sinne einer partizipativen Konfliktlösung können sie ihrer Verantwortung gerecht werden und im Interesse von Unternehmen und Mitarbeitern agieren. Ist die Führungskraft selbst konfliktbeteiligt, so kann sie natürlich nicht allparteilich handeln. Hier bieten sich als Alternative unternehmensinterne Mediatoren aus Stabsfunktionen an. Diese wiederum müssen sich in besonderer Weise mit Fragen der Vertraulichkeit und Diskretion auseinander setzen.

> **Weiterführende Literatur:** Heinz Leymann (Hg.) *Der neue Mobbingreport*, Reinbek 1995. Oswald Neuberger, *Mobbing – übel Mitspielen in Organisationen*, München 3. Auflage 1999.
> Der von Leymann herausgegebene Aufsatzband beleuchtet Mobbing aus verschiedenen Blickrichtungen: medizinisch, juristisch, personalwirtschaftlich, therapeutisch, gesamtgesellschaftlich. Oswald Neuberger ist ein prononcierter Vertreter der systemischen Sicht von Mobbing.

13.3 Täter-Opfer-Ausgleich (TOA)

Was ist „Täter-Opfer-Ausgleich?"

Der Täter-Opfer-Ausgleich bietet für Opfer einer Straftat und für Täter gleichermaßen eine Gelegenheit, außergerichtlich unter Beteiligung eines unparteiischen Dritten eine befriedigende Regelung herbeizuführen.

TOA versteht ein strafrechtlich relevantes Delikt als einen Konflikt zwischen den Beteiligten und ist also Mediation unter einem besonderen Vorzeichen. Häufig gilt für gerichtliche Strafverfahren, dass sie die Konflikte, die zur Tat geführt haben, nur zum Teil lösen bzw. beenden, und dass sie sogar neue Konflikte auslösen können (bspw. Rache des Täters). Da sich das Gerichtsverfahren hauptsächlich mit der Klärung und Bewertung von Vergangenen beschäftigt, kann es zudem weder für Opfer noch für Täter eine nachhaltig positive Zukunftsperspektive aufzeigen. Auch werden die Opferbelange nicht vorrangig berücksichtigt, wenn das Opfer im Strafverfahren lediglich als Zeuge fungiert. Opfer einer Straftat wollen dagegen häufig reden über das, was passiert ist, dem Täter Fragen stellen und ihren Ärger kundtun bzw. ihrem Interesse an Wiedergutmachung und Schadenersatz Ausdruck verleihen.

Was kann mit dem TOA anderes erreicht werden?

Der TOA beinhaltet demgegenüber mehrere Vorteile:
➤ Eine konfliktlösende direkte Begegnung von Täter und Opfer;
➤ die Vereinbarung einer Wiedergutmachung, die bewusst die Interessen der Opfer berücksichtigt, aber zugleich auch den Konflikt schlichtet und so den individuellen, sozialen und gesellschaftlichen Frieden wieder herstellt;
➤ und schließlich die Möglichkeit für das Opfer, die eigene Betroffenheit (Wut, Empörung, Verletztheit) auszusprechen
➤ und gleichzeitig für die Täter zum Ausdruck zu bringen, was die Motive für ihre Tat gewesen sind, und ehrliche Gefühle der Reue dem Opfer gegenüber zu zeigen und eine Wiedergutmachung zu vereinbaren, die zur Strafmilderung bzw. zur Verfahrenseinstellung beiträgt.

TOA aus mediatorischer Sicht

TOA ist untypisch für Mediation, weil man hier von einer eindeutigen Schuldfrage bzw. einer Verursachersicht des Konflikts ausgeht. TOA ist hingegen idealtypisch für Mediation, weil vorausgesetzt wird, dass Täter und Opfer daran freiwillig teilnehmen und insbesondere der oder die Täter in die persönliche Verantwortung genommen werden, einen konstruktiven Beitrag zur Konfliktlösung zu leisten.

Dadurch, dass der anstehende Sachverhalt juristisch eindeutig vorgeklärt ist, können die Konfliktberater in einer mediatorischen Rolle bleiben. Sie sind weder Ermittler hinsichtlich der Straftat noch fungieren sie als Richter, ihre Aufgabe ist es vielmehr, einen Ausgleich zwischen den Betroffenen zu vermitteln.

Wie läuft ein TOA ab?

Bei der Durchführung eines Täter-Opfer-Ausgleiches kommt es zu einer Beauftragung der Konfliktberater (Jugendgerichtshilfe oder freie Träger) durch die zuständigen Staatsanwaltschaften bzw. Gerichte.

Mit Täter und Opfer werden dann vorbereitende Einzelgespräche geführt, in denen die Bereitschaft, die Eignung und die Fähigkeit für eine Vermittlung geprüft werden. Ein TOA ist also ein Angebot und kann von beiden Seiten angenommen oder abgelehnt werden.

Wenn beide Seiten zustimmen, kommt es zu einem gemeinsamen Gespräch, das der Aufarbeitung der unterschiedlichen Sichtweisen des Vorfalls und der emotionalen Situation bei Geschädigtem und Täter dient, weiterhin der Klärung materieller Ansprüche und der Vereinbarung über konkrete Wiedergutmachung.

Von den Konfliktberatern erfolgt eine abschließende Mitteilung an die Justiz über das Ergebnis und ggf. die weitere Kontrolle über die Wiedergutmachungsleistungen. Staatsanwaltschaft bzw. Gericht können dann über eine Einstellung des Verfahrens entscheiden.

Vermittler sind häufig im Umgang mit Konflikten erfahrene und geschulte Sozialpädagogen, die häufig in freier Trägerschaft organisiert sind. Täter-Opfer-Ausgleich gibt es seit etwa zehn Jahren. Er hat sich mittlerweile bewährt als ein dritter Weg zwischen einer gescheiterten Behandlungsideologie im Strafvollzug und einer puren Tatvergeltung.

In den Statistiken der TOA-Stellen tauchen besonders häufig Delikte auf wie Körperverletzung, Sachbeschädigung, Diebstahl, Beleidigung, Hausfriedensbruch etc.

> **Weiterführende Literatur:** Michael Walter et al., Täter-Opfer-Ausgleich, in: Stephan Breidenbach/Martin Hensseler, *Mediation für Juristen*, Köln 1997, S. 201ff.
> Viele TOA-Stellen geben auch Broschüren heraus.

13.4 Mediation in Schule, Umwelt und bei Nachbarschaftsstreitigkeiten

Schulmediation

Besonders verbreitet ist Mediation im schulischen Bereich bei Konflikten zwischen Schülern oder Schülern und Lehrern. Hier gibt es neben Basistrainings für LehrerInnen insbesondere Streitschlichter- und Konfliktlotsengruppen, die von Schülern gebildet werden und von Lehrerinnen und Lehrern als Coaches begleitet werden. Viel spricht dafür, dass SchülerInnen selber die Funktion von Mediatoren ausfüllen. Je näher die Streitschlichter der Welt der Streitenden sind, desto größer ist ihre Chance für Verständnis und Akzeptanz.

Ein bleibender Stellenwert von Schulmediation wäre sehr zu begrüßen, denn von hier kann sich eine neue Konfliktkultur verbreiten. Schülerinnen und Schüler lernen, wie sie mit Konflikten anders umgehen, und können dieses Wissen dann auch in späteren beruflichen oder persönlichen Konflikten anwenden.

Nachbarschaftsstreitigkeiten

Mediatorische Vorgehensweisen bieten sich auch an z.B. bei Nachbarschaftsauseinandersetzungen oder Mietstreitigkeiten. Auch hier ist es wichtig, eine nachhaltige Lösung zu finden. Beide Parteien wollen ja in ihrer Wohnung wohnen bleiben bzw. müssen als Nachbarn weiter miteinander umgehen. Allerdings sind die Verbände, der Mieterverband und der Hauseigentümerverband, noch nicht sehr aufgeschlossen für Mediation – eine offene Tür findet sich sicherlich bei großen Wohnungsbaugesellschaften.

Umweltmediation

Mediation hat sich auch als Methode im Bürgerbeteiligungsverfahren im Bereich der Umweltmediation bewährt. Als Vorteil der Mediation wird hier die Offenheit des Ergebnisses angesehen – keine Partei hat das Recht, vorabgetroffene Entscheidungen als Ergebnis durchzusetzen – und die Gleichheit von Rechten und Pflichten. Alle Beteiligten sind bezüglich ihrer Positionen innerhalb des Verfahrens gleichgestellt. So führt Mediation bspw. zu einem möglichst fairen Konfliktaustrag zwischen ansässigen Bürgern und öffentlicher Verwaltung.

> **Weiterführende Literatur:** Die Literatur zu Schulmediation ist so weit gefächert, dass eine Darstellung den Rahmen dieses Buches sprengen würde.
> Umweltmediation: Jens Beckmann, Gerhard Keck, *Beteiligungsverfahren, Theorie und Anwendung*, Akademie für Technik – Folgenabschätzungen, Baden-Württemberg, Stuttgart 1999.

13.5 Die verschiedenen Arten der Mediation

Nachdem einige Zeit der externe, freiberufliche Mediator als normatives Tätigkeitsbild galt, hat sich in den letzten Jahren Mediation als organisationsinternes Anwendungsgebiet profiliert. Sei es, dass Vorgesetzte und Führungskräfte Mediation im Rahmen ihres Konfliktmanagements praktizieren, sei es, dass dies durch Mitarbeiter in Stabsfunktionen (z.B. Personalentwickler) geschieht. Vorteile interner Mediation sind ihre schnelle Verfügbarkeit und die gute Feldkenntnis der Mediatoren. Nachteile sind in der Regel eine Verwischung von Rollenklarheit bei Mediation durch Vorgesetzte und der Mangel an Neutralität. Organisationsinterne Mediatoren müssen bereit sein, die von den Parteien gefundene Lösung zu akzeptieren. Alles andere wäre Etikettenschwindel.

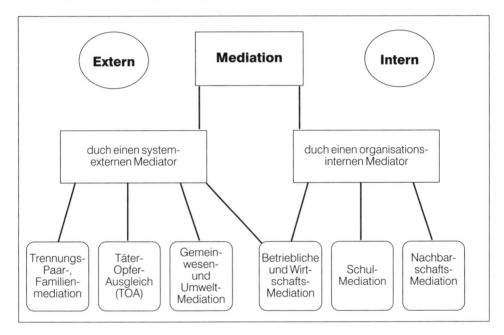

Abb.: **Die verschieden Arten der Mediation**

13.6 Coaching – Mediation mit dem inneren Team

Bislang haben wir die Mediationsmethode auf sog. soziale Konflikte angewandt. Soziale Konflikte sind als Konflikte zwischen Personen, als interpersonelle Konflikte definiert. Natürlich ist deutlich, dass jeder interpersonelle Konflikt auch eine intrapersonelle Dimension hat. Ob ich z.B. in einer Auseinandersetzung Kampf- oder Fluchtverhalten zeige, hat etwas mit meinem inneren Umgang mit Angst zu tun.

Bei sog. inneren Konflikten verläuft die Auseinandersetzung primär zwischen den verschiedenen Anteilen einer Person. Diese innere Auseinandersetzung mag sehr heftig geführt werden, nach außen hin tritt sie nicht unbedingt zu Tage. Ein Lehrer erledigt bspw. pflichtgemäß seine Aufgaben, hält seine Unterrichtsstunden, führt Tests durch, gibt Zeugniszensuren. Von seiner täglichen Angst vor den Schülern, von dem seit Jahren schleichenden Gefühl der Sinnlosigkeit (Burnout), das sich hinter seiner zurückhaltenden, emotionslosen Art, seinen Dienst zu vollziehen, verbirgt, spürt niemand etwas. – Es sei denn, es kommt irgendwann zu einer plötzlichen emotionalen Aufwallung: ein körperlicher Zusammenbruch, eine Ohrfeige für einen frechen Schüler.

Das Konzept der Mediation lässt sich auch auf solche internen Konflikte übertragen als **Mediation mit dem inneren Team**[92]. Mediation mit dem inneren Team ist eine Methode, die sich insbesondere im Coaching bewährt. Dabei lassen sich die Aspekte einer interpersonellen Mediation gut als Metaphern und Sinnbilder nutzen und auf innere Prozesse übertragen, so dass es auch in der Arbeit mit inneren Konflikten zu einer sehr lebendigen Auseinandersetzung kommt.

Eine junge Schulleiterin überlegt nach einem Jahr, ihre Stellung aufzugeben. Sie schafft es nicht mehr, berufliche Erfordernisse, familiäre Anforderungen und Freizeitbedürfnisse unter einen Hut zu bringen. Wenn sie am späten Nachmittag, nach anstrengender Verwaltungs- und Planungstätigkeit aus der Schule kommt, hat sie bei weitem noch nicht alle Arbeit erledigt. Es muss noch die eigene Unterrichtsvorbereitung laufen, Klassenarbeiten sind zu korrigieren, und sie muss Fachliteratur durcharbeiten, um selber auf dem aktuellen Stand zu sein. Zugleich stürmen ihr, kaum dass sie zur Wohnungstür hereintritt, ihre kleinen Kinder entgegen, die mit ihr spielen wollen, ihr etwas zu erzählen haben. In sich spürt sie den Wunsch, sich einfach hinsetzen zu können, eine Tasse Tee zu trinken und abzuschalten.

Sie erlebt in dieser Situation mittlerweile einen Anforderungsdruck, dem sie sich nicht gewachsen fühlt. Oftmals kommt es, dass sie genervt auf ihre Kinder reagiert und in einem inneren Zwiespalt zwischen Müssen und Nicht-Wollen weder die Klassenarbeiten durchsieht noch in Ruhe Tee trinkt. Wenn sie dann abends im Bett liegt, plagt sie ein Gefühl aus Ärger und schlechtem Gewissen, was sie am Einschlafen hindert, so dass sie am nächsten Tag erschöpft in die Schule fährt.

92: Ich greife dabei auf Anregungen von Gunther Schmidt, *Konferenz mit dem inneren Team*, zurück.

Die Schulleiterin fühlt sich in ihrem Konflikt als Getriebene und weiß nicht, welchem Impuls sie mehr Raum geben soll. Im Coaching ist es nun wichtig,
➤ dass sie für sich eine neue Position findet, sozusagen eine Meta-Position gegenüber ihrem Konflikt,
➤ und dass zugleich jeder dieser Anteile eine relevante Stimme erhält.

Hier bietet sich das Konzept der Mediation mit dem inneren Team an. Die Klientin wird dazu eingeladen, sich die verschiedenen Bedürfnisse und Anforderungen, die sie spürt, als Personen vorzustellen, Personen eines Teams, das nicht recht mehr funktioniert, und sich selbst als Mediatorin dieses Teams. Welche Aufgaben ergeben sich für eine „Mediatorin" in dieser Situation?

Die „Mediatorin", d.h. hier die Schulleiterin als Coaching-Klientin selbst, muss zunächst klären, ob alle für den Konflikt und seine Lösung relevanten „Parteien" „am Tisch sitzen". Dabei stellt sie fest, dass bei den bisherigen Verhandlungen nur die innere Vertreterin der Arbeitsanforderung und die innere Vertreterin der Kinderbedürfnisse einen offiziellen Platz hatten, während die Vertreterin der Freizeitinteressen stets ausgeschlossen wurde. Indem diese nun einen offiziellen Platz am Verhandlungstisch erhält, kommt es zu einer ersten spürbaren inneren Erleichterung: Das darf auch sein. Auch Freizeitbedürfnisse haben ihr Recht.

Die Klientin wird aufgefordert, das Mediationsgespräch mit dem inneren Team in Form eines Rollenspiels zu veräußerlichen. Dazu nutzt sie eine aus der Gestalttherapie modifiziert übernommene Technik, die sog. „Leere-Stuhl-Technik": Sie stellt eine Mediationssituation, in der für jeden ihrer Anteile und für sich selbst als Mediatorin ein Stuhl reserviert ist, und gibt dann jedem ihrer Anteile eine Stimme, indem sie sich auf den betreffenden Stuhl setzt und von dort aus ihre Anliegen und ihre Position formuliert.

Bei dieser Arbeit fällt ihr auf, dass innerhalb ihres inneren Teams eine Entweder-Oder-Dynamik herrscht. Der Arbeitsanteil fordert für sich das Hauptgewicht – bestenfalls ist noch Raum für den Familienanteil. Der Freizeitanteil muss sehen, wo er bleibt.

An dieser Stelle erhält die Klientin von ihrem Coach Informationen über die Konfliktdynamik nach dem Gewinner-Gewinner-/Gewinner-Verlierer-/Gewinner-Gewinner-Schema. Und sie kann mit Hilfe dieses Instrumentariums ihre eigene interne Konfliktdynamik besser verstehen: Indem der Arbeitsanteil für sich alles Gewicht fordert und dem Freizeitanteil keinen Raum zubilligt, drängt er diesen in die Verliererposition (Gewinner-Verlierer). Aus dieser Verliererposition versucht sich der Freizeitanteil durch Verweigerung, Sabotage und Passivität zu befreien. Auf diese Weise hält er zwar den Arbeitsanteil in Schach, aber die Schulleiterin kommt weder zu Freizeit noch zur Arbeit (Verlierer-Verlierer). Wie aber aus dieser Dynamik aussteigen?

In einem weiteren Schritt interviewt die Klientin als Moderatorin ihre verschiedenen inneren Anteile und fragt nach den jeweiligen Interessen, die sich hinter den Positionen verbergen, insbesondere nach Bedürfnissen und Gefühlen. Dabei zeigt sich, dass der Arbeitsanteil sich selber stark unter Druck fühlt. Hier spürt die Klientin Angst davor, fachlich den Standards ihrer Lehrerkollegen nicht genügen zu können. Der Familienanteil spricht von seinem schlechten Gewissen gegenüber den Kindern und auch dem Wunsch, mit ihnen mehr zusammen sein zu können. Der private Anteil macht an dieser Stelle deutlich, wie sehr erschöpft und ausgebrannt er sich fühlt und was er braucht, um überhaupt weiter funktionieren zu können.

Das Gewahrwerden und Aussprechen der unterschiedlichen Gefühle erleichtert die Klientin, allerdings ist keine Lösung da. Der Coach erläutert ihr nun weiterführende Aspekte der Konfliktdynamik. Unter dem Gesichtspunkt der „Reichweite" kann sie ihren inneren Konflikt begreifen:

➤ Als *Systemveränderungskonflikt*: Ich muss meinen Beruf aufgeben, mir eine andere Stelle suchen, vielleicht nur Hausfrau sein.
➤ Als einen *Positionskonflikt*: Welche Bereiche sind wichtiger: Arbeit, Kinder oder Freizeit.
➤ Oder als einen *Issue-Konflikt*: Es geht darum, Arbeits- und Lebenszeit neu zu strukturieren.

Die Klientin entschließt sich für die Arbeitshypothese Issue-Konflikt und macht sich daran, möglichst ohne Denkverbote und kreativ Patchworklösungen zu finden.

Wie man sieht, geht es nicht darum, möglichst schnell zu „der" optimalen Lösung zu kommen, sondern um die Erlaubnis, zu experimentieren: An welchen Abenden hat sie Freizeit und an welchen Abenden arbeitet sie konzentriert. Wie viel Zeit widmet sie wann den Kindern, und wann zieht sie sich in ihr Zimmer zurück, um Tee zu trinken und Musik zu hören. Dabei erlebt sie es als Erleichterung, nicht „die" Lösung finden zu müssen, sondern in der nächsten Zeit von Tag zu Tag, von Woche zu Woche neue Vereinbarungen zu treffen und die Lösungen zu evaluieren. Dies macht ihr Freude, und das Thema „Ich muss meine Stellung aufgeben" ist einem anderen Thema gewichen: „Wie kann ich meinen Alltag strukturieren?". Die innere Mediation führt schließlich auch zu neuen Vereinbarungen an der Arbeitsstelle und mit ihrem Ehepartner.

14 Marketing für Mediatoren oder: Wie kommt eine gute Idee zu den Kunden/Interessenten?

(von Barbara Heller)

Während Mediation über eine breite Öffentlichkeitsarbeit und Berichte in verschiedenen Medien in den letzten Jahren einen gewissen Bekanntheitsgrad erreicht hat, kann eine genaue Kenntnis bei möglichen Nutzern von Mediation nach wie vor nicht vorausgesetzt werden.

Paare, die sich mit Trennung und Scheidung auseinander setzen, wählen nach wie vor überwiegend den Weg zum Anwalt und setzen auf gerichtliche Regelungen. Arbeitnehmer wenden sich in Konfliktfällen an den Betriebsrat und – wie auch die Arbeitgeber – an Fachanwälte für Arbeitsrecht. Sie setzen auf anwaltliche Parteilichkeit zur Stärkung der eigenen Interessen und hoffen, als Gewinner aus dem Konflikt hervorzugehen.

Wie also kann ein gutes „Produkt", das Angebot der Mediation, einer breiten Nutzerschicht so bekannt gemacht werden, dass sie im Bedarfsfall darauf zurückgreift?

Identifizierung von Zielgruppen – Marktsegmentierung

Die Angebote von Mediation sind inzwischen sehr differenziert auf bestimmte Anwendungsfelder und Personengruppen ausgerichtet. Die möglichen Nutzer oder Nutzergruppen unterscheiden sich wesentlich in ihren Interessen und Bedürfnissen.

Will ein Mediator für sein Angebot werben, sollte er in einem ersten Schritt seine eigentliche(n) Zielgruppe(n) identifizieren. Um eine Zielgruppe möglichst konkret ansprechen zu können, sollte sie so gefasst und abgegrenzt sein, dass sie relativ homogen, d.h. in ihren Erwartungen und Bedürfnissen ähnlich ist.

So könnte eine Mediatorin sich auf das Gebiet der Paar- und Familienmediation spezialisieren, eine andere auf das der Schulmediation. Beide hätten dann die Aufgabe, ihr Segment des Mediationsmarktes genau zu fassen, um ihr Angebot passgenau auf ihre Zielgruppe auszurichten.

Will eine Mediatorin Angebote für unterschiedliche Anwendungsfelder machen, also mehrere Segmente bearbeiten, so empfiehlt es sich, diese Angebote getrennt voneinander zu präsentieren und auf die unterschiedlichen Zielgruppen auszurichten, d.h. konkret: Die Mediatorin präsentiert Angebote von Schulmediation und Familienmediation in unterschiedlichen Medien wie Druckerzeugnissen (Flyer, Broschüren, etc.) oder Seiten im Internet, mit denen sie ihre Zielgruppen anspricht. Gleiches gilt für Mediation im betrieblichen Kontext, sei es in Profit- oder Non-Profit-Unternehmen.

Hintergrund dieser Differenzierung ist folgende Überlegung: Bei einer Gruppe möglichst „ähnlicher" Personen (die den gleichen Beruf ausüben, sich in der gleichen Lebenssituation befinden etc.) kann ich von ähnlichen Fragestellungen, Problemen, Gewohnheiten und Neigungen ausgehen. Das Angebot der Mediation als einer Problemlösung für die Bewältigung eines konkreten Konfliktes lässt sich für eine solche homogene Gruppe schlüssig erklären. Die genaue Kenntnis der Zielgruppe wird über Formulierungen und Sprache des Angebots, über Anknüpfungspunkte und Beispiele und über die Wahl des Werbemediums entscheiden.

> **Übung: Beschreiben Sie den Personenkreis, mit dem Sie arbeiten wollen.**
> Was wissen Sie über Lebenssituation und Lebensgewohnheiten, über Arbeitsbedingungen (bis hin zur Unternehmenskultur oder zum Berufsethos einer bestimmten Berufsgruppe), Finanzen, Interessen, Vor-Bildung, Mediennutzung (Zeitungen, Zeitschriften, Fernsehen, Internet etc.), Werte und Normen (seien es Normen, die Partnerschaft, Familie und Erziehung betreffen, oder Wertvorstellungen über das eigene Selbstbild als erfolgreicher Geschäftsmann oder belastbare Arbeitskraft ...)?

Orientierung an den Nutzenerwartungen der Kunden

Mediatoren sind geneigt, ihr Angebot fachlich zu beschreiben. Sie beurteilen, ob ein Konflikt mediationsfähig ist. Sie können erläutern, in welchen Schritten ein Mediationsprozess verläuft. Sie kennen rechtliche Rahmenbedingungen, Instrumente und Interventionsmöglichkeiten der Mediation. Und sie haben eine Vorstellung davon, über welche Kompetenzen und Qualifikationen ein Mediator verfügen sollte. Diese Sicht auf Bedingungen und Verfahren der Mediation ist die **Sicht der Anbieter**.

Um Mediation erfolgreich anzubieten, ist es notwendig, Mediation aus der **Sicht der Kunden** zu sehen und beschreiben zu können. Es geht dabei um die ganz subjektive Wahrnehmung dieses speziellen Dienstleistungsangebotes zur Konfliktlösung aus der Sicht potenzieller Nutzer: Welchen Vorteil bietet Mediation gegenüber gängigen und traditionellen

Konfliktlösungsstrategien und -verfahren? Mit den meisten Leistungsangeboten verbindet sich ein ganzes Nutzenbündel. Das Ziel der Mediatoren sollte es sein, ihr Angebot aus Kundensicht zu beschreiben und es auf die Nutzenerwartungen ihrer besonderen Zielgruppe(n) abzustimmen.

Um sich auf diesen Perspektivwechsel einzustimmen, schlagen wir Ihnen ein Gedankenspiel vor: Wann ist für Sie als Kundin oder Kunde ein Friseurbesuch befriedigend? Was gehört für Sie zu einem „guten Friseur"?

Möglicherweise sind Sie erstaunt, dass es Ihnen wahrscheinlich nicht allein um die „harten Fakten" wie Waschen, Schneiden und Föhnen geht. Viele Menschen verbinden einen Teil ihres ganz persönlichen Wohlgefühls mit dem Friseurbesuch. Der Hauptnutzen dieser Dienstleistung wäre also für Sie, sich gut zu fühlen. Dazu kann das befriedigende Gefühl kommen, die Frisur und auch den Friseur zu haben, der zu einem passt. Es kann eine Imagefrage sein, zu welchem Friseur man geht.

Das Nutzenbündel des Friseurbesuchs bestünde also neben dem „eigentlichen" Nutzen der neuen Frisur in dem subjektiv als sehr wesentlich empfundenen Wohlbefinden und dem persönlichen Imagegewinn. In der Sprache des Marketing: Characteristics, Benefits und Imagery.

Entsprechend geht es auch im Marketing für Mediation darum, dieses Nutzenbündel für die Kunden anschaulich zu beschreiben. Die zukünftigen Nutzer sollen durchaus über die oben beschriebenen „objektiven" Bedingungen und Charakteristika der Mediation informiert werden. Dazu kommen jedoch die Aspekte, die aus der Sicht der Konsumenten den hauptsächlichen Nutzen (Benefit) der Mediation für sie ausmachen. Dieser Nutzen kann sich durchaus von dem unterscheiden, den die Mediatorin sieht:

➤ Gefühl der Sicherheit
➤ Wahrung von Autonomie
➤ Verhinderung von Eskalation
➤ Zeitersparnis
➤ Kostenersparnis etc.

Ist z.B. das Erreichen einer Win-win-Lösung erklärtes Ziel der Mediationsidee, so kann für eine Streitpartei der Hauptnutzen einer von ihr gewählten Konfliktlösung die Wahrung der eigenen Interessen sein. Wie vermittelt der Mediator, dass seine Kunden sich darauf verlassen können, dass ihre Interessen berücksichtigt werden? Wie vermittelt die Mediatorin, dass die von ihr angebotene Allparteilichkeit die Unterstützung der einzelnen Personen(-gruppen) beinhaltet und entsprechende Sicherheit geben kann?

Im privaten Bereich wird der Nutzen ebenso von der Wahrung eigener Interessen wie von der subjektiven Befindlichkeit abhängen: Wie geht es den Beteiligten im Laufe des Verfahrens? Im betrieblichen Kontext wird es neben Zeit- und Kostenersparnis um die Wahrung oder Wiedergewinnung eines förderlichen Arbeitsklimas gehen: Kann es wieder zu einer gedeihlichen Zusammenarbeit kommen (oder zu einer Trennung im gegenseitigen Einvernehmen)?

Diese Aspekte der Befindlichkeit und des „Klimas" leiten über zu einem weiteren Aspekt, der aus Konsumentensicht bedeutsam ist: Wie passt das Angebot der Mediation zum Selbstbild eines Kunden, zu seinem „Image"? Die Werte und Normen einer Person entscheiden mit darüber, wie sie Konflikte austrägt, welche Haupt- und Nebenziele sie dabei verfolgt, wie sie sich und die Konfliktpartner in diesem Prozess erlebt. So kann die Teilnahme an einem Mediationsverfahren durchaus positiv zum Selbstbild einer Person beitragen.

> **Übung: Beschreiben Sie das Nutzenbündel der Mediation aus der Sicht Ihrer Zielgruppe/Kunden.**
> Was sind die „Fakten", die äußerlich wahrnehmbaren Aspekte der Mediation/des Mediationsverfahrens aus Sicht Ihrer Kunden?
> Was ist der Hauptnutzen der Mediation (versetzen Sie sich in die Situation Ihrer Kunden!)?
> Welchen Gewinn beziehen Ihre Kunden aus der Mediation für ihr Selbstbild („Ich gehöre zu den Menschen, die ...")?

Copy-Strategien für Werbemaßnahmen

In der Copy-Strategie wird die inhaltliche Grundkonzeption einer Werbemaßnahme festgelegt. Sie kann nicht nur im Rahmen groß angelegter Werbeauftritte zur Anwendung kommen, sondern für jede Form der Präsentation genutzt werden. Dies gilt für Anzeigen wie für Prospekte, aber auch für gezielte Briefwerbung oder als Vorbereitung für Kundengespräche oder die Moderation von Informationsveranstaltungen. Voraussetzung für die Copy-Strategie ist wiederum die genaue Charakterisierung der zu erreichenden Zielgruppe.

Die zentralen Elemente der Copy-Strategie sind der Kundennutzen (Consumer Benefit), die Begründung der versprochenen Leistung (Reason Why) und der Grundton des Angebotes (Tonality).

Consumer Benefit: Wie oben beschrieben, wird der Nutzen der Mediation für die angesprochene Zielgruppe möglichst passgenau und anschaulich dargestellt. Es wird an dieser Stelle ein Versprechen gegeben, das durch das Verfahren eingelöst werden soll. In der Sprache der Werbung: „Damit Sie auch morgen noch miteinander reden können." „Hier lernen Schüler für Schule und Leben." „Mediation ist zeitgemäßes Konfliktmanagement für Unternehmen."

Reason Why: Das gegebene Versprechen wird in einem zweiten Schritt begründet. Es wird erläutert, warum dieses Verfahren geeignet ist, das angesprochene Problem zu lösen. Ein wichtiger Aspekt ist dabei die Kompetenz und Qualifikation des Anbieters. Wie in der Fernsehwerbung ein Zahnarzt „Dr. Best" in der Vergangenheit für die Qualität einer bestimmten Zahncreme warb, so kann im Bezug auf ein Mediationsangebot deutlich gemacht werden, welche Erfahrungen und Feldkompetenzen einen Mediator für seine Aufgabe qualifizieren.

Tonality: Je nach Zielgruppe und Anwendungsfeld kommt es darauf an, den „richtigen Ton" zu treffen, um die potenziellen Kunden bei ihrer speziellen Fragestellung und Problemlage abzuholen. Kommt es in einem betrieblichen Kontext auf Effizienz und die Einsparung unnötiger Kosten an, geht es im schulischen Kontext darum, Lehrpersonal zu entlasten und in ihrem pädagogischen Auftrag zu unterstützen. Ganz andere Fragen und Gefühle werden Paare beschäftigen, die auch nach einer Trennung ihre Elternschaft verantwortlich wahrnehmen wollen.

Was sollen die Kunden sich vorstellen unter mediatorischer Arbeit? Zu welchen Assoziationen sollen sie angeregt werden? Darauf kann sprachlich Einfluss genommen werden, durch Wortwahl, Beispiele und Bilder, aber auch durch Schriftart, Farbe und Layout. Wichtig ist dabei, dass der Grundton (sachlich, einfühlsam, unkonventionell, seriös, locker oder forsch) zur Person des Mediators und zu seinem Leistungsangebot ebenso passt wie zur angesprochenen Zielgruppe.

> **Übung: Skizzieren Sie eine Copy-Strategie für Ihr Mediationsangebot.**
> Formulieren Sie in wenigen, prägnanten Sätzen den Kundennutzen. Nennen Sie Gründe: Was spricht dafür, dass Ihr Angebot das leistet, was Sie versprechen? Warum soll der Kunde Ihnen vertrauen? Wählen Sie einen „Grundton", der zu Ihrer Zielgruppe passt.

Noch ein Gedanke zum Schluss: Auch wenn die Beschäftigung mit Marketing für einige Berufsgruppen ungewohnt oder sogar in der Form expliziter Werbung ausdrücklich untersagt ist (wie z.B. Anwälten, Ärzten oder Apothekern), erweist sie sich u.E. für Mediatoren als sehr lohnend. Modernes und seriöses Marketing ist etwas grundsätzlich anderes als der Versuch, Kunden zu manipulieren und „für dumm zu verkaufen". Längst haben Unternehmen in ganz unterschiedlichen Bereichen erkannt, wie wichtig es ist, Kunden wirklich zufrieden zu stellen um sie auf Dauer zu binden und eine gute Beziehung zu pflegen. So gilt als eine der wichtigsten Regeln für das Marketing gerade von Dienstleistungen: Versprechen Sie nie mehr, als Sie und Ihr Leistungsangebot halten und einlösen können. In seiner konsequenten Ausrichtung auf Interessen, Bedürfnisse und Erwartungen von Kunden ist Marketing im Vollsinn des Wortes „klientenzentriert" – und damit durchaus kompatibel mit den Zielen und Methoden der Mediation.

> **Weiterführende Literatur:** Andreas Scharf /Bernd Schubert, *Marketing*, 3. Auflage, Stuttgart 2001.

15 Die Geschichte von der Apfelsine

Abschließend eine Anekdote, die von Mediatoren gern erzählt wird: Zwei Schwestern streiten sich um eine Apfelsine. Beide möchten sie haben und sie können sich nicht einigen, wer sie bekommen soll. Was also sollen sie tun? Die nahe liegendste Möglichkeit ist, die Apfelsine zu teilen. Das tun sie auch. Sie nehmen ein Messer und schneiden die Apfelsine durch, ganz genau in der Hälfte. Die eine Schwester nimmt nun ihre Hälfte, löffelt das Fruchtfleisch heraus und wirft die Schale weg. Die andere Schwester nimmt ihre Hälfte und wirft den Inhalt, also das Fruchtfleisch, weg und nimmt die Schale, weil sie einen Kuchen backen möchte. – Hätten beide sich darüber verständigt, was sie denn machen wollen, also welche Interessen sie haben, dann wären sie vielleicht noch zu einer anderen Lösung gekommen.

Was die Geschichte illustriert, ist das Leitziel von Mediation. Es geht darum, in einem Konflikt nicht eine Position zu beziehen und einer anderen Position gegenüberzutreten, sondern darum, sich möglichst offen über die Interessen auszutauschen, über das was man erreichen möchte, und dann miteinander zu schauen, wie beide Parteien möglichst viel von dem erreichen können, was sie wollen.

16 Verbände

Im deutschen Raum haben sich in den letzten Jahren verschiedene Fachverbände für Mediation gegründet. Ihre Aufgabe sehen sie in der Qualitätssicherung für das Verfahren und in der Ausbildung von Mediatoren. Wünschenswert ist m.E. eine stärkere Öffentlichkeitsarbeit, um Mediation weithin bekannt zu machen. Ich nenne verschiedene Verbände in alphabetischer Reihenfolge:

- Bundesarbeitsgemeinschaft für Familienmediation (BAFM), Internetkontakt: www.bafm-mediation.de
- Bundesverband Mediation (BM), Internetkontakt: www.bmev.de
- Bundesverband Mediation in Wirtschaft und Arbeitswelt (BMWA), Internetkontakt: www.bmwa.de
- Gesellschaft für Schlichtung und Mediation (GSM), Internetkontakt: www.schlichtung-und-mediation.de

In diesen Verbänden sind Mediatoren aus juristischen und nichtjuristischen Grundberufen in unterschiedlichen Verhältnissen organisiert. Nach meiner Kenntnis bemüht sich insbesondere die Gesellschaft für Schlichtung und Mediation um ein wertschätzendes Verhältnis und eine gegenseitige Bereicherung von Mediatoren und Mediatorinnen aus allen Anwendungsfeldern.

Für Vernetzung von Mediatoren und Informationsaustausch bietet sich auch die Centrale für Mediation an, Internetkontakt: www.centrale-fuer-mediation.de

Literatur

Gerhard Altmann/Heinrich Fiebiger/Rolf Müller, *Mediation: Konfliktmanagement für moderne Unternehmen*, Weinheim 1999
Jens Beckmann/Gerhard Keck, *Beteiligungsverfahren, Theorie und Anwendung*, Akademie für Technik Folgenabschätzungen, Stuttgart 1999.
Eric Berne, *Spiele der Erwachsenen*, Reinbek, 34. Auflage 2001
Christoph Besemer, *Konflikte verstehen und lösen lernen*, Baden, 1999
Christoph Besemer, *Mediation – Vermittlung in Konflikten*, Baden, 3. Auflage 1995
Martin Buber, *Ich und Du*, Heidelberg, 10. Auflage 1979
Michael Walter et al., „Täter-Opfer-Ausgleich", in: Stephan Breidenbach/Martin Hensseler, *Mediation für Juristen*, Köln 1997, S. 201ff.
Hannelore Dietz, „Mediationsanaloge Supervision in den verschiedenen Feldern von Mediation", *Zeitschrift für Konfliktmanagement*, Heft 5/2000, Seite 227–229
Nina Dulabaum, *Mediation – Das ABC*, Weinheim 1998
Christain Duve/Andreas Zürn, „Gemeinsame Gespräche oder Einzelgespräche?", *Zeitschrift für Konfliktmanagement*, 3/2001, S. 108ff.
Fanita English, „Der Dreiecksvertrag", in: *Transaktionsanalyse. Gefühle und Ersatzgefühle in Beziehungen*, Hamburg 1980, S. 208ff.
Fanita English, „Die fünfte Position: ‚Ich bin o.k. – Du bist o.k. – realistisch", in: *Transaktionsanalyse. Gefühle und Ersatzgefühle in Beziehungen,* Hamburg 1980, S. 71ff.
Fanita English, *Es ging doch gut, was ging denn schief?* München 1998, 4. Auflage
Erik H. Erikson, „Die Ontogenese der Ritualisierung", in: *Psyche* 22, 1968
Richard Erskine/Marylin Salcman: „Das Maschensystem", in: *Neues aus der Transaktionsanalyse* 3 (1979), S. 152ff.
Kurt Faller et al., *Konflikte selber lösen*, Mülheim 1996
Kurt Faller, *Mediation in der pädagogischen Arbeit*, Mülheim o.J.
Jörg Fengler, *Konkurrenz und Kooperation in Gruppe, Team und Partnerschaft*, 1996
Roger Fisher et al., *Das Harvard-Konzept*, Frankfurt, 20. Aufl. 2001
Gary Friedman, *Die Scheidungsmediation*, Reinbek 1996
Friedrich Glasl, *Konfliktmanagement*, Bern 1997, 5. Auflage
David Gordon, *Therapeutische Metaphern*, Paderborn 1995, 5. Auflage
John Gray, *Männer sind anders. Frauen auch*, München 1992
Mohammed el Hachimi/Liane Stephan, *SpielArt, Mappe 4 Charakterspiele*, Göttingen o.J.
Mohammed el Hachimi/Liane Stephan, *SpielArt, Mappe 3, Kreative Kommunikation*, Göttingen o.J.
Ute und Heinrich Hagehülsmann, *Der Mensch im Spannungsfeld seiner Organisation*, Paderborn 1998
John M. Haynes, *Scheidung ohne Verlierer*, München 1993

Gudrun Hennig/Georg Pelz, *Transaktionsanalyse. Lehrbuch für Therapie und Beratung*, Freiburg 1997 – Neuauflage: Paderborn 2002
Hans Jellouschek, *Aneinander schuldig werden – anderen etwas schuldig bleiben; Paartherapeutische Aspekte zum Thema Schuld*, Vortrag Januar 2001, Zürich
Rolf Rainer Kiltz, *Partnerschaft und ihre Probleme*, Vortrag Detmold 2001
Rolf Rainer Kiltz, *Umgang mit Gefühlen*, Vortrag Detmold 1999
Karin Klebert et al., *KurzModeration*, 2. Auflage, Hamburg 1987
Eckard König/Gerda Volmer, *Systemische Organisationsberatung*, Weinheim 1997, 5. Auflage
Heiner Krabbe, „Die mediationsanaloge Supervision", *Kon:sens*, Heft 3, 1999, S. 160–166.
Heinz Leymann (Hg.), *Der neue Mobbingreport*, Reinbek 1995
Ralf Mehlmann, Oliver Röse, *Das LOT-Prinzip*, Göttingen 2000
Reinhold Miller, *„Halt's Maul, du dumme Sau!". Von der Beschimpfung zum fairen Gespräch*, Lichtenau o.J.
Alexa Mohl, *Das Metaphern-Lernbuch*, Paderborn 2001, 2. Auflage
Oswald Neuberger, *Mobbing – übel Mitspielen in Organisationen*, München 1999, 3. Auflage.
Manfred Gührs/Claus Nowak, *Das konstruktive Gespräch*, Meezen 1993, 2. Auflage
Reiner Ponschab/Adrian Schweizer, *Kooperation statt Konfrontation. Neue Wege anwaltlichen Verhandelns*, Köln 1997
Lis Ripke, *Trainingsvideo Familienmediation*, München 1999
Karl-Heinz Risto, „Der Weg zum Konsens – Mediation als Ritual", in: *Kon:sens* 3/1999, S. 166ff.
Karl-Heinz Risto, „»Du sollst dir ein Bildnis machen« – Einsatz und Konstruktion von Metaphern in der Mediation, in: *Zeitschrift für Konfliktmanagement* 1/2000, S. 7ff.
Rolf Rüttinger/Reinhold Kruppa, *Übungen zur Transaktionsanalyse*, Hamburg, 1988.
Katharina Sander/Christoph Hatlapa, „Die Stärken und Chancen in der Klientenzentrierten Mediation", *Infoblatt Mediation des BM*, 8. Ausgabe 1999
Grete Schaeder, *Martin Buber*, Göttingen 1966
Andreas Scharf / Bernd Schubert, *Marketing*, Stuttgart 2001, 3. Auflage
Leonhard Schlegel, *Die Transaktionale Analyse*, Tübingen 1988, 3. Auflage
Leonhard Schlegel, *Handwörterbuch der Transaktionsanalyse*, Freiburg 1993;.
Arist v. Schlippe/Jochen Schweitzer, *Lehrbuch der systemischen Therapie*, Göttingen 1996
Bernd Schmidt, *Antreiberdynamiken – Persönliche Inszenierung und Coaching*, unveröffentlichte Institutsschriften, Nr. 38
Bernd Schmid, *Wo ist der Wind, wenn er nicht weht?* Paderborn 1994
Gunther Schmidt, *Konferenz mit dem inneren Team*, Vortrag Münsterschwarzach o.J.
Lilo Schmitz/Birgit Billen, *Mitarbeitergespräche*, Wien/Frankfurt 2000
Johann Schneider, *Auf dem Weg zum Ziel*, Paderborn 2002
Johann Schneider, „Dreistufenmodell transaktionsanalytischer Beratung und Therapie von Bedürfnissen und Gefühlen", in: *Zeitschrift für Transaktionsanalyse* 1–2, 1997, S. 66ff.
Johann Schneider, *Supervidieren & beraten lernen*, Paderborn 2000
Friedemann Schulz von Thun, *Miteinander reden 2*, Reinbek 1989
Claude Steiner, *Emotionale Kompetenz*, München 2001
Ian Stewart/Vann Joines, *Die Transaktionsanalyse*, Freiburg 1990
Deborah Tannen, *Du kannst mich einfach nicht verstehen. Warum Männer und Frauen aneinander vorbeireden*, Hamburg 1991
William Ury et al., *Konfliktmanagement*, Frankfurt 1991
Werner Vogelauer, *Methoden-ABC im Coaching*, Neuwied 2001, 2. Auflage
Klaus Vopel, *Umgang mit Konflikten*, Hamburg 1983
Klaus Vopel, *Anwärmspiele*, 2. Auflage, Hamburg 1984
Klaus und Renate Vopel, *Ich und Du*, Hamburg 1982, 3. Auflage
Klaus Vopel, *Interaktionsspiele 2*, Hamburg 1984, 5. Auflage

Richard Walter et al.: „Täter-Opfer-Ausgleich", in: Breidenbach/Hensseler, *Mediation für Juristen*, Köln 1997
Gerhard Wehr, *Martin Buber*, Reinbek 1979
Christian-Rainer Weisbach, *Professionelle Gesprächsführung*, München 1992

Habichtswald Seminare *Büro für Supervision und Mediation*

Die HABICHTSWALD SEMINARE in Schauenburg-Martinhagen

sind ein **Weiterbildungs- und Supervisionsinstitut in Nordhessen** (Nähe Kassel). Wir fördern berufliche und persönliche Kompetenz. Unser Fokus liegt auf der Arbeit mit Einzelnen, Gruppen und Teams, die wir mittel- und längerfristig begleiten und trainieren. So können wir einen überprüfbaren Kompetenzzuwachs und das Erreichen von angestrebten Veränderungszielen gewährleisten.

Angebote der Habichtswald Seminare

■ für Einzelne
Einzelsupervision bzw. Coaching und Mediationen

■ für Gruppen
Psychosozialen Trainings, Supervisions- und Coachinggruppen

■ **Ausbildungen:**
- zum/r **MediatorIn**
- zum/r **TransaktionsanalytikerIn**
- zum/r **SupervisorIn** bzw. **Coach**

Die Arbeit der Habichtswald Seminare steht für inhaltliche Qualität, einen fairen Preis und individuelle Unterstützung.
Ein reizvolles Fachwerk-Bauernhaus, bei schönem Wetter auch der Garten, bieten eine angenehme Arbeitsatmosphäre.

So erreichen Sie uns:
B 520 Kassel-Wolfhagen bzw.
A 44 Kassel-Dortmund, Abfahrt Wilhelmshöhe oder Zierenberg bzw.
Buslinie 52, ab Bahnhof Kassel-Wilhelmshöhe

HABICHTSWALD SEMINARE Büro für Supervision & Mediation
Zierenberger Straße 5 34270 Schauenburg-Martinhagen (Nähe Kassel)
Tel. & Fax: 05601-925 190 eMail: info@habichtswald-seminare.de

Besuchen Sie uns im Internet: www.habichtswald-seminare.de

Gewaltfreie Kommunikation

MARSHALL B. ROSENBERG

GEWALTFREIE KOMMUNIKATION
€ (D) 19,50
240 S. • kart. • ISBN 3-87387-454-7

Das Buch
Wie kann man sich auch in Konfliktsituationen so verhalten, daß man seinen Mitmenschen respektvoll begegnen und gleichzeitig die eigene Meinung vertreten kann – ohne Abwehr und Feindseligkeit zu erwecken? Mit der Gewaltfreien Kommunikation! Die Methode setzt darauf, eine Konfliktsituation zu beobachten, Gefühle auszusprechen, Bedürfnisse aufzudecken, und dann den anderen zu bitten, sein Verhalten zu überdenken. Ehrlichkeit, Empathie, Respekt und Zuhören-Können stehen dabei im Vordergrund. Mit Hilfe von Geschichten und beispielhaften Gesprächen zeigt M. Rosenberg alltägliche Lösungen für Kommunikationsprobleme.

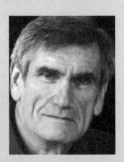

Der Autor
Dr. Marshall B. Rosenberg ist international bekannt als Konfliktmediator und Gründer des internationalen Center for Nonviolent Communication in den USA. Er lehrt in Europa und den USA und reist regelmäßig in Krisengebiete, wo er Ausbildungen und Konfliktmediationen anbietet.

Mehr über uns und unsere Bücher erfahren Sie unter: **www.junfermann.de**

www.junfermann.de
www.active-books.de
www.multimind.de

JUNFERMANN
Postfach 1840 • D-33048 Paderborn
Tel.: 05251-13 44 -0 • Fax: -44
eMail: infoteam@junfermann.de

Soziale Kompetenz in Gruppen

HELMAR DIESSNER   **NEUE GRUPPENDYNAMISCHE ÜBUNGEN**

€ (D) 19,90
256 S. • kart. • ISBN 3-87387-572-1

Das Buch
Die in diesem Buch präsentierten, vom Autor neu entwickelten, alltagstauglichen Übungen unterstützen all diejenigen, die an ihren eigenen kreativen Talenten und ihrer Kooperationsfähigkeit arbeiten wollen. Lernen Sie, Ihre Ressourcen zu entdecken, weiter zu entwickeln und zu fördern. Ein ideales und praxisorientiertes Buch für alle, die mit und in Gruppen arbeiten!

Der Autor
Dr. Phil. Helmar Dießner, Erziehungswissenschaftler, Dipl.-Soz-Päd., Psychotherapeut, Coach, Management- und Motivationstrainer, Leiter einer therapeutischen Einrichtung, Psychologisch-Pädagogische Praxis, Autor, Künstler.

Mehr über uns und unsere Bücher erfahren Sie unter: **www.junfermann.de**

www.junfermann.de
www.active-books.de
www.multimind.de

JUNFERMANN
Postfach 1840 • D-33048 Paderborn
Tel.: 05251-13 44 -0 • Fax: -44
eMail: infoteam@junfermann.de

Kommunikation ganz praktisch

DIETER GERHOLD

DAS KOMMUNIKATIONS-MODELL DER TRANSAKTIONSANALYSE
€ (D) 14,50 • 128 S. • kart. • ISBN 3-87387-604-3

Das Buch
Welche Möglichkeiten für eine erfolgreiche Kommunikation stehen in einer konkreten Gesprächssituation überhaupt zur Verfügung? Eric Berne, der Begründer der Transaktionsanalyse, ist dieser Frage auf den Grund gegangen und hat eine Kommunikationstheorie entwickelt, die durch ihre Schlüssigkeit und ihre einfache Handhabbarkeit besticht. Dieses Modell wird im vorliegenden Buch kompetent und praxisorientiert vorgestellt. Neben den erforderlichen Materialblättern zur Theorie finden sich insgesamt 32 Übungen, um Spaß am Training zu entwickeln und das Erlernte Schritt für Schritt zu stabilisieren, so daß es auch in schwierigen Situationen problemlos umgesetzt werden kann.

Der Autor
Dr. Dieter Gerhold ist freier Trainer und Dozent, Lehrtrainer für Transaktionsanalyse (PTM) (DGTA), Supervisor (EAS). Er bietet Kommunikations- und Selbstsicherheitstrainings sowohl in Firmen als auch für Privatpersonen an.

Mehr über uns und unsere Bücher erfahren Sie unter: **www.junfermann.de**

www.junfermann.de
www.active-books.de
www.multimind.de

JUNFERMANN
Postfach 1840 • D-33048 Paderborn
Tel.: 05251-13 44 -0 • Fax: -44
eMail: infoteam@junfermann.de